수박카빙
마 스 터

WATERMELON CARVING MASTER

고윤희 손정희 김영희
김서은 황미선 오예린
지음

KCDA
한국카빙데코레이션협회
Korea Carving Decoration Association

저자소개

고 윤 희

• 학 력

– 경희대학교 조리외식경영학석사

• 일반경력

– 사)한국카빙데코레이션협회 푸드카빙명장
  Food Carving Great Master제 2호
– 사)한국카빙데코레이션협회 국가대표1기,2기팀장
– 사)한국카빙데코레이션협회 본사 전임교수
– 김기진카빙데코레이션학원 부원장
– 사)한국카빙데코레이션협회 Expert심사위원
– 사)한국카빙데코레이션협회 상임이사
– 한국국제요리경연대회–카빙경연 총괄 심사위원장
– WACS코리아 푸드 트렌드 페어–카빙경연 총괄 심사위원장
– 스위트코리아–한국카빙데코레이션경연대회 총괄 심사위원장
– 서울국제푸드 앤 테이블웨어–카빙경연 총괄심사위원장
– 향토식문화대전–카빙경연 총괄 심사위원장
– 한국카빙데코레이션협회 자격검정 심사위원장
– 서울푸드페스티벌–카빙경연대회 총괄심사위원장
– 계명문화대학교 호텔항공외식관광학부 〈푸드카빙〉외래교수
– 수성대학교 호텔조리과 〈푸드카빙〉외래교수
– 우석대학교 외식산업조리학과 〈푸드카빙〉외래교수
– 상지영서대학교 평생교육원 〈푸드카빙〉담당교수
– 계명문화대학교 평생교육원 〈푸드카빙〉담당교수

• 방송출연

– KBS2 8시 아침뉴스타임 푸드카빙, 과일예쁘게모양내기 출연 (2016)
– SBS 강호동 “스타킹” 작품연출 (2016)
– 배우 박성웅 카비광고 TV CF “애플수박작품연출” (2016)
– KBS2 생방송 “아침이 좋다” 작품연출 (2017)
– SBS 드라마 〈기름진멜로〉 작품연출 (2018)
– SBS 드라마 〈열혈사제〉 작품연출 (2019)
– 영국 엘리자베스 여왕 93세 생일상
  수박카빙 작품연출(JTBC뉴스) 2019
– KBS2 생생정보 〈과일플레이팅〉 방송출연 (2018)
– MBC ‘생방송 오늘 저녁’ 이구역의 1인자편
  푸드카빙 1인자 방송출연 (2018)
– MBN 생생정보마당 〈여성최초푸드카빙명장〉 방송출연

- OBS 〈이것이 인생〉 방송출연 (2019)
- MBC 〈살맛나는 세상〉 방송출연 (2019)

• 수상경력
- 사)한국카빙데코레이션협회 대회출전작품 최우수지도자상 (2018)
- 사)한국카빙데코레이션협회 2018 최우수심사위원수상 (2018)
- 사)한국카빙데코레이션협회 대회작품 최우수지도자상 수상 (2019)
- 사)한국카빙데코레이션협회 과일플레이팅부문 베스트오브베스트티쳐상수상 (2019)
- 사)한국카빙데코레이션협회 카빙플레이팅부문 베스트오브베스트티쳐상수상 (2019)
- 사)한국카빙데코레이션협회 수박카빙부문 베스트오브베스트티쳐상 수상 (2019)
- 사)한국카빙데코레이션협회 동물카빙부문 베스트오브베스트티쳐상 수상 (2019)
- 사)한국카빙데코레이션협회 칵테일가니쉬부문 최우수지도자상 수상 (2019)
- 2016, 2017 한국카빙데코레이션협회 Best of Best Teacher 연속수상
- 사)한국카빙데코레이션협회 최우수 지도자상 4회 연속 수상
- 2015 제17회 FHC국제요리예술대회〈중국〉 카빙부문 은메달 수상
- 2014 Asia Food Festival〈페낭〉 말레이시아 아뮤즈부쉬부문 은메달 수상
- 2015 한국국제요리경연대회 국회의원 특별대상수상
- 2015 상지영서대학교 공로상 수상〈총장상〉
- 2017 한국국제요리경연대회 식품의약품안전처장상 대상 수상
- 2016 대한민국향토식문화대전 카빙부문 농촌진흥청장상 대상 수상
- 2017 서울푸드페스티벌 카빙부문 서울시장상 대상 수상
- 2017 전주비빔밥축제 카빙부문 전라북도지사상 대상 수상
- 사)한국외식산업협회 표창장 수상
- 사)한국음식관광협회 글로벌리더 국가대표 선정 및 표창장 수상
- 2014 한국카빙데코레이션협회 경연대회 카빙부문 대상 수상
- 2014 강원도 서비스경진대회 특별전시 카빙부문 대상 수상
- 2013, 2014 한국국제요리경연대회 칵테일 부문 금메달 연속 수상
- 2014 한국국제요리경연대회 개인조각부문 금메달 수상
- 2014, 2015 한국카빙데코레이션협회 공로패 연속수상

• 연구실적 및 저서
- 푸드카빙데코레이션의 학습몰입및 참여몰입이 심리적안정, 러브마크 및 충성도에 미치는 영향(2019.08)
- 푸드카빙데코레이션 마스터〈카빙 자격검정 실기〉
- New 음료와 칵테일〈조주기능사 필기 · 실기 문제집〉
- 2019 푸드카빙데코레이션 필기시험 문제집
- 2019 푸드카빙데코레이션 드로잉북

– 2018 칵테일 가니쉬 마스터
– 2020 수박카빙& 푸드카빙 드로잉북

• 자격증

– 숙명여자대학교 한국음식연구원 푸드스타일리스트 Level Ⅰ, Ⅱ 과정수료및 자격증취득
– 조주기능사
– 양식조리기능사
– 커피바리스타2급
– 제과기능사
– 제빵기능사
– 푸드카빙데코레이션 2급, 1급, 마스터
– 한국음식연구원 푸드스타일리스트 과정수료(Level Ⅰ, Ⅱ)
– 외식경영관리사
– 푸드스타일리스트
– 텔레마케팅관리사
– 과일플레이팅 2급, 1급, 마스터
– 이벤트카빙 프로페셔널, 강사
– 푸드카빙플레이팅 1급, 마스터, 강사
– 스티로폼카빙 1급, 마스터
– 아이스카빙 2급, 1급, 마스터

손정희

• 학 력

- 숙명여자대학교대학원 전통식생활문화전공석사(2018)
- 우석대학교대학원 글로벌외식경영학과 박사과정

• 일반경력

- (현) 사)한국카빙데코레이션협회 푸드카빙데코레이션 명장 상임이사/심사위원장
- (현) 우석대학교 외식산업조리학과 외래교수
- 한국카빙데코레이션협회 푸드카빙데코레이션 강사
- 한국카빙데코레이션협회 과일플레이팅 전문강사
- 한국카빙데코레이션협회 푸드카빙플레이팅강사
- EBS미디어소속 EBS꼬마요리사1기강사
- 이마트문화센터 – 업체특강강사 한식요리강사 중식요리강사
- 이마트문화센터 과일플레이팅 특강강사
- 롯데마트 문화센터 과일플레이팅강사
- 하늘초등학교 방과후학교강사
- 엠디에스코리아 메뉴컨설팅
- 청미래재단 약선특강
- 약용식물 디자인경영 연구원 전문강사
- 한국 약용식물 발효협회 부회장
- 신중부시장 문화관광형 야시장개발 메뉴개발
- 익산농업기술센터 과일플레이팅, 푸드플레이팅 강의
- 경기광주농업기술센터 과일플레이팅 강의
- 영등포구청 가정복지과 영등포문화원 가정요리반 강의
- 동작꿈나무학교 신직업 체험 강사 (파티플래너)
- 한국카빙데코레이션협회 푸드카빙데코레이션 국가대표3기팀장역임
- sbs드라마 기름진멜로(2018)/열혈사제(2019)협찬 sbs생방송투데이출연

• 저서

- 2018 푸드카빙데코레이션 자격증 필기시험문제집
- 산삼 & 약초체험이야기 – 본초지향출판사
- 과일플레이팅 마스터
- 수박카빙 마스터

• 수상경력

- 제1회 한국푸드카빙플레이팅라이브경연대회 대상수상
- 2017 KFTE 한국국제요리경연대회 과일플레이팅 은상수상
- 2017 KFTE 한국국제요리경연대회 개인조각전시 동상수상
- 2017 한국카빙데코레이션경연대회 푸드카빙개인전시경연 우수상수상
- 2017 한국카빙데코레이션경연대회 푸드카빙플레이팅 라이브경연 금상수상
- 2017 한국카빙데코레이션경연대회 과일플레이팅 라이브 경연 금상수상
- 2017 한국카빙데코레이션경연대회 스티로폼 전시 경연 금상수상
- 2018 한국음식세계화 맛체험요리경연대회 전통음식팀 대상
- 2018 한국국제요리경연대회 푸드카빙데코레이션개인전시 금상수상
- 2018 한국국제요리경연대회 푸드카빙데코레이션라이브 금상수상
- 2018 서울 국제 푸드앤 테이블웨어 푸드카빙데코레이션개인전시 금상수상
- 2018 서울 국제 푸드앤 테이블웨어 과일플레이팅라이브 금상수상
- 2018 서울 국제 푸드앤 테이블웨어 푸드플레이팅라이브 금상수상
- 2018 서울푸드페스티벌대회 푸드카빙데코레이션전시 대상, 협회장상수상
- 2018 서울푸드페스티벌대회 푸드플레이팅 대상수상
- 2018 서울푸드페스티벌대회 스티로폼카빙플레이팅 단체전 대상, 협회장상수상
- 2018 서울푸드페스티벌대회 미러경연대회 대상수상
- 2019 서울국제푸드앤 테이블웨어박람회 국가대표전시대상
- 2019 서울국제푸드앤 테이블웨어박람회 한국환경공단이사장상
- 2019 한국국제요리경연대회 대상 전라남도지사상 수상
- 2019 서울푸드페스티벌 아이스카빙대상 수상
- 2019 서울푸드페스티벌 카빙데코레이션경연대회 대상, 아이스카빙대상 수상
- 2019 서울푸드페스티벌대회 대회출전 지도자상 수상
- 2019 대한민국 향토식문화대전 국제탑쉐프그랑프리 대상 수상
- 2019 대한민국 향토식문화대전 대상, 해양수산부장관상 수상
- 2019 한국음식관광협회 표창장 수상

• 자격증

- 수박카빙데코레이션 2급, 1급, 마스터 - 동물카빙데코레이션 2급, 1급, 마스터
- 과일플레이팅 2급, 1급, 마스터 - 푸드카빙플레이팅 1급, 마스터
- 아이스카빙 2급, 1급, 마스터 - 칵테일가니쉬 1급, 마스터
- 스티로폼카빙 1급 - 이벤트카빙 프로페셔널 - 과일플레이팅 전문강사
- 한식조리기능사 - 중식조리기능사 - 양식조리기능사
- 일식조리기능사 - 복어조리기능사 - 제빵조리기능사 - 제과조리기능사
- 바리스타2급 - 식품가공기능사 - 발효효소지도사 - 약용식물자원관리사
- 식물자원관리사 - 한방재료분석사2급 - 음식디미방2급(반가의요리) - 아동요리지도사
- 요리심리2급 - 방과후아동지도사 - 보육교사2급 - 아동오감놀이지도사 - 놀이지도사

김 영 희

• 학 력

– 영산대학교 호텔관광대학원 조리예술학부 석사

• 일반경력

– (현) 사)한국카빙데코레이션협회 푸드카빙명장
– (현) 사)한국카빙데코레이션협회 자격검정심사위원
– (현) 사)한국카빙데코레이션협회 과일플레이팅전문강사
– (현) 영산대학교(부산수박카빙연구실자격증취득반운영)
– (현) 롯데백화점문화센터마산점 푸드카빙 전문강사
– (현) 부산북구교육청소속 북구문화예술마을선생
– (현) 부산수박카빙 자격증반 취미반수업 운영중
– 사)한국카빙데코레이션협회 우수지도자상
– 사)한국카빙데코레이션협회 대회작품지도 우수지도자상
– 사)아티산기능인협회 카빙분과장
– 부산국제AF아티산페스티벌대회 심사위원
– 부산반송중학교 푸드카빙 출강강의
– 부산광안중학교 학기제 푸드카빙 출강강의
– 부산엄궁중학교 푸드카빙 출강강의
– 부산해운대중학교 푸드카빙 출강강의

• 수상경력

– 2016 왁스코리아푸드트렌드 수박전시대회 금상
– 2016 왁스코리아푸드트렌드 과일플레이팅 라이브대회 금상
– 2017 왁스코리아푸드트렌드 수박전시대회 한국조리기능장상
– 2017 왁스코리아푸드트렌드 과일플레이팅대회 금상
– 2018 한국국제요리경연대회 과일플레이팅 한국음식관광협회장상
– 2018 한국국제요리경연대회 푸드카빙수박전시 금상
– 2018 한국국제요리경연대회 과일예쁘게깎기 라이브부문 금상
– 2018 한국국제요리경연대회 푸드카빙 수박전시 금상
– 2018 한국카빙데코레이션경연대회 수박카빙스피드경연 대상
– 2018 tv조선방송 수박전시데코레이션 금상
– 2018 tv조선방송 서울푸드페스티벌 스피드스킬 경연대회 대상
– 2018 tv조선방송 서울푸드페스티벌 푸드카빙전시 단체경연 대상
– 2018 tv조선방송 서울푸드페스티벌 스티로폼카빙 단체전시 금상
– 2018 tv조선방송 서울푸드페스티벌 푸드카빙플레이팅 라이브 금상
– 2018 왁스부산마리나 셰프첼린져 푸드카빙 개인전시 금상
– 2018 왁스부산마리나 셰프첼린져 부산시의회장상
– 2018 부산아티산기능인경기대회 수박전시 금상

– 2018 부산아티산기능인경기대회 수박전시 산업인력공단장상
– 2018 부산아티산기능인경기대회 수박전시 국회의원상수상 제자배출
– 2019 서울국제요리경연대회 수박카빙전시 서울시장상
– 2019 부산아티산기능인경기대회 수박전시 국회의원상수상 제자배출
– 2019 사)한국카빙데코레이션협회 수박카빙전시 최우수상 제자배출
– 2019 사)한국카빙데코레이션협회 수박전시 단체작품 서울시장상 제자배출
– 2020 사)한국카빙데코레이션협회 대회작품지도 우수지도자상

• 저서
– 푸드카빙 & 과일플레이팅 필기시험 문제집저자
– 수박카빙 데코레이션 실기문제집저자

• 자격증
– 수박카빙데코레이션 마스터 – 동물카빙데코레이션 마스터
– 과일플레이팅 마스터 – 푸드카빙플레이팅 마스터
– 스티로폼카빙 마스터 – 칵테일가니쉬 마스터
– 과일플레이팅 전문강사 자격증 – 아이스카빙 1급
– 이벤트카빙 프로페셔널 자격증 – 조리실기교사 2급
– 한식조리기능사 – 양식조리기능사
– 중식조리기능사 – 일식조리기능사
– 복어조리기능사 – 일식소스마스터
– 맛 평가사 2급 – 한국다도사범 3급
– 바리스타 2급 – 와인소믈리에 1급

김 서 은

• 학 력
– 경희대학원 일반대학원 조리외식경영학과 석사과정

• 일반경력
– (현) 사)한국카빙데코레이션협회 상임이사
– (현) 사)한국카빙데코레이션협회 수박/동물/과일플레이팅 /푸드플레이팅/칵테일가니쉬/자격검정 심사위원장
– (현) 사)한국카빙데코레이션협회 과일플레이팅 전문강사
– (현) 사)한국카빙데코레이션협회 강의파트너

• 수상경력
– 2019 푸드카빙 최우수지도자상수상
– 2019 서울푸드페스티벌 푸드플레이팅 단체전시 서울시장 대상
– 2019 서울푸드페스티벌 용봉라이브 단체 대상
– 2019 서울푸드페스티벌 스티로폼 단체전시부문 대상
– 2019 스위트코리아 스티로폼 단체전시부문 대상
– 2019 서울푸드페스티벌 과일플레이팅 라이브부문 금상
– 2019 서울푸드페스티벌 푸드카빙플레이팅 라이브부문 금상
– 2019 서울국제푸드그랑프리 푸드카빙 개인전시부문 금상
– 2019 국제탑셰프그랑프리 푸드카빙 단체전시 부문 금상
– 2019 대한민국 푸드카빙 명장배대회 칵테일 가니쉬부문 금상
– 2019 한국카빙데코레이션협회 표창장수상
– 2019 한국카빙데코레이션협회 공로상수상

• 자격증
– 수박카빙데코레이션 2급, 1급, 마스터
– 과일플레이팅 2급, 1급, 마스터
– 동물카빙데코레이션 2급, 1급, 마스터
– 푸드플레이팅 1급, 마스터 – 칵테일가니쉬 1급, 마스터
– 아이스카빙 2급, 1급, 마스터 – 스티로폼카빙 1급, 마스터
– 제빵기능사 – 한식조리기능사 – 일식조리기능사
– 양식조리기능사 – 중식조리기능사 – 복어조리기능사

황 미 선

• 학 력

– 영남대학교 외식산업학전공 박사과정

• 일반경력

– (현) 계명문화대학교 푸드카빙과목 겸임교수
– (현) 사)한국카빙데코레이션협회 푸드카빙명장
– (현) 황지수 자연음식연구소 대표
– (현) 구미 푸드카빙아카데미 원장
– (현) 한국카빙데코레이션협회 4호 푸드카빙명장
– (현) 한국카빙데코레이션협회 상임이사
– (현) 한국전통발효식품 생산자협회 부회장
– (현) 한국조리협회 상임이사
– (현) 한국카빙데코레이션 이벤트카빙 프로페셔널
– (현) 2015~2020 Korea 월드챔피언십 국제요리경연대회 심사위원
– 대구 동화사(법장사) 사찰약선요리 강의
– 구미 경구고등학교 푸드카빙 강의
– 구미 사곡고등학교 푸드카빙 강의
– 대구 슈에뜨 쿠킹스튜디오
– 대구 수성 동구 케이블 방송 '황미선의 행복한 밥상' 진행 (8年)
– 내일신문 '오늘의 요리' 연재 (3年)
– 우먼라이프 요리칼럼 연재
– 각종 여성잡지 요리칼럼 연재
– 대구 법왕사 '숙지원' 진행
– 2016 한국음식박람회 EXPERT 심사위원
– 2016 농민축산식품부 고수인증(한국전통발효음식)
– 2017 대한민국 국제요리&제과경연대회 심사위원
– 2018 한국카빙데코레이션경연대회 심사위원

• 저서

– 2016 푸드카빙데코레이션 자격증 필기시험 문제집
– 2016 과일플레이팅 마스터
– 2018 동물카빙 마스터 교재 저자

• 수상경력

- 2014 대한민국 향토식문화대전 국회의원 대상
- 2015 제2회 한식사랑 한식위크 농림식품수산부 장관상
- 2015 제2회 한식사랑 한식위크 한국음식관광협회 금상
- 2016 제4회 한식의날 대축제 세계한식요리경연대회 식품의약품안전처장상
- 2016 한국전통발효식품(생)협회 공로상
- 2016 제3회 대한민국 향토식문화대전 최우수지도자상
- 2019 달성향토음식대회 농림축산부 장관상

• 자격증

- 푸드카빙데코레이션 마스터
- 과일플레이팅 마스터
- 푸드카빙 플레이팅 마스터
- 한국전통발효식품산업사
- 한식조리기능사
- 양식조리기능사
- 중식조리기능사

오 예 린

• 일반경력

– 푸드스타일리스트 (지면ㆍ영상, 전시ㆍ공간 스타일링 등 식공간연출)
– 사)한국카빙데코레이션협회 이사
– 사)한국카빙데코레이션협회 자격검정 심사위원장
– 사)한국카빙데코레이션협회 국가대표
– 사)한국카빙데코레이션협회 과일플레이팅 전문강사
– 사)한국카빙데코레이션협회 이벤트카빙 프로페셔널 인증강사
– 사)한국카빙데코레이션협회 강의파트너

• 수상경력

– 2020 수박카빙데코레이션 우수지도자상
– 2020 대회작품 우수지도자상
– 2019 (사)한국카빙데코레이션협회 표창장
– 2019 대한민국 푸드카빙 명장배 카빙데코레이션 경연대회
 푸드카빙 개인전시 금상
 푸드카빙 라이브 금상
 푸드카빙 단체전시 금상
 푸드카빙 스피드스킬 최우수상
 푸드카빙 미러경연 & 푸드카빙 플레이팅 라이브 우수상
 과일플레이팅 라이브 & 칵테일가니쉬 라이브 우수상
– 2019 서울 푸드페스티벌 카빙데코레이션경연대회
 과일플레이팅 라이브 대상
 푸드카빙 단체전시 대상
 푸드카빙 라이브 최우수상
 푸드카빙 개인전시 & 스피드스킬 우수상
– 2019 대한민국 향토식문화대전 국제탑쉐프 그랑프리
 푸드카빙 개인전시 금상
 푸드카빙 단체전시 금상
 푸드카빙 라이브 금상
 과일플레이팅 라이브 금상
– 2019 한국푸드카빙기능대회
 수박카빙 라이브 최우수상
 과일플레이팅 라이브 최우수상
– 2019 서울국제푸드&테이블웨어
 푸드카빙 개인전시 & 푸드카빙 라이브, 과일플레이팅 라이브 수상
– 2019 한국국제요리경연대회
 과일플레이팅 라이브 금상
 푸드카빙 개인전시 & 푸드카빙 라이브 수상

- 2019 한국카빙데코레이션 경연대회
  과일플레이팅 라이브 협회장상
  과일플레이팅 라이브 대상
  푸드카빙 개인전시 & 푸드카빙 라이브 수상
- 2016 한국푸드코디네이터기능경기대회
  테이블세팅 단체 고용노동부장관 대상
- 2016 서울국제푸드&테이블웨어
  테이블세팅 개인 대상
  테이블세팅 단체 대상
- 2015 한국푸드카빙데코레이션 경연대회
  푸드카빙 개인라이브 금상

• 자격증

- 수박카빙 마스터
- 동물카빙 마스터
- 과일플레이팅 마스터
- 푸드플레이팅 마스터
- 칵테일가니쉬 마스터
- 스티로폼카빙 마스터
- 아이스카빙 마스터
- 푸드코디네이터1급
- 한식조리기능사
- 아동요리지도사
- 화훼장식기능사
- 레크레이션 2급
- 웃음치료사 2급

Contents

PART 1

카빙실무

제 1장 푸드카빙데코레이션의 개요 · 32
제 2장 푸드카빙의 분류 · 34
제 3장 푸드카빙의 도구 · 41
제 4장 푸드카빙데코레이션 관련 연구 · 47
제 5장 푸드카빙데코레이션 작품의 상징 · 64
제 6장 수박카빙 작품 소개 · 70

PART 2

카빙식품재료학

제 1장 카빙 주재료 · 74
제 2장 기타 카빙 재료 · 81
제 3장 카빙데코레이션 색채 · 88

PART 3

개인위생관리

제 1장 식품오염 • 92
제 2장 지켜야할 개인위생 사항 • 93
제 3장 개인위생을 위한 필수 요건 • 94

PART 4

수박카빙 실기

제 1장 수박카빙 2급 실기 • 102
제 2장 수박카빙 1급 실기 • 156
제 3장 수박카빙 마스터 실기 • 216
제 4장 수박카빙 마스터 부록 • 274

수박카빙데코레이션
자격검정 안내

구 분	수박카빙데코레이션 2급	수박카빙데코레이션 1급	수박카빙데코레이션 MASTER (강사자격증)
필기 시험과목 (출제비중)	카빙 식품재료학(30%) 개인위생(30%) 카빙실무(40%)	카빙 식품재료학(30%) 개인위생(30%) 카빙실무(40%)	카빙 식품재료학(30%) 개인위생(30%) 카빙실무(40%)
실기시험	제시된 수박카빙 기본예제 2개 작품을 시간 내 완성 (80분) 또는 지정된 교육장에서 지정된 교육과정을 수료할 경우 대체평가가능	제시된 수박카빙 중급예제 2개 작품을 시간 내 완성 제한시간: 1시간 40분	제시된 수박카빙 고급예제 2개 작품을 시간 내 완성 제한시간: 3시간 30분
응시자격	지정된 교육을 수료한 자 (연령제한없음)	지정된 교육을 수료한 자 (연령제한없음)	수박카빙데코레이션 1-2급 자격증을 소지한 자 중 지정된 교육을 수료한 자 (연령제한없음)
온라인 필기시험 문항 수	객관식 50문항	객관식 50문항	객관식 50문항
합격기준	합격기준 점수는 필기시험과 실기시험 공통으로 적용됨. 수박카빙데코레이션 2급 100점 만점에 60점 합격 수박카빙데코레이션 1급 100점 만점에 70점 합격 수박카빙데코레이션 MASTER 100점 만점에 80점 합격		
시험일시	본사 시험장 시험실시 횟수: 24회(매달) (홈페이지 공고: http://www.foodcarving.co.kr)		
전형료	2급과 1급 시험 응시료 필기: 30,000원/ 실기: 70,000원 (고등학교 및 대학교에서 단체로 시행되는 상시시험은 응시료가 변경될 수 있음)		필기: 30,000원 실기: 90,000원
원서교부 및 문의처	한국카빙데코레이션협회 (http://www.foodcarving.co.kr)		
기타사항	시행: 한국카빙데코레이션협회		

수박카빙에 대한 소개

사회구조가 변화하면서 내식에서 외식으로 식생활이 변화함에 따라 외식업의 경쟁은 치열하게 되었다. 현대의 식생활은 배를 채우기 위한 생존적인 의미는 약화되고 음식의 질이나, 분위기, 서비스가 중요시되고 있다. 같은 음식이라도 어떻게 담는가, 어떤 색의 배열을 따르는가, 어떤 용기에 담아내는가에 따라서 다르게 평가된다. 후각이나 미각보다 시각이 식품을 구매하는데 더 중요한 결정적 요인이라는 것은 많은 연구에서 검증된 바 있다. 소비자들은 식 공간에서 단순히 음식을 먹는 공간이 아닌 행복과 기쁨을 느끼는 문화 공간, 휴식공간의 여러 가지 기능적 역할을 기대하고 있다.

수박카빙이란, 식 공간을 그 목적에 맞는 이미지 연출로 시각을 자극시켜 음식의 질을 한층 높여주고, 먹는 사람의 눈을 즐겁게 해주며, 식공간을 더욱 고급스럽게 만들어주는 요소라고 할 수 있다.

사단법인 한국카빙데코레이션협회 소개

사단법인 한국카빙데코레이션협회는 수박카빙에 대한 소비자들의 인식을 높이고, 기술력을 배양하여 선진 외식문화를 선도하고 있다. 또한, 수박카빙 스킬을 보유한 협회 회원들 간의 협력과 유대를 강화하여 외식산업의 건전한 발전과 공정경쟁을 추진하며, 관련 신기술을 개발, 보급하고 있다. 협회 회원들이 외식산업에서의 수박카빙 전문가로서 입지를 다질 수 있도록 돕고, 선진 외식문화산업의 국내•외 경쟁력 제고로 국내 외식산업의 발전에 기여하기 위해 설립된 한국카빙데코레이션을 대표하는 단체이다.

한국직업능력개발원 등록한 수박카빙데코레이션 자격증 소개

한국카빙데코레이션협회에서 주관하는 수박카빙데코레이션 2급, 1급, MASTER 자격증은 2012년부터 최초로 검정을 실시하여 매월 정기적인 자격검정을 실시한다. 수박카빙데코레이션 자격증은 관련학과 교수들과 전문가로 구성된 수박카빙데코레이션 자격증 검정위원회를 통한 엄격한 실기와 필기시험문제 출제와 프로그램화된 시험채점, 공정한 감독을 통해 운영된다.

자격명 수박카빙

자격정보

자격명	수박카빙 2급, 1급, 마스터
자격의 종류	등록(비공인) 민간자격
등록번호	제 2015-000629 호
자격발급기관	한국카빙데코레이션협회
검정(응시)료	각 등급별 필기시험 3만원, 수박카빙 2급 실기시험 7만원, 수박카빙 1급 실기시험 7만원, 수박카빙 마스터 실기시험 9만원
환불규정	시험 4일전까지 100% 환불, 시험 3일전부터는 환불불가

자격관리기관정보

기관명	한국카빙데코레이션협회
대표자	김 기 진
연락처	053-763-9707(메일: 987307@hanmail.net)
소재지	대구광역시 동구 효목동 168-2번지 2층 한국카빙데코레이션협회
홈페이지	www.foodcarving.co.kr

수박카빙데코레이션 2급 자격증

가. 개요

수박카빙데코레이션 2급은 수박카빙 기본예제 실기검정을 시행한다. 수박카빙은 동남아 쪽에서 보편화되어 있는 전문 직업으로서 파티의 데코레이션 또는 호텔 및 외식공간의 연출을 담당하며 전망이 밝고 고소득이 보장되는 직종이다. 국내에서는 아직 전문 직업으로 보편화되지 않았지만, 요리사로서 가져야할 전문스킬이라 할 수 있다. 현재 전체 요리사들 중 1% 정도만이 가지고 있는 전문기술이기 때문에 기술을 습득할 경우 자신의 경쟁력을 향상시킬 수 있으며 경쟁업체와의 경쟁에서 경쟁우위에 설 수 있는 요인이 될 수 있다.

나. 응시자격 및 출제경향

응시자격: 수박카빙데코레이션 2급 : 지정된 교육을 수료한 자.

연령, 성별, 학력, 경력 등에 대한 제한은 없음.

필기시험: 필기시험은 객관식 4지선다형 50문항 (평균 60점 이상 합격)

실기시험: 실기시험은 제시된 수박카빙 기본예제 2개 작품 실기평가로 진행

(평균 60점 이상 합격), 지정된 교육 수료과정으로 대체평가 가능.

수박카빙데코레이션 1급 자격증

가. 개요

수박카빙데코레이션 1급은 수박카빙 중급예제 실기검정을 시행한다. 수박카빙데코레이션 1급 자격증은 수박카빙데코레이션 2급 자격증에서 습득한 기본 기술을 응용하여 한층 더 고급스러운 작품을 만들 수 있는 수준을 인증하는 등급이다. 이 등급의 기술은 최고 스킬의 전문 요리사들이 가질 수 있는 기술의 수준이며, 실무에서 다양한 작품을 만들 수 있는 전문가의 수준이라 할 수 있다.

나. 응시자격 및 출제경향

응시자격: 수박카빙데코레이션 1급 : 지정된 교육을 수료한 자.
연령, 성별, 학력, 경력 등에 대한 제한은 없음.

필기시험: 필기시험은 객관식 4지선다형 50문항 (평균 70점 이상 합격)

실기시험: 실기시험은 제시된 수박카빙 중급예제 2개 작품 실기평가로 진행
(평균 70점 이상 합격)

수박카빙데코레이션 MASTER 자격증

가. 개요

수박카빙데코레이션 MASTER 자격증은 고급예제 실기검정을 시행한다. 수박카빙데코레이션 MASTER자격증은 박람회, 전시회 및 대회에서 만드는 고급 푸드카빙데코레이션 기술을 사용하여 작품을 완성한다. 수박카빙데코레이션 MASTER 자격증은 수박카빙데코레이션을 강의할 수 있을 만한 스킬을 가졌다는 것을 인증하는 것이다.

나. 응시자격 및 출제경향

응시자격: 수박카빙데코레이션 마스터: 수박카빙데코레이션 1–2급 자격증을 취득한 자가 지정된 교육을 수료한 경우 응시가능.

필기시험: 필기시험은 객관식 4지선다형 50문항(평균 80점 이상 합격)

실기시험: 실기시험은 제시된 수박카빙 고급예제 실기평가(평균 80점 이상 합격)

Watermelon Carving Master

PART 1

카빙실무

제 1장 푸드카빙데코레이션의 개요

제 2장 푸드카빙의 분류

제 3장 푸드카빙의 도구

제 4장 푸드카빙데코레이션 관련 연구

제 5장 푸드카빙데코레이션 작품의 상징

제 6장 수박카빙 작품 소개

제 1장 푸드카빙데코레이션의 개요

1. 수박카빙의 이해

사회가 발전하면서 가정에서 식사를 하는 빈도보다 외식을 하는 빈도가 높아지면서 외식업의 경쟁은 치열해지고 있다. 이뿐만 아니라 고객들의 지식수준과 생활수준의 향상으로 식생활을 단순하게 생존적인 의미뿐만 아니라 행복하고 즐거운 경험을 하고자 하는 wants와 needs를 가지는 고객이 늘어나고 있다. 이러한 시점에서 외식업체들 간의 경쟁적 우위에 설 수 있고, 고객들의 행복과 즐거운 경험을 주는 새로운 영역들이 나타나고 있다. 예를 들어 푸드코디네이터, 푸드스타일링 등이 그 예라고 할 수 있다. 하지만, 고급 음식점의 요리사들은 더 오래전부터 고객들의 이러한 부분의 욕구를 충족시켜주기 위해 노력하고 있었다. 예전에는 특별한 고객들에게만 푸드카빙데코레이션이 제공되었다. 하지만, 이제 시대가 변했다.

현대의 고객들은 모두 특별하다. 현대의 모든 특별한 고객들의 욕구를 충족시켜주고, 식 공간에서 행복하고 즐거운 경험을 하도록 만드는 것은 외식기업이 성공하는데 결정적 요인이 되고 있다. 따라서 고객들의 욕구를 충족시켜주기 위해서는 전문조리사라면 전문 카빙스킬도 가지고 있어야 할 것이다.

푸드카빙데코레이션에 대해 좀 더 자세히 살펴보면, 카빙(carving)의 사전적인 정의는 조각품, 새긴 무늬, 조각술 등의 의미로 나타난다. 카빙에는 여러 가지 의미가 담겨 있지만 수박카빙데코레이션의 카빙은 단순히 사전적인 정의를 따른다. 데코레이션(decoration)의 사전적인 정의를 살펴보면, 특별한 행사를 기념하기 위한 장식품, 무늬 등의 장식과 같은 의미로 나타났다. 이것을 사물의 외면을 아름답게 치장하고 꾸미는 것으로 일반적인 데코레이션이라 하면, 조직적이고 전체적인 장식을 의미한다. 이러한 카빙과 데코레이션의 합성어로서 수박카빙데코레이션은 특별한 행사를 위해서 수박의 조각품으로 아름답게 장식한다는 것을 의미한다.
따라서, 수박카빙데코레이션(watermelon carving decoration)이란, 식 공간을 그 목적과 음식에 맞는 이미지로 연출하여 고객의 시각을 자극하고, 음식의 전반적인 질을 높이며 고객의 눈을 즐겁게 해주는 것이라 할 수 있다.

이는 고객들의 식사경험을 긍정적으로 평가 하도록 만들고, 만족수준을 높여 재구매 의도와 긍정적인 구전을 하도록 만들게 된다. 또한, 일반적인 음식의 재료인 야채나 과일을 이용함으로써 계절감을 느낄 수 있게 해주며, 입체감이 살아 있어 음식의 생동감을 표현해 줄 수 있다.

2. 푸드카빙데코레이션의 유래

2006년 태국요리경연대회의 과일카빙 경연에서는 1위와 2위를 여성 경연자가 석권했다. 태국에서는 여성들이 과일 카빙을 많이 하고 있다. 태국관광청에 따르면, 카빙에는 돌, 나무, 얼음, 야채, 과일 등 다양한 조각들이 있다. 그 중에서 태국식 야채,과일 조각이 유명하다. 우리나라 음식은 재료 그 자체로 색을 내지만, 동남아시아의 요리들은 주로 야채나 과일을 조각하여 장식을 많이 한다. 태국의 야채, 과일카빙의 역사는 700년 전 태국의 스코타이 왕조에서 시작되었다고 알려져 있다.

12월 만월의 날 등을 강물에 흘려보내 물의 정령에게 감사하는 전통행사를 할 때, 꽃, 새, 백조, 토끼 등 다양한 동물을 조각해서 등에 장식해 흘려 보냈던 것이 태국의 전지역으로 퍼져 지금의 궁중요리와 장식이나 손님접대 음식에 장식으로 쓰여지고 있다고 한다. 카빙 강습은 태국의 전통공예로서 문화체험의 하나로, 문화센터에서 카빙강습을 배울 수 있는 곳이 많다. 현대에 들어오면서 태국식 카빙은 야채보다는 열대과일을 이용하는 조각이 많아지고 있다. 주로 칼 하나로 조각을 하지만, 오늘에 와서는 조각도에 의한 조각도 많다.

중국에서는 카빙데코레이션을 식조, 조각, 조각공예라는 용어를 사용하면서, 각기 다른 기술적인 방법으로 야채, 과일에 입체감을 살릴 수 있는 여러 종류의 작품(예: 꽃, 곤충, 새, 동물, 사람)을 만드는 것을 말한다. 중국의 카빙은 남송시대부터 연회 상차림의 격을 높이기 위해 유래된 것으로 완성된 요리에 간단한 모양내기부터 연회의 큰 카빙 작품에 이르기까지 크게 발전해 왔다. 현재에는 많은 카빙데코레이션 전문학교들이 운영되고 있으며, 카빙사라는 자격증도 운영 되면서 카빙 전문 인력들이 많이 배출되고 있는 실정이다.

한국의 푸드카빙데코레이션이 "언제부터 시작된 것인가?"에 대한 정확한 근거는 없지만, 국제적인 무역이 이루어지면서, 태국 및 중국의 영향을 받은 것으로 전해지고 있다. 과거에는 고급

한식당의 주방장도 선배들에게 꽃 카빙이나 나비카빙을 배웠고, 실제 고위간부들이 참석하는 연회에는 어김없이 카빙작품들이 음식에 장식되어 제공되었다고 한다. 앞으로 한국의 푸드카빙데코레이션은 대표적인 업종인 한식, 양식, 중식, 일식을 중심으로 각 업종에 맞는 새로운 작품들이 지속적으로 개발되어야 할 것이다.

제 2장 푸드카빙의 분류

푸드카빙데코레이션은 만드는 기법에 따라 접시데코, 동물카빙, 수박카빙으로 분류할 수 있다. 또한, 어떤 방법으로 데코레이션하는 가에 따라서 Side 데코레이션과 Center 데코레이션, Divide 데코레이션으로 나눌 수 있다.

1. 만드는 기법에 따른 분류

1) 접시데코

야채나 과일을 이용하는 접시데코는 주로 작은 접시에 담아낼 때 많이 사용된다. 접시데코는 국내 조리사들이 가장 많이 사용하는 카빙 형태이다. 접시데코는 야채의 모양, 색, 성질을 이용하여 꽃을 만들게 된다. 가장 많이 사용되는 재료는 당근이며, 호박, 무, 오이, 토마토, 레몬, 양파, 고추 등도 많이 사용되고, 무, 호박, 양파 등은 식용색소를 이용하여 염색하여 사용하기도 한다.

2) 동물카빙

동물카빙은 뷔페, 연회 행사에서 많이 사용된다. 연회행사에서는 식사 초반에 데코레이션 해 놓은 음식들이 시간이 지나면서 지저분해지게 되는데, 동물카빙은 크고 높이가 있는 입체적인 카빙이기 때문에 연회 행사가 끝날 때 까지 고객들에게 시각적인 즐거움을 제공할 수 있다. 또한, 행사의 주제에 맞는 동물카빙을 할 수 있다. 원숭이와 잉어는 무병장수를 상징하고, 박혁거세 탄생신화의 말은 제왕출현의 징표를 의미한다. 또한 독수리는 비상을 의미한다. 이러한 여러 가지 의미를 가진 동물모양을 행사의 주제와 맞추어 카빙을 할 경우 고객들의 즐거움은 배로 증가하게 될 것이다.

3) 수박카빙

수박카빙은 껍질부분의 초록색과 초록색 껍질을 살짝 깎으면 나오는 흰색, 흰색에서 조금 더 깎으면 나오는 붉은색의 3가지 색을 가지고 있다. 최근에는 껍질이 노란색 수박, 속살이 노란색 수박 등 다양한 품종으로 나오고 있다. 가장 일반적으로 사용되는 수박은 초록색, 흰색, 붉은색의 수박이다. 이 수박은 3색을 가지고 있어 화려하고 아름다운 카빙작품을 만들 수 있다. 카빙 중 고객의 시각을 가장 많이 자극하는 카빙이라고 할 수 있다. 그에 반해 만드는 기술은 단순하고, 누구나 쉽게 배우고 만들 수 있다. 이러한 수박카빙은 부조(relief)형태로 카빙을 하는 것으로서 평면상에 형상을 입체적으로 조각하는 조형기법이다.

수박카빙은 뷔페, 칠순, 돌 등과 각종 기업체 연회 등 모든 연회 행사에 사용할 수 있다. 수박에 꽃잎형태로 카빙을 하여 꽃만을 카빙하는 방법이 있고, 꽃을 중앙에 카빙하고 꽃 봉오리와 줄기 등 부수적인 카빙기교를 통해 아름답게 배치하여 카빙하는 경우가 있다. 요즘은 행사의 내용에 맞는 문구 또는 로고 등의 이미지를 넣어 카빙을 하는 경우가 많다. 대표적으로 돌상, 칠순 잔치 또는 기업체의 행사 시 기업의 로고를 넣은 카빙을 많이 사용한다.

2. 접시에 담는 방법에 따른 분류

푸드카빙데코레이션 하는 것을 접시에 담는 방법에 따라 분류한다면 사이드 데코레이션(side decoration) 방법과 센터 데코레이션(center decoration)방법, 디비드 데코레이션(divide decoration)으로 나눌 수 있다. 카빙 데코레이션은 어디에 중심을 두고 데코레이션 하느냐와 어떻게 데코레이션 하느냐에 따라 그 방법을 나눌 수 있다.

1) 사이드 데코레이션(Side decoration)

조리된 음식을 접시에 담은 뒤에 음식의 색, 모양, 크기에 따라 접시의 사이드 부분을 데코레이션 하는 방법으로 음식을 담을 접시의 모양에 따라 데코레이션 하는 방법이다. 이 데코레이션 방법은 야채나 과일의 모양을 그대로 사용하여 접시의 모양과 음식의 모양에 맞도록 데코레이션 하는 것이다. 데코레이션 할 야채나 과일 선정은 음식의 색에 맞도록 선정하고, 음식을 담은 접시의 사이드 부분 중 중심을 정하여 그 부분의 음식 배치와 평행 또는 대칭이 되도록 중심을 정하는 방법이다. 중심에는 카빙 작품을 이용하여 데코레이션 한다.

2) Center 데코레이션

Center 데코레이션은 음식의 중앙부분에 카빙작품을 장식하는 방법이다. 이 방법은 카빙 작품을 접시 중앙 부분에 먼저 데코레이션하고 음식을 담아내는 방법이다. 이 방법은 접시의 중앙 부분에 동물카빙, 수박카빙을 이용하여 데코레이션 하는 방법이다.

3) Divide 데코레이션

디비드 데코레이션은 음식을 접시에 담을 때 접시의 구분을 의미한다. 음식의 메인 부분과 소스부분을 따로 놓거나 메인 음식과 데코레이션 부분을 구분하는 방법이다. 이 방법은 과일이나 야채를 모양 그대로 사용하거나 일정한 모양으로 썰어 접시를 분할하는 방법으로 데코레이션 한다.

3. 사용용도에 따른 분류

예전의 푸드카빙데코레이션은 식공간의 장식 하는 용도로만 많이 사용되었지만, 최근에는 다양한 분야에서 푸드카빙이 사용되며 돌잔치, 백일, 생일, 고희연, 칠순 및 기업행사, 축제, 각종 박람회, TV, 휴대폰CF 등 다양한 곳에서 볼거리로 사용되고 있다. 예를 들어 강호동이 진행하고 있는 SBS스타킹에서 푸드카빙 및 과일플레이팅 소개를 하였으며, KBS, SBS 등등 공중파 방송에서 많이 소개되고 있다. 이는 푸드카빙이 보편화 되고 있으며 소비자들에게 많이 알려지고 있음을 말한다.

이밖에도 외식관련 박람회 또는 요리축제에서도 카빙은 다양하게 활용이 되고 있다. 국제요리경연대회 중 카빙 경연을 시행하고 있는 대회를 살펴보면, 국내에서 시행하는 서울국제요리경연대회, 태국국제요리경연대회, 세계요리올림픽, 홍콩국제요리경연대회, FHA Culinary Challenge 국제요리경연대회, 러시아국제요리경연대회, 독일국제요리경연대회, 싱가폴국제요리경연대회, 상하이국제요리경연대회, 베이징국제요리경연대회 등 다양한 국제적 요리박람회에서 카빙대회를 시행하고 있다. 국내 지방 요리관련 박람회인, 경남향토음식박람회, 대구음식박람회, 대전국제요리경연대회, 한식세계화요리대회 등 다양한 박람회에서 카빙을 경연항목으로 채택하고 있다. 카빙은 박람회에서 관람객들에게 시각적인 즐거움을 주기 때문에 채택을 하는 경우가 많으며, 실제 박람회에서도 카빙에 대한 관람객들의 관심은 매우 뜨겁다. 요리경연대회에서도 야채, 과일 카빙 경연을 요리대회의 꽃이라고 이야기 할 정도로 매우 중요한 위치를 차지하고 있다. 그만큼 중요한 위치를 차지하고 있기 때문에 세계 모든 요리경연대회와 국내 요리경연대회에서 야채카빙 부문을 대회종목으로 채택하고 있는 것이다.

한국과 북한의 정삼회담에서도 테이블 중앙을 장식한 것은 푸드카빙이였다. 꽃과 새 등의 작품들을 연출한바 있으며, 중국에서도 정상회담과 같은 중대한 행사에서 테이블 중앙에 푸드카빙으로 장식을 하는 사례를 뉴스를 통해서 자주 접해볼수 있다.

제 3장 푸드카빙의 도구

1. 샤토나이프

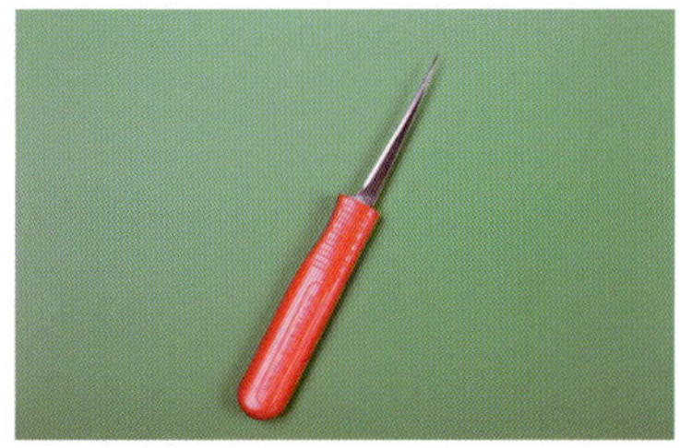

샤토나이프는 카빙을 하는데 가장 많이 사용되는 카빙도구이다. 수박카빙에서는 95%가 샤토나이프로만 카빙을 하게 되고, 동물카빙에서도 70%는 샤토나이프가 사용된다. 대체로 큰 형태를 잡을 때 잘라내는 작업을 샤토나이프로 하게 되는데, 작업에 따라 잡는 방법이 달라진다. 또한, 마무리 작업을 할 때 샤토나이프는 매우 중요한 역할을 하게 된다.

샤토나이프를 잡는 방법은 크게 2가지로 나눠진다. 첫 번째는 가장 많이 사용하는 방법으로 엄지와 중지를 이용하여 고정하고, 검지는 엄지와 중지에 의해 고정된 칼날을 보조해주며, 약지와 소지는 카빙재료와 칼의 사이를 고정시켜주는 역할을 하게 된다. 이 방법은 재료를 잘라낼 때, 세밀한 작업을 할 때 사용된다.

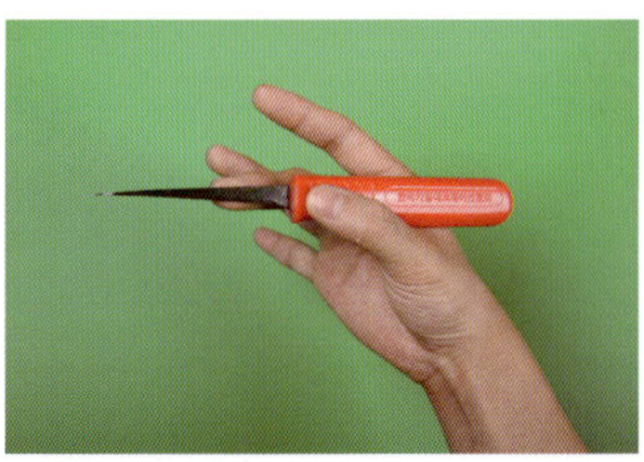

1. 엄지와 중지를 이용하여 칼날을 고정시켜준다.

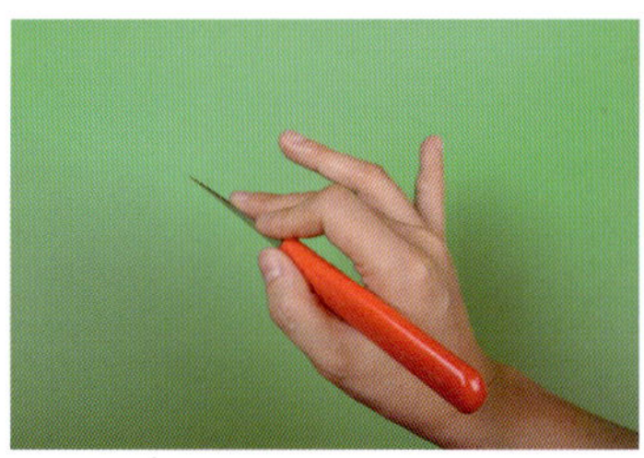

2. 검지를 이용하여 엄지와 중지를 보조해준다.

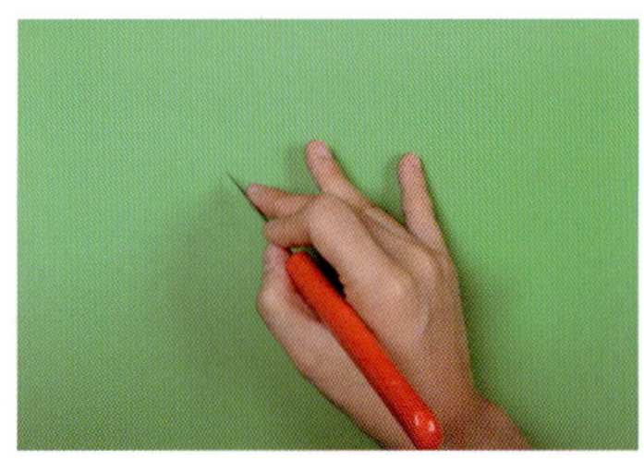

3. 약지와 소지를 이용하여 카빙재료와 칼 사이를 고정시켜준다.

또 다른 샤토나이프 잡는 방법은 주먹을 쥐는 느낌으로 칼 손잡이를 잡고 엄지를 이용하여 카빙재료와 칼을 고정시키는 방법이 있다. 이 방법은 재료를 크게 잘라낼 때 사용된다.

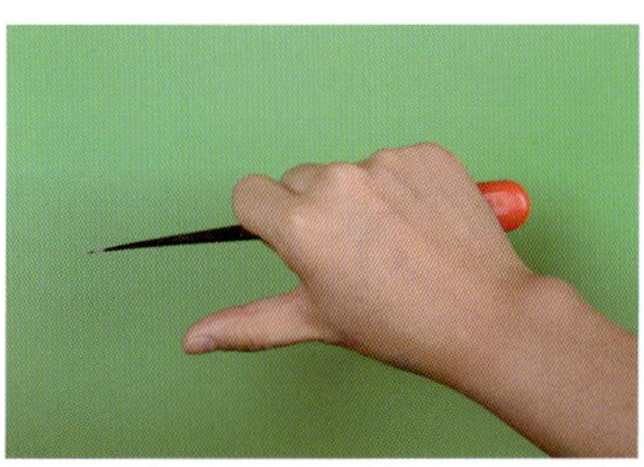

1. 주먹을 쥐는 느낌으로 칼을 잡는다.

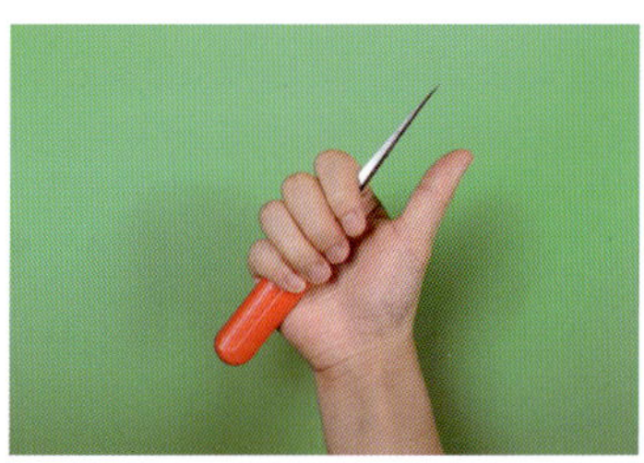

2. 엄지를 이용하여 카빙재료와 칼을 고정시켜준다.

2. 목재 샤토나이프 (외날)

샤토나이프는 카빙을 하는데 가장 많이 사용되는 카빙 도구이다. 잡는 방식에 따라 세밀한 작업과 러프한 작업 모두 소화해낼 수 있다. 따뜻한 느낌을 주는 목재 손잡이가 포인트인 이 제품은 전장 5cm, 0.45mm의 날 두께를 갖고 있다.

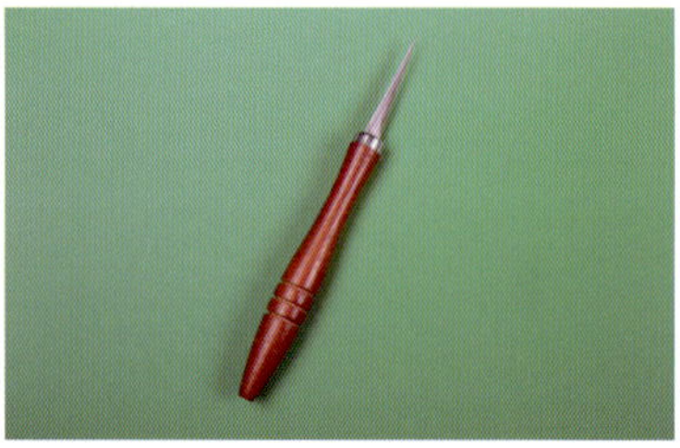

3. 금장 샤토나이프 (양날)

샤토나이프는 카빙을 하는데에 가장 많이 사용되는 카빙 도구이다. 잡는 방식에 따라 정밀한 작업과 러프한 작업을 모두 소화해 낼 수 있다. 바꿔 끼울 수 있는 양날 형식을 채택하여 더욱 오래 사용할 수 있도록 실용성을 더함과 동시에, 메탈릭 골드 계열의 몸체에 진녹색 으로 포인트를 주어 디자인이 고급스럽다.

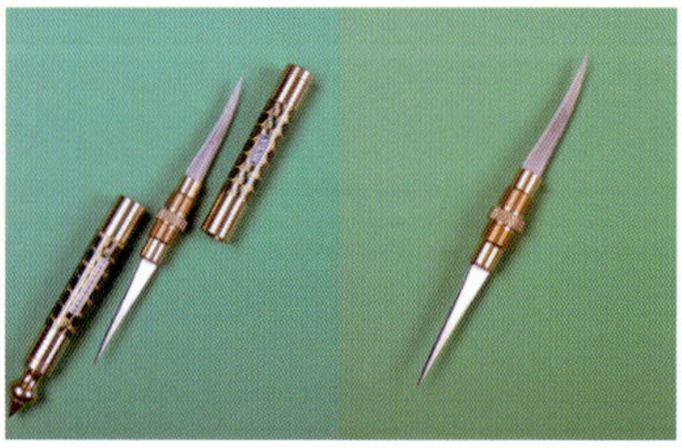

4. 은장 샤토나이프 (외날)

샤토나이프는 카빙을 하는데 가장 많이 사용되는 카빙 도구이다. 잡는 방식에 따라 세밀한 작업과 러프한 작업 모두 소화해 낼 수 있다. 심플하고 은은한 메탈릭 실버 계열의 색상을 바탕으로 코발트블루와 인디고 색상의 장식으로 포인트를 준 이 고급스러운 태국제 제품은, 같은 카빙 작업을 하더라도 사용자의 기분을 더 좋게 만들어 준다.

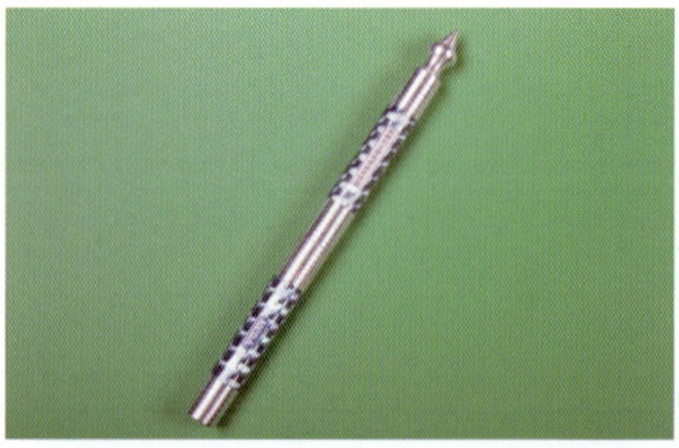

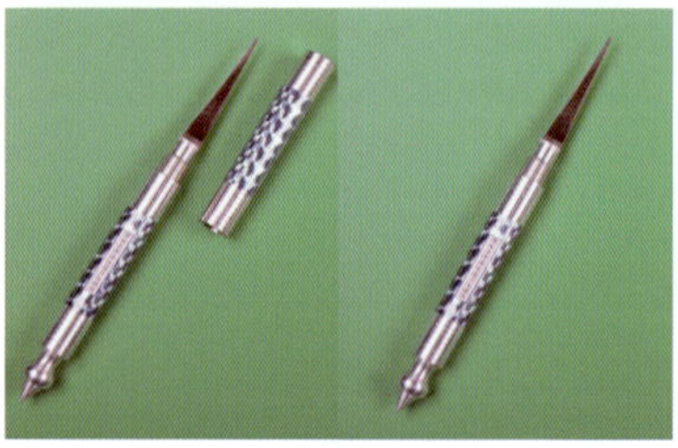

5. 각도

각도는 샤토나이프 다음으로 많이 사용되는 조각도이다. 동물카빙을 할 때 야채에 밑그림은 각도로만 사용이 되며, 용 카빙 시 비늘이나 배 가죽, 새 종류의 카빙을 할 때 날개 깃 등을 조각하기 위해 각도가 사용된다. 각도는 이렇듯 카빙작품의 화려함을 표현하기도 하고, 기초적인 작업을 할 때 사용되기도 한다.

각도사용법을 보면, 샤토나이프와 마찬가지로 엄지와 중지를 이용하여 칼날을 고정시켜주고, 검지를 이용하여 엄지와 중지를 보조해준다. 또한 약지와 소지를 이용하여 카빙재료와 칼 사이를 고정시켜 안정적으로 칼을 넣을 수 있도록 해준다.

1. 엄지와 중지를 이용하여 칼날을 고정시켜준다.

2. 검지를 이용하여 엄지와 중지를 보조해준다.

3. 약지와 소지를 이용하여 카빙재료와 칼 사이를 고정시켜준다.

6. 둥근칼

둥근칼은 샤토나이프와 각도 다음으로 많이 사용되는 조각도이다. 동물카빙에서는 물고기의 비늘, 용의 비늘, 카빙을 하는 과정에서 굴곡을 주는데 사용되기도 한다. 또한 수박카빙을 할 때에는 마무리 작업을 하거나, 꽃잎을 만드는데 사용할 수도 있다. 기초적인 카빙을 할 때도 꽃잎의 입체감을 표현하는데 사용하기도 한다.

둥근칼도 샤토나이프, 각도와 사용방법이 동일하다. 먼저 엄지와 중지를 이용하여 날을 고정시키고, 검지를 이용하여 엄지와 중지를 보조해준다. 그리고, 약지와 새끼 손가락를 이용하여 카빙재료와 칼 사이를 고정시켜 안정적인 조각을 할 수 있도록 해준다.

1. 엄지와 중지를 이용하여 칼날을 고정시켜준다.

2. 검지를 이용하여 엄지와 중지를 보조해준다.

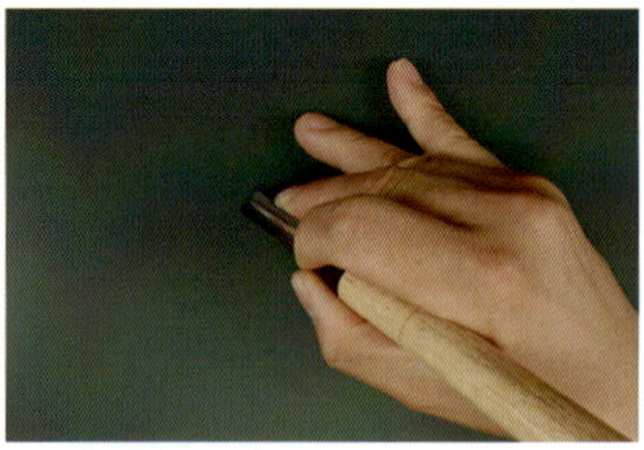

3. 약지와 새끼 손가락을 이용하여 카빙재료와 칼 사이를 고정시켜준다.

7. 스텐 조각도

조각도는 대부분이 동물카빙에 많이 사용된다. 스텐 조각도는 일반 둥근칼이나, 각도 보다는 약한 스텐으로 동물카빙에서 동물의 부리를 만드는데 사용되며, 곡선 또는 뾰족한 모양을 만들 때 사용된다.

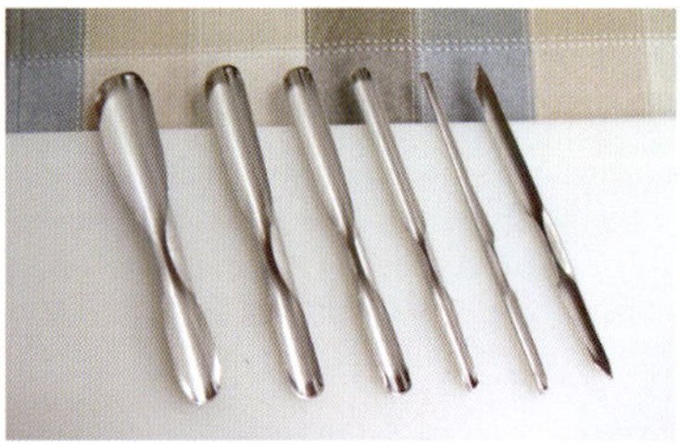

8. 풀 카빙 나이프

풀 카빙 나이프는 당기다(pull)라는 뜻을 가진 이 조각도는 기존에 밀면서 쓰는 각도, 둥근칼과는 다르게 당기면서 쓰는 조각도로 좀 더 섬세한 라인을 표현할 수 있으며, 다양한 모양을 만들 수 있도록 여섯 가지의 종류로 나뉘어져 있다.

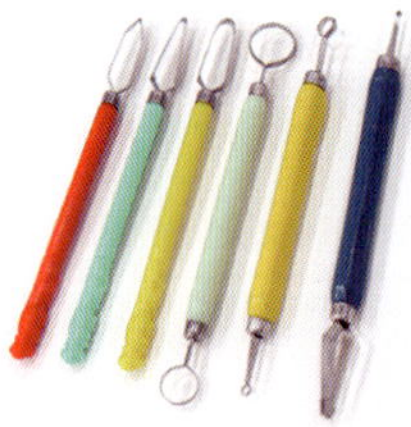

9. 원형커터

수박의 센터봉오리를 쉽게 만들기 위해서 사용되는 원형커터이다. 식품전용 스텐으로 만들어져서 부식되지 않으며, 원형커터를 사용하는 야채, 과일을 잡고 살짝 눌러 주듯이 찍어주고 살살 돌리면서 빼주어야 센터가 따로 빠져 나오지 않는다.

10. 식칼

식칼은 과일이나 야채를 자를 때 힘을 들이지 않고 자를 수 있고, 과일을 크게 자르거나 껍질을 깎을 때도 쓰인다. 과일로 카빙을 할 때 다양하게 잘라 모양을 낼 수 있으며, 카빙을 할 때 기본적으로 제일 먼저 쓰이는 도구이다.

11. 감자칼

껍질을 벗기는 도구로, 주방조리기기중 하나이며 감자, 기타 야채 및 과일을 물로 씻으면서 단시간에 효율적으로 껍질을 벗기는 도구이다. 껍질 분량은 손으로 벗길 때 보다 약 30% 가량 사용 면적을 늘릴 수 있다. 카빙에서 감자칼은 껍질을 벗길 때 뿐 만 아니라 야채의 표면을 매끄럽게 만드는데 사용하기도 하고, 야채와 야채의 접착부분의 곡선을 만드는데 사용하기도 한다.

12. 순간접착제

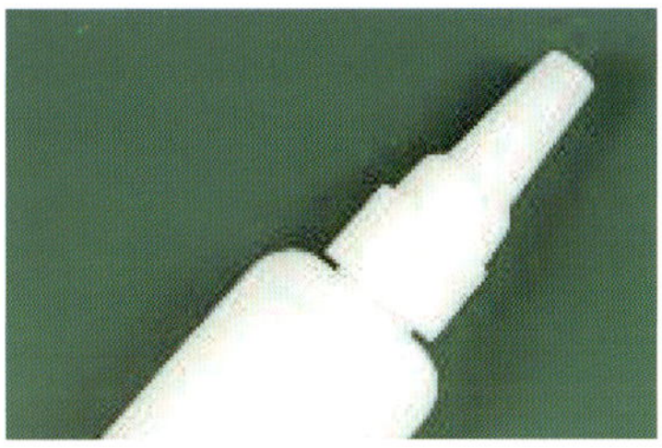

대형카빙을 할 경우 꼭 필요한 도구이다. 국내에는 카빙을 할 수 있는 재료가 한정되어 있기 때문에 용과 같은 대형 카빙을 할 경우에는 야채와 야채를 붙여서 카빙을 해야 한다. 이때 순간접착제를 사용하지 않고는 큰 형태의 카빙작품을 만들기가 어렵다.

13. 회전판

수박카빙을 할 때, 보다 편리하게 작업하기 위해 사용되는 도구이다. 회전판 위에 수박을 올려 놓은 상태에서 회전판을 돌리며 카빙을 함으로써 힘을 들여 수박을 직접 돌리지 않아도 수박의 모든 면에 카빙을 할 수 있게 된다.

14. 스쿱

과육을 보다 간편하게 파내고, 볼 모양으로 예쁘게 파내기 위해 사용되는 도구이다. 스쿱 없이는 과육을 동그란 볼 모양으로 예쁘게 파기가 어렵다.

15. 모형 눈알세트

접착제가 필요없이 핀 형태로 바로 붙일수 있게 되어 있어서 편리하게 실제 눈처럼 표현할 수 있는 도구이다. 또한 다양한 사이즈가 있어서 카빙 작품 크기에 따라 적절하게 사용할 수 있다.

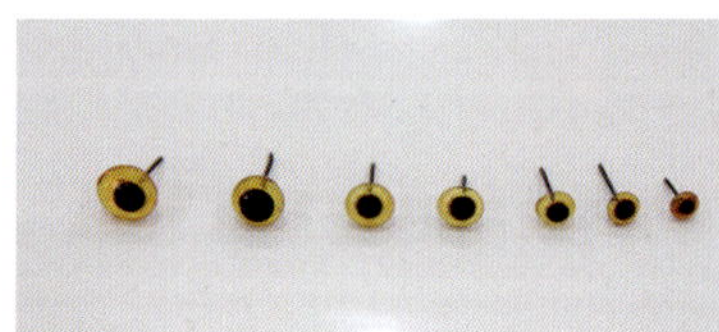

제 4장 푸드카빙데코레이션 관련 연구

1. 조리사를 대상으로 한 카빙데코레이션 연구(2008년)

한국조리학회지 14권 제 2호(2008년 6월)의 237-248페이지의 게재된 연구가 카빙에 관한 최초의 연구이다(김기진·변광인·김동진, 2008). 이 연구는 조리사를 대상으로 카빙 데코레이션의 대한 인식조사에 관하여 탐색적으로 연구를 실시하였다.

구체적인 연구내용을 살펴보면, 카빙데코레이션을 가장 필요로 하는 업종의 순위를 조사하고, 가장 배우고 싶은 카빙데코레이션의 종류와 카빙 종류에 따라서 많이 사용될 것으로 인식되는 업종에 대해 조사하였다. 또한, 조리사들의 카빙데코레이션 교육여부에 대해 조사하고, 교육을 받은 경우 그 경로에 대해 조사하였으며, 교육을 받지 못한 이유를 함께 조사함으로서 카빙데코레이션 교육의 필요성과 음식의 시각적인 부분에 대한 실증적 연구를 실시하였다.

그들의 연구에서 도출된 분석결과를 살펴보면, 카빙데코레이션에 대해 많은 조리사들이 알고 있고, 본적 있는 것으로 나타났다. 직접 카빙데코레이션을 해본 적 있는 조리사가 52%로 나타났고, 카빙을 해본 적 없는 조리사들 중 58%가 해보기를 희망하는 것으로 나타났다. 또한, 외식공간에서 카빙데코레이션이 필요한가에 대해 66%의 조리사가 필요하다는 응답을 하였다.

구분		빈도	비율
카빙을 알고 있는가?	잘 알고 있다	91	22.0
	알고 있다	219	53.0
	보통이다	77	18.7
	모른다	23	5.6
	전혀 모른다	3	0.7
	소계	413	100
카빙을 본 적 있는가?	있다	331	80.1
	없다	82	19.9
	소계	413	100
카빙을 직접 해 본적 있는가?	있다	215	52.1
	없다	198	47.9
	소계	413	100
카빙을 해본 적 없다면 해보고 싶은가?	매우 그렇다	19	9.6
	그렇다	96	48.5
	보통이다	55	27.8
	그렇지 않다	19	9.6
	전혀 그렇지 않다	9	4.5
	소계	198	100
음식제공 시 카빙이 필요하다고 생각하는가?	매우 필요	60	14.5
	필요	214	51.8
	보통	107	25.9
	필요 없음	30	7.3
	전혀 필요 없음	2	0.5
	소계	413	100

카빙데코레이션의 교육여부를 측정한 결과를 살펴보면, 카빙데코레이션을 배운 적 있는 조리사가 38%인 것으로 나타났고, 배운 경로는 66%가 직장선배를 통해 배운 것으로 나타났고, 13%는 카빙전문서적을 통해 배운 것으로 나타났다. 조리사로서 카빙데코레이션을 배울 필요가 있는가에 대해서는 73%의 조리사들이 필요하다고 하였다.

<table>
<tr><th colspan="2">구분</th><th>빈도</th><th>비율</th></tr>
<tr><td rowspan="3">카빙 데코레이션을
배운 적이 있는가?</td><td>있다</td><td>158</td><td>38.3</td></tr>
<tr><td>없다</td><td>255</td><td>61.7</td></tr>
<tr><td>소계</td><td>413</td><td>100</td></tr>
<tr><td rowspan="6">배운 적 있다면
배운 경로는?</td><td>직장선배</td><td>105</td><td>66.5</td></tr>
<tr><td>학교</td><td>16</td><td>10.1</td></tr>
<tr><td>학원</td><td>12</td><td>7.6</td></tr>
<tr><td>카빙전문서적</td><td>21</td><td>13.3</td></tr>
<tr><td>인터넷</td><td>4</td><td>2.5</td></tr>
<tr><td>소계</td><td>158</td><td>100</td></tr>
<tr><td rowspan="6">전문 조리사로서 카빙 데코레이션을 배울
필요가 있다고 생각하는가?</td><td>매우 필요하다</td><td>68</td><td>16.5</td></tr>
<tr><td>필요하다</td><td>232</td><td>56.2</td></tr>
<tr><td>보통이다</td><td>71</td><td>17.2</td></tr>
<tr><td>필요없다</td><td>33</td><td>8.0</td></tr>
<tr><td>전혀 필요없다</td><td>9</td><td>2.2</td></tr>
<tr><td>소계</td><td>413</td><td>100</td></tr>
</table>

카빙을 배워야 하는 이유에 대해 새로운 기술습득을 통한 자기개발이 가장 높게 나타났고, 다음으로 고객에게 시각적인 즐거움제공, 음식의 예술성을 높일 수 있다는 항목이 높게 나타났다. 배우지 못하는 이유에 대해서는 배울 수 있는 교육기관이 없다는 항목이 가장 높게 나타났다. 이에 조리사들이 카빙데코레이션을 음식의 예술성을 높이고 고객에게 시각적 즐거움제공을 위해 필요하다고 인식하고 있지만, 배울 수 있는 교육기관이 없어서 배우지 못하고 있다는 응답이 많았다.

구분		빈도(비율)		
		그렇지 않다	보통이다	그렇다
카빙을 배운다면 배우는 동기	남들과 차별화 되는 기술을 만든다	58(14.0)	65(15.8)	290(70.2)
	음식의 예술성을 높일 수 있다	42(10.2)	70(16.9)	301(72.9)
	고객에게 시각적 즐거움 제공	43(10.4)	54(13.1)	316(76.5)
	새로운 기술습득으로 자기개발	37(9.0)	60(14.5)	316(76.5)
배우지 못하고 있다면 그 이유	배우는 시간이 오래 걸림	102(24.7)	131(31.7)	180(43.6)
	배울 수 있는 교육기관이 없음	63(15.3)	110(26.6)	240(58.1)
	현재 본인의 기술로 충분함	236(57.1)	110(26.6)	67(16.2)

마지막으로 카빙데코레이션은 뷔페, 일식, 중식에서 높은 필요성이 있는 것으로 나타났고, 근무업종에 따른 배우고 싶은 카빙데코레이션을 보면, 꽃이나 나비카빙은 한식, 일식, 양식에 근무중인 조리사가 가장 배우고 싶어 하는 것으로 나타났고, 동물카빙은 중식, 일식, 뷔페에 근무하는 조리사가 가장 배우고 싶어 하는 것으로 나타났으며, 수박카빙은 뷔페, 양식, 중식에 근무하는 조리사가 가장 배우고 싶어 하는 것으로 나타났다.

구분		배우고 싶은 카빙 데코레이션의 종류 빈도(비율)			합계
		꽃-나비카빙	동물형태카빙	수박카빙	
근무업종	한식	54(47.4)	25(21.9)	35(30.7)	114(17.5)
	양식	52(42.3)	27(22.0)	44(35.8)	123(18.9)
	중식	30(22.7)	58(43.9)	44(33.3)	132(20.3)
	일식	53(37.3)	49(34.5)	40(28.2)	142(21.8)
	뷔페(연회)	44(31.7)	47(33.8)	48(34.5)	139(21.4)
	합계	233(35.8)	206(31.7)	211(32.5)	650(100)

이후 김기진·엄태성·신정하(2008)의 연구에서는 고객에게 음식을 제공할 때 전반적인 중요도와 카빙데코레이션을 할 때 전반적인 중요도에 대해 알아보고, 이러한 중요도가 조리사의 일반적 특성(성별, 학력, 연령, 경력 등)에 따라 통계적으로 차이가 있는지 살펴보았다. 그들 연구의 분석결과를 살펴보면, 고객들은 음식을 제공할 때 음식의 시각적인 부분이 영양가, 가격, 양 보다 더 중요하게 생각하는 것으로 나타났고, 카빙데코레이션을 할 때 중요하게 생각하는 것은 행사의 주제, 음식, 접시와의 조화를 이루는 것이 중요하고, 새로운 아이디어를 이용한 카빙작품이 중요하다고 하였다.

2. 소비자를 대상으로 한 카빙데코레이션 연구(2008년 12월)

김기진과 변광인(2009)은 소비자들의 카빙데코레이션 인지도와 구매의도가 가격수용성에 어떠한 영향을 미치는지 연구하였다. 연구결과 50% 이상의 소비자들이 카빙에 대해 알고 있었고, 대부분 TV를 통해서 알게 되었다고 한다.

카빙은 뷔페와 일식레스토랑에 가장 많이 사용될 것이라고 하였다. 또한, 꽃이나 나비카빙과 일식이 잘 어울린다고 하였고, 동물카빙과 중식이 잘 어울린다고 하였으며, 수박카빙과 뷔페가 가장 잘 어울린다고 응답하였다. 아울러 카빙데코레이션에 대해 잘 알고 있는 소비자는 카빙데코레이션을 구매할 의향이 높은 것으로 나타났고, 높은 가격을 지불할 의사를 가지는 것으로 나타났다. 카빙데코레이션을 잘 모르는 소비자의 경우에는 구매하려는 의향이 높아도 높은 가격을 지불하려고 하지는 않는 것으로 나타났다.

소비자들이 카빙데코레이션에 대해 지불하려하는 금액수준을 살펴보면, 꽃이나 나비카빙 같은 경우에는 평균적으로 생각하는 지불가격이 14,722원으로 실제 들어간 재료비의 11배를 지불하려 하였고, 동물카빙은 평균적으로 생각하는 지불가격이 24,413원으로 실제 들어간 재료비의 24배를 지불하려 하였으며, 수박카빙의 경우 평균적으로 생각하는 지불가격이 32,929원으로 6배의 금액을 지불하려고 하였다. 소비자들은 수박카빙을 가장 비싼 작품으로 인식하는 것으로 나타났고, 다음으로 동물카빙, 꽃 카빙의 순으로 나타났다.

3. 푸드카빙교육을 받은 학생들을 대상으로 한 푸드카빙데코레이션 연구

본 연구는 한국외식경영학회에서 운영하는 한국연구재단의 등재학술지인 외식경영연구 학술지에 2016년 12월 30일에 게재된 연구(연구자: 김기진, 진양호)이다. 본 연구는 푸드카빙데코레이션 교육수준에 따라서 주의집중력 수준이 얼마나 향상되는지, 취업자신감은 어떠한 차이가 있는지 규명하고자 하였다. 본 연구는 2016년 6월 7일부터 17일까지 진행되었고, 400부의 설문지를 배포하여 368부를 회수하였고, 불성실한 설문지를 제외한 352부를 최종분석에 사용하였다.

최종분석은 SPSS 분석 패키지를 사용하였다. 분석결과, 카빙스킬수준에 높을수록 주의집중력과 취업자신감이 향상되는 경향을 보였고, 푸드카빙 고급스킬의 자격증을 취득할수록 주의집중력과 취업자신감이 향상되는 경향을 보였다. 아울러, 푸드카빙데코레이션 교육채널이 고등학교 또는 대학교 보다, 학원 및 전문교육장에서 수업을 받은 학생들의 주의집중력과 취업자신감이 높은 것으로 나타났다. 연구결과, 향후 푸드카빙데코레이션교육을 고등학교와 대학교 등에서 적극적으로 교과목으로 적용하는 것이 학생들의 주의집중력향상과 취업에 대한 자신감을 향상시키는데 긍정적인 역할을 하는 것으로 나타났다.

제세한 연구결과를 살펴보면 다음과 같다.
연구과제 1. 일반적 특성에 따른 주의집중력이 향상된 수준을 살펴본다.
연구과제 2. 일반적 특성에 따른 취업자신감의 수준을 살펴본다.

첫 번째 연구 과제를 검정한 결과, 성별에 따라서 푸드카빙데코레이션 교육을 받은 학생들의 주의집중력은 통계적 차이가 없는 것으로 나타났다. 연령대에 따라서는 통계적으로 유의하게 19세 미만보다는 20~25세의 주의집중력이 통계적으로 유의하게 높게 나타났고, 20-25세 보다는 25세 이상의 주의집중력이 통계적으로 유의하게 높게 나타났다. 또한, 학력에 따라서는 고등학교 재학 중인 학생들보다, 대학교 재학 중인 학생들의 주의집중력이 통계적으로 유의하게 높게 나타났다.

일반적 특성에 따른 푸드카빙데코레이션 교육의 주의집중력						
독립변수		N	평균	표준편차	t/F	p
성별	남자	160	3.8516	.87159	.395	.693
	여자	188	3.8152	.84458		
연령대	19세미만	166	3.6114[a]	.81487	14.208	.000***
	20-25세	149	3.9497[b]	.87571		
	26세이상	37	4.3311[c]	.63752		
학력	고등학교 재학	160	3.6313	.82319	-4.070	.000***
	대학교 재학	192	3.9961	.84904		

1) *** p〈0.001
2) a, b, c : Mean followed by differents letters are significantly different by Duncan's multiple range test.

두 번째 연구 과제를 검정한 결과, 성별에 따라서 푸드카빙데코레이션 교육을 받은 학생들의 취업 자신감은 차이가 없는 것으로 나타났다. 연령대에 따라서는 19세 미만보다는 20-25세, 그리고, 26세의 취업자신감이 향상되는 수준이 통계적으로 유의하게 높게 나타났다. 학력은 고등학생보다 대학생의 취업자신감이 통계적으로 유의하게 높게 나타났다.

일반적 특성에 따른 푸드카빙데코레이션 교육을 통한 취업자신감						
독립변수	독립변수	N	평균	표준편차	t/F	p
성별	남자	160	3.8516	.87159	-.586	.558
	여자	188	3.8152	.84458		
연령대	19세미만	166	3.3494[a]	1.05165	11.605	.000***
	20-25세	149	3.8473[b]	.86393		
	26세이상	37	3.8919[b]	1.13887		
학력	고등학교 재학	160	3.3516	1.06926	-4.605	.000***
	대학교 재학	192	3.8385	.91453		

1) *** p〈0.001
2) a,b : Mean followed by differents letters are significantly different by Duncan's multiple range test.

연구과제 3. 카빙스킬수준에 따른 주의집중력이 향상된 수준을 살펴본다.

연구과제 4. 카빙스킬수준에 따른 취업자신감의 수준을 살펴본다.

연구과제 3은 검정한 결과, 본인의 카빙스킬수준이 초급과 중급일 때 보다는 최고급일 때 주의집중력은 통계적으로 유의하게 높은 것으로 나타났다. 또한, 연구과제 4를 검정한 결과, 본인의 카빙스킬수준이 초급단계일 때 보다, 고급단계와 최고급단계일 때 통계적으로 유의하게 높은 수준의 취업에 대한 자신감을 가지는 것으로 나타났다.

카빙스킬수준에 따른 푸드카빙데코레이션 교육의 주의집중력 및 취업자신감						
종속변수	독립변수	N	평균	표준편차	F	p
주의집중력	초급단계	241	3.7707[a]	.85974	3.170	.024*
	중급단계	66	3.8333[a]	.86861		
	고급단계	31	4.1048[ab]	.72104		
	최고급단계	11	4.4091[b]	.86076		
취업자신감	초급단계	241	3.4865[a]	1.06657	6.733	.000***
	중급단계	66	3.7311[ab]	.80898		
	고급단계	31	4.1935[b]	.80029		
	최고급단계	11	4.2727[b]	.81742		
1) *** p〈0.001 2) a,b : Mean followed by differents letters are significantly different by Duncan's multiple range test.						

연구과제 5. 푸드카빙데코레이션 자격증 취득에 따른 주의집중력이 향상된 수준을 살펴본다.

연구과제 6. 푸드카빙데코레이션 자격증 취득에 따른 취업자신감의 수준을 살펴본다.

푸드카빙데코레이션 자격증 취득에 따른 푸드카빙데코레이션 교육의 주의집중력 및 취업자신감						
종속변수	독립변수	N	평균	표준편차	F	p
주의집중력	없음	166	3.6536[a]	.86937	5.851	.001**
	푸드카빙2급	106	3.8939[ab]	.79802		
	푸드카빙1급	59	4.0551[bc]	.84978		
	푸드카빙마스터	19	4.2763[c]	.75872		
취업자신감	없음	166	3.4157[a]	1.06868	7.115	.000***
	푸드카빙2급	106	3.6226[ab]	.88925		
	푸드카빙1급	59	3.9661[bc]	.97651		
	푸드카빙마스터	19	4.2237[c]	.82451		
1) *** p〈0.001 2) a,b : Mean followed by differents letters are significantly different by Duncan's multiple range test.						

연구과제 5를 검정한 결과, 푸드카빙데코레이션 자격증을 취득하지 않은 사람보다, 푸드카빙 1급자격증과 마스터 자격증을 취득한 사람의 주의집중력 향상되는 수준이 통계적으로 유의하게 높은 수준으로 나타났다. 또한, 2급 자격증을 취득한 사람보다는 마스터 자격증을 취득한 사람의 주의집중력이 향상되는 수준이 통계적으로 유의하게 높은 것으로 나타났다.

연구과제 6을 검정한 결과, 푸드카빙데코레이션 자격증을 취득하지 않은 사람보다, 푸드카빙 1급자격증과 마스터 자격증을 취득한 사람의 취업자신감의 수준이 통계적으로 유의하게 높은 수준으로 나타났다. 또한, 2급 자격증을 취득한 사람보다는 마스터 자격증을 취득한 사람의 취업자신감의 수준이 통계적으로 유의하게 높은 것으로 나타났다.

4. 푸드카빙데코레이션의 교육몰입이 심리적 치유, 러브마크, 충성도에 미치는 영향에 관한 연구

2019년에 출간한 고윤희, 이수범의 '푸드카빙데코레이션의 교육몰입이 심리적 치유, 러브마크, 충성도에 미치는영향에 관한연구' 는 한국관광연구학회 관광연구저널의 33권 8호에 게재되었다.

이 연구는 푸드카빙데코레이션 교육 몰입이 정신적 위로, 심리적 안정 등 심리적 치유와 소비자가 브랜드를 믿고 사랑하는 정도(러브마크)에 미치는 영향에 대해 살펴보았고, 심리적 치유가 러브마크와 소비자가 특정 제품이나 서비스를 지속적으로 구매하는 정도(충성도)에 미치는 영향을 살펴보았으며, 러브마크가 충성도에 미치는 영향을 살펴본 연구이다. 이 연구의 결론 및 시사점은 다음과 같다.

푸드카빙 교육을 받는 사람이 교육을 받는 과정에서 매우 집중하는 정도(학습몰입)와 교육을 받은 사람이 카빙 관련 행사에 활발하게 참여하는 정도(참여몰입) 모두 심리적 치유 측면에서 긍정적인 영향을 미치는 것으로 나타났다. 표준화경로계수를 이용한 상대적인 영향력은 학습몰입이 심리적 치유에 좀 더 큰 영향을 미치는 것으로 나타났다. 푸드카빙데코레이션 교육을 받는 과정에서, 학습과정에 몰입하는 정도가 높아질수록 심리적 치유의 수준이 높아지고, 푸드카빙데코레이션을 배우고 관련모임,대회,기타행사에 참여를 하는 부분의 몰입이 높아질수록 심리적 치유의 수준이 높아지는 것으로 나타났다.

살다보면 화가 날 때도 있고, 마음이 뒤숭숭하고 생각이 복잡해 질 때가 있기 마련이지만 그럴 때 일수록 카빙에 집중하고 몰두하게 되는 활동이 마음을 진정시켜주고 안정시켜준다는 (사)한국카빙데코레이션협회에서 발간하는 정기간행물 'Carving Decoration' 속 인터뷰 내용를 예로 들 수 있다. 연구의 결과는 몰입은 즐거움과 재미를 높이는 긍정적 활동(Csikszentmihalyi, 1975; Deci, 2000)이고, 몰입 자체가 보상이 되는 활동(Privette, 1933)이라는 선행연구의 관점을 지지한다. 또한, 몰입이 심리적 치유를 향상시킨다는 연구결과(서희주, 2010)를 지지한다. 몰입도가 높은 교육이라는 사실 자체로도 행복하고 즐거운 활동이 되는데, 이러한 활동이 심리적 치유에 긍정적인 영향을 미친다는 것은 매우 의미있는 결과이다.

학습몰입도란? 교육을 받는 사람이 교육을 받는 과정에서 매우 집중하는 정도
참여몰입도란? 교육을 받은 사람이 카빙 관련 행사에 활발하게 참여하는 정도
심리적 치유란? 자살을 하고싶고 늘 부정적이던 사람이, 자살 하고싶은 마음이 사라지고 긍정적으로 변한 것과 같은 효과로, 마음을 편안하게 만들어주고 위로해주며 안정시켜주는 효과

푸드카빙데코레이션 교육을 받는 과정에서, 학습과정에 몰입하는 정도가 높아질수록 심리적 치유의 수준이 높아지고, 푸드카빙데코레이션을 배우고 관련모임,대회,기타행사에 참여를 하는 부분의 몰입이 높아질수록 심리적 치유의 수준이 높아지는 것으로 나타났다.

5. 푸드카빙데코레이션 교육 수강 전과 후의 우울증 변화에 관한 탐색적 연구

2020년 4월 30일에 게재된 손정희 푸드카빙명장과 윤미정 푸드카빙명장의 '푸드카빙데코레이션 교육 수강 전과 후의 우울증 변화에 관한 탐색적 연구'논문은 외식경영연구 23권 2호에 게재되었다.

이 연구는 푸드카빙데코레이션 교육 수강 전과 후의 우울증 수준 변화에 대해 탐색적으로 살펴본 연구이다. 푸드카빙데코레이션 교육이 심리적 치유에 효과가 있다는 결과를 제시한 고윤희·이수범(2019)의 연구를 토대로 푸드카빙데코레이션 교육이 사회적으로 심각한 문제가 되는 우울증을 감소 시키는데 효과가 있는지 살펴보고자 탐색적으로 연구를 진행하였다. 구체적인 연구내용은 다음과 같다.

푸드카빙데코레이션 교육을 받기 전에 교육생들의 우울증이 푸드카빙데코레이션 교육 후 어떠한 변화가 있는지 살펴본 결과, 전체 18가지 우울증 측정 항목에서 모두 유의한 차이가 있는 것으로 나타났다. 즉, 푸드카빙데코레이션 교육을 받기 전부터 가지고 있던 우울증이 푸드카빙데코레이션 교육을 받은 후 눈에 띌 정도로 감소한 것이다. 특히, '나는 나 자신이 고갈된 기분을 느낄 때가 있다' 항목에서는 6.8%만큼 우울증이 감소한 것으로 나타났다. 또한, '나는 종종 나 자신을 비판할 때가 있다' 항목에서도 6.4%만큼 우울증이 감소한 것으로 나타났다.

본 연구를 진행하는 과정에서, 교육기관에 인터뷰를 실시한 결과로 실제 푸드카빙데코레이션 교육을 받고 있는 교육생의 비율을 살펴보면 주부가 가장 높은 비율을 차지하고 있는 것으로 나타났다. 오히려 조리사의 비중은 높지 않은 편이다. 실제로 현재 주부들 또는 외식,조리 비전공자들이 푸드카빙데코레이션 기술을 배워 대학교 또는 고등학교, 문화센터, 학원, 다문화지원센터, 농업기술센터, 기업체특강 등을 진행하고 있는 실정이다. 이러한 결과는 본 열구의 인구통계학적 특성으로 어떤 사람들이 푸드카빙데코레이션 기술을 배우는지 알 수 있다.
따라서 푸드카빙데코레이션 교육이 심리적 치유로써 의미가 있다는 것은 이미 고윤희&이수범

(2019)의 연구결과로 도출된 바 있고, 이에 앞서 김기진 & 진양호(2016)의 연구에서도 푸드카빙데코레이션 교육을 받은 학생들의 주의집중력이 향상된다는 연구결과가 밝혀진 바 있다. 이러한 측면에서 푸드카빙데코레이션 교육은 기술적 부분의 교육으로 끝나는 것이 아니라, 심리적 치유의 측면에서 우울증을 감소시키는 데에도 큰 영향을 끼친다고 할 수 있다.

우울증이란? 항상 불안하고, 슬프고, 자살하고 싶은 욕구가 들고, 부정적인 정신 상태

푸드카빙데코레이션 교육을 받기 전부터 가지고 있던 우울증이, 푸드카빙데코레이션 교육을 받은 후 눈에 띌 정도로 감소하였다.

응답자들을 대상으로 조사한 우울증 평균값을 이용하여 낮은 우울증 집단 (meam:1.344)과 높은 우울증 집단(mean:2.575)으로 구분하였다. 그 결과, 낮은 우울증을 가진 집단과 높은 우울증을 가진 집단 모두 푸드카빙데코레이션 교육 후에 우울증이 감소되는 것을 확인할 수 있었다. 여기서 주목해야 할 부분은 우울증이 상대적으로 낮은 집단보다, 높은 우울증을 가지고 있는 집단에서 우울증이 더 크게 감소되었다는 것이다.

〈우울증의 수준에 따른 푸드카빙데코레이션 교육 전과 후의 우울증변화〉

구분		푸드카빙 데코레이션 교육 전		푸드카빙 데코레이션 교육 후		t
우울증 수준	우울증 요인	평균	표준편차	평균	표준편차	
낮은 우울증 n=260	내적인 부정적 사고에 의한 우울증	1.35	.377	1.22	.333	7.883***
	사회적 관계의 부정적 사고에 의한 우울증	1.33	.345	1.22	.316	7.264***
높은 우울증 n=268	내적인 부정적 사고에 의한 우울증	2.69	.598	2.24	.697	11.078***
	사회적 관계의 부정적 사고에 의한 우울증	2.38	.574	2.05	.644	8.363***

푸드카빙데코레이션 교육에 따른 우울증 감소 효과

낮은 우울증 집단 < **높은 우울증 집단**

낮은 우울증을 가진 집단과 높은 우울증을 가진 집단 모두 푸드카빙데코레이션 교육 후에 우울증이 감소하였다. 여기서 주목해야 할 부분은 우울증이 상대적으로 낮은 집단보다, 높은 우울증을 가지고 있는 집단에서 우울증이 더 크게 감소 하였다는 것이다.

특히 그 중에서도, 사회적 관계의 외적인 부정적 사고에 의한 우울증 보다 자기 자신의 내적인 부정적 사고에 의한 우울증이 더 크게 감소하였다. 즉 푸드카빙데코레이션 교육은 우울증의 정도가 심한 사람들의 우울증 치유에 더욱 긍정적 역할을 하게 된다는 것이다. 이러한 결과는 미술치료가 우울함을 감소시킨다는 연구결과를 부분적으로 동의한다고 할 수 있다.

푸드카빙데코레이션 교육이 기존에는 조리사들의 직무교육으로만 알려져 왔지만, 미술치료와 같은 맥락에서 유의한 효과가 있다는 것이 밝혀진 것이다. 따라서, 푸드카빙데코레이션 교육은 우울증으로 인한 자살, 사고력 저하, 주의력 저하, 자기비하, 무가치감, 불편증, 피로감(임미화,2010) 등을 낮추는데에 긍정적인 효과를 보인다고 할 수 있다.

6. 푸드카빙데코레이션 교육에 의한 자아존중감 향상 효과에 관한 탐색적 연구

푸드카빙명장인 손정희명장과 윤미정명장이 투고한 푸드카빙데코레이션 교육에 의한 자아존중감 향상 효과에 관한 탐색적 연구는 한국학술진흥재단 등재학회지 Culinary Science & Hospitality Research 제 26권 4호(2020년 4월)에 게재되었다.

이 연구는 푸드카빙데코레이션 교육 후에 교육생들의 자기자신의 가치를 높게 평가하는 정도(자아존중감)가 어떻게 변화하는지에 대해 탐색적으로 살펴보고자 하였다. 이 연구는 푸드카빙데코레이션 교육이 학생들의 지속적으로 한곳에 모든 마음을 기울이고 몰입하는 능력(주의집중력)을 향상시킨다는 연구결과를 제시한 김기진과 진양호(2016)의 연구와, 푸드카빙데코레이션 교육이 우울증 감소, 마음의 평온, 정신적 안정 등 심리적 치유 측면에서 긍정적인 영향을 미친다는 연구결과를 제시한 고윤희와 이수범(2019)의 연구를 바탕으로 푸드카빙데코레이션 교육이 심리적 측면과 관계가 있다는 것을 근거로 연구를 진행하였다. 또한, 기존의 미술치료와 자아존중감 사이의 관계에 대한 결과를 제시한 연구들을 바탕으로 3가지 연구과제를 설정하였다. 연구의 결론 및 시사점은 다음과 같다.

첫째, 푸드카빙데코레이션 교육 후에 교육생들의 자아존중감이 향상되었는지에 대해 분석한 결과, 전체 10가지 자아존중감을 측정하는 모든 항목에서 자아존중감이 향상된 것으로 나타났다. 특히 그 중에서도 '나는 나 자신에 대해 자랑할 것이 있다.', '나는 대체적으로 성공한 사람이라는 느낌이 든다.' 의 2개 항목에 대한 자아존중감 향상수준이 다른 항목들에 비해 월등히 높은 것으로 나타났다. 즉, 희소한 기술인 푸드카빙데코레이션 기술을 배운 응답자들이 자기 자신에 대한 자신감이 향상됨에 따라 자아존중감 또한 더 큰 폭으로 향상된 것으로 볼 수 있다.

둘째, 푸드카빙데코레이션 교육 후에 교육생들의 사회적자존감(다른사람과의 관계 또는 다른 사람에게 보여지는 자신의 모습이 존중받는 정도), 능력자존감(자신이 가지고 있는 능력에 대해 존경받는 정도), 가치자존감(자신의 가치를 높게 평가하는 정도)의 향상효과는 어떠한지 살

푸드카빙데코레이션 교육 → 자아존중감 상승

자아존중감이란? 자기 스스로 느끼는 자신의 가치가 높다고 느끼는 것 또는, 자기 자신을 존경하는 정도

푸드카빙데코레이션 기술을 배운 응답자들이 자기 자신에 대한 자신감이 향상됨에 따라 자아존중감 또한 더 큰 폭으로 향상된 것으로 볼 수 있다.

펴본 결과, 가치자존감이 가장 큰 폭으로 0.370 향상되었고, 능력자존감도 0.344만큼 향상되었으며 사회적 자존감 또한 0.288 향상된 것으로 나타났다.

이는 (사)한국카빙데코레이션협회에 소속된 공방이나 학원의 강사와 교육생들에게 설문조사를 한 결과로, 푸드카빙데코레이션 교육을 통해 자신의 기술을 습득하고, 습득된 기술로 인하여 자기자신이 특별한 기술을 배웠다는 측면에서 가치자존감과 능력자존감이 크게 향상되었을 것이라 판단된다. 이를테면 많은사람들이 하지 못하는 푸드카빙데코레이션 기술을 습득함에 따라 많은사람들에게 인정받고 대우받으며 사회적 자존감이 향상되고, 남녀노소 누구나 카빙데코레이션 경연대회에 출전하여 카빙분야 수상경력을 쌓으면서 가치자존감과 능력자존감이 향상되는 것을 예로 들 수 있다. 또한, 한식, 양식, 일식, 중식에 상관없이 모든 분야의 요리사들이 대부분 배우고 싶어하는 기술이 푸드카빙데코레이션 기술이라는 데에서 그동안 조리사들이 배웠던 다른 기술들과는 약간의 차이를 보이는 기술이라고 할 수 있다.

예전에는 푸드카빙 전문교육기관이 없었고, 기술을 배우려면 푸드카빙을 할 줄 아는 선배들에게 어깨너머로 배워야 하는 기술이였기 때문에 푸드카빙데코레이션 기술을 갖고 있는 조리사는 많지 않은 실정이다. 현재까지도 푸드카빙데코레이션 기술은 희소한 기술이기에 주부들이 이 기술을 배워 대학교에서 전문조리사 양성을 위한 강의를 하고, 푸드카빙 전문강사로 성장할 수 있게 되는 것이다. 실제로도 조리 비전공자였던 사람이나 주부였었던 사람이 푸드카빙데코레이션 기술을 배운 후 대학교,또는 고등학교에서 학생들을 대상으로 강의를 하는 성공사례

들이 (사)한국카빙데코레이션협회에서 발간하는 정기간행물 'Carving Decoration' 에 소개되어 있다.

셋째, 자아존중감의 수준을 낮은 자존감 집단, 중간 자존감 집단, 높은 자존감 집단으로 분류하였고, 이 분류에 따른 푸드카빙데코레이션 교육 후 자아존중감 향상수준이 어떠한지 살펴보고자 하였다. 그 결과, 푸드카빙데코레이션 교육은 자아존중감이 높은 집단과 낮은 집단 모두의 자아존중감을 높인다고 나타났지만, 그 중에서도 특히 자아존중감이 낮은 집단의 자아존중감을 더 큰 폭으로 향상시킨다는 연구결과가 나왔다.

푸드카빙데코레이션 교육 후 자아존중감 향상 수준

푸드카빙데코레이션 교육은 자아존중감이 높은 집단과 낮은 집단 모두의 자아존중감을 높인다고 나타났지만, 그 중에서도 특히 자아존중감이 낮은 집단의 자아존중감을 더 큰 폭으로 향상시킨다는 연구결과가 나왔다.

제 5장 푸드카빙데코레이션 작품의 상징

1. 닭

수탉은 덕을 갖춘 새 라는 의미를 가진다. 닭 벼슬과 발톱은 문무를 겸비한 인간상을 표현하며 당시 민중들의 선망의 대상이었다. 닭의 머리는 문관, 발톱은 무관, 적을 공격하는 용맹함, 먹을 것을 나누는 의리, 새벽을 알리는 신과 같은 5가지 덕을 가져 닭을 '덕금'이라고 표현하기도 한다.

닭은 호랑이와 귀신을 쫓고 복을 부르는 영물(벽사초복)로 여겨지며 정초에 대문과 집안 곳곳에 그려 붙이던 세화 중 하나이다. 한국역사에서 닭은 상징적 의미는 사회적 지위와 명예 등에 한정되어있지 않고, 신성한 동물뿐 아니라 토테미즘적으로도 표현된다. 수탉이 우는 것을 뜻하는 공계는 공(公)과 광(功), 운다는 명(鳴), 명(名)의 음이 같은 것에서 착안해 부귀공명을 기원하는 의미를 나타낸다.

2. 말

말은 귀족들에게 지위를 나타내는 상징이자 부의 상징이다. 말은 인간과 함께 긴 역사를 지내왔기 때문에 인간과 가장 친근하게 지내고, 교감을 하는 동물 중 하나다. 말은 선함, 굳건함을 의미하고 강직함을 나타낸다. 때로는 위험을 감지해 겁에 질리기도 하는 점에서 인간과 가장 많이 닮아있다.

예로부터 말 그림은 강력한 힘, 생동감, 위상을 표현하는 매개물이었다. 동양에서는 하늘의 용과 같은 신물(神物), 길운(吉運)을 가져다 주는 서수(瑞獸)로 여겨졌을 뿐만 아니라, 국가의 '최중지물(最重之物)의 하나로 부국강병의 척도로 여겼다. 말은 역경(易經)의 팔괘 중 건괘(乾卦)

의 동물로 하늘을 의미한다. 특히 백마는 신성시되고, 날개가 있는 천마는 하느님이 타고 하늘을 달린다고 믿었다. 이처럼 신성성과 관련된 신화에서 제왕출현과 관련되어 많이 나타난다. 말은 인류 역사에 가장 많은 영향을 끼친 가축으로써 한국의 말 문화 역시 오래되었다. 한국 민속에 있어서 매우 중요한 의미를 갖는데 말에 대해 한국인은 '신성한 동물' 또는 '성서로운 동물'로 인식하고 있다.

한국에서는 수호의 의미나 복을 가져다주는 길상적 의미로 생활감정을 대변하는 매개체로 역할을 한다. 말띠에 태어난 사람은 활동력과 웅변력이 강하며 적극적인으로 여겨진다. 혼인풍속에서 신랑은 백마를 타는데, 우리의 신화 속에서 말은 하늘의 상징인 태양을 의미한다. 태양은 남성을 뜻하기 때문이고, 흰색 말을 활용하는 것은 흰색이 순결, 광명을 나타내어 신성함, 위대함, 길함을 의미하기 때문이다. 중국에서는 말이 천마라는 영물로 여겨졌다. 일본에서는 말을 산신, 수호신으로 여겨 신성시하며 신의 뜻을 점치기도 하였다. 서양에서는 말을 젊음, 힘, 왕성한 성욕의 상징으로 나타냈으며 말 춤은 섹슈얼리즘으로 대중적이며 유머있게 표현되어진다.

3. 독수리

독수리는 하늘의 왕으로서 용맹함, 지혜를 포함해 하늘을 날아다닌다는 공간의 초월성을 의미하여 나치뿐만 아니라 여러 국가들이 자국의 상징으로 사용했다. 큰 날개와 몸을 피고 비행하는 모습은 자유를 의미한다. 독수리의 날카로운 사냥 스타일과, 끝까지 포기하지 않는 특성은 강인함을 의미한다. 또 많은 나라에서 독수리는 마스코트로 이용되기도 한다. 많은 나라들이 국기나 국장에 독수리를 넣어 국조로 삼고 있다. 신성로마제국의 황제를 의미하는 독수리는 강력한 고대 로마의 군사력, 통치권과 넓은 영토를 연상시키는 강력한 상징물로 표현된다. 그리스신화에서 독수리는 으뜸가는 상징으로 등장한다.

독수리와 가장 밀접한 신은 제우스다. 그리스신화에서 독수리는 제우스 그 자체를 의미하기도 하고, 제우스의 명령을 전달하는 메신저로 등장하기도 한다. 많은 그리스그림과 조각에서 제우스와 독수리가 같이 나타나는 이유이다. 고대 세계에서 새를 상징으로 삼는 것은 새가 하늘을 날기 때문이다. 신은 하늘에 존재하고, 하늘을 나는 새가 신과 인간을 연결하는 역할을 한다고 믿었다. 그렇기 때문에 가장 호전적이고 대담하며 용맹한 독수리가 중요한 상징으로 자리 잡았다.

4. 백조

백조는 사랑과 관계를 의미한다. 순수, 아름다움, 희망, 적절한 균형, 우아함 등 다양한 의미를 상징하는 동물이다. 백조는 흰색 깃털 때문에 순결, 예술성, 아름다움을 상징한다. 영국에서 백조는 힘의 상징이자 고급을 나타낸다. 백조는 영국 황실의 새이기 때문에 죽이는 것은 불법이다. 여러 유럽 동화에서 백조가 등장하며 순결, 예술적, 미적 의미를 나타낸다.

백조는 고대 그리스에서 은혜, 아름다움의 상징이었고 아프로디테의 신성함을 의미했다. 백조는 아폴로 음악의 신의 신성함을 의미하기도 한다. 그리스 사람들은 사람이 죽었을 때 백조의 아름다운 노래를 믿었다.

신화에서의 백조는 순결과 신비를 의미하며, 극동지역에서는 백조가 우아함, 귀족, 용기를 의미하였다. 미국 원주민 다코타 종교는 백조가 가장 신성한 신비 중 하나로 여기며 미국의 영화, 문학 음악 무용에서 평화와 평온을 상징한다.

5. 용

용은 동서양에서 나타내는 상징성이 다르다. 용의 색깔은 신석기시대의 토템문화로부터 수호신으로써 여러 의미를 뜻한다. 불교경전에 뿔은 사슴을 닮았고, 머리는 낙타를, 눈은 토끼를, 이마는 뱀을 닮았다고 표현하였다. 배는 이무기, 비늘은 물고기, 발톱은 매, 손바닥은 호랑이, 귀는 소를 닮았다고 표현하였다. 비늘을 갖는 동물 중 용이 가장 우두머리이고 구름을 걷어 비를 내리는 등 변화 불측한 동물이다. 용은 상상의 동물로써 원시사회의 토템 숭배 대상이었다. 신석기시대의 하족의 토템을 위주로 한 상상의 동물이었다. 고대 중국인이 상상한 용은 머리에 뿔이 있고, 몸통은 뱀처럼 비늘이 있으며 네다리에 날카로운 발톱을 가진 동물이었다. 봄에는 하늘로 승천하고, 가을에는 연못에 잠수한다고 여겼다.

중국 위나라 때 장읍이 지은 자전인 '광아'에는 용이 9가지 동물과 유사한 모습을 지닌다고 기록되어있다. 머리는 낙타, 뿔은 사슴, 눈은 토끼를 닮았으며 귀는 소를, 몸통은 뱀을, 배는 큰 조개와 비슷하며 비늘은 잉어, 발톱은 매, 주먹은 호랑이와 유사하다고 표현되어 있다. 또 그 중에 99양수인 81개의 비늘이 있고, 소리는 구리로 만든 쟁반을 울리는 것과 비슷하고, 입주위에는 긴 수염이 있으며, 발톱을 꼭 쥐는 여의주가 있다고 나타냈다. 턱 밑에는 구슬이 있고, 목 아래는 거꾸로 된 비늘이 있고, 머리 위에는 박산이 있다고 기록했다. 용은 하늘을 날아다닐 수 있는 동물이다. 불교경전에서 용은 구름과 비바람을 일으켜 초능력을 지닌 동물로 표현된다. 대승경전을 중심으로 용의 기능은 주술적 상징, 기뭄을 다스리는 수신, 농수산물의 다작을 기원하는 대상, 오복을 가져다주는 수호신, 제왕의 상징, 호법신의 용, 권위와 길상의 상징 등 6가지로 요약된다.

6. 잉어

잉어는 부귀영화와 입신양명을 기원하는 의미를 갖는다. 하늘을 향해 뛰는 그림은 출세나 시험합격 같은 염원을 담고, 많은 부를 축적하고자 하는 의미를 내포한다. 물고기는 알을 많이 낳는 생태학 특성을 가지기 때문에 다복다산을 의미한다. '용문을 통과한 잉어는 몸의 아래쪽에 36장의 비늘이 거꾸로 돋아 몸을 흔들어 용으로 변하는데 어떤 물건이라도 거꾸로 선 비늘에 닿기만 하면 부서져버린다'라고 기록되어있다. 일본에서는 남자아이의 무사 성장, 입신양명을 기원하기 위해 5월 5일에 행사가 열리며, 남자 어린이를 상징하는 잉어모양을 대나무 장대에 걸어 세워두는데, 이를 고이노보리라 한다. 중국 황허강을 거스르고 올라간 잉어가 상류의 용문에 오르면 모든 고기가 용이 된다고 하는 등용문에서 유래했다. 잉어는 과거급제와 입신양명 등의 현실적인 염원을 의미했는데 과거나 관직에 나가는 것은 서민보다는 선비에게 해당되는 일이었으므로 잉어그림을 선비 방에 걸어두었다. 잉어는 용문에 오른다는 의미로 어려운 관문을 통과해 크게 출세한다는 민화로 널리 알려져 있다.

7. 학

학은 신선사상과 융화된 장수 동물을 상징한다. 다른 새들과 다르게 외진 곳에서 온거하며 고답을 추구하는 학의 모습을 현자의 모습으로 여겼으며, 학을 모든 새 가운데 가장 높은 가치고 믿게 되었다. 학은 곧은 자태를 나타내는 품위를 갖는 새로 인식되었다.

학은 십장생에 속하는 유일한 날짐승으로 옛 조상은 학이 오래 산다고 여겼다. 학이 지나는 길상적 의미는 과거에서부터 상징적인 소재가 되었다. 중국에서는 봉황 다음으로 학을 진중하게 여겼는데, 이는 학이 신선의 공중사자로 여겨져 신비적인 동물로 인식하기 때문이다. 또 학은 선계의 동물을 의미하며 상징물로 인식되었다. 벼슬이나 관직과 관련해 입신출세를 의미하는 학 그림이 많이 알려져 있으며 장수를 나타내는 상징물로서 학을 그린 그림이 많다.

8. 호랑이

한국사람들에게 호랑이는 맹수로서 두려움의 대상이 되지만, 잡귀를 물리치는 신령스러운 동물이며 산을 주관하는 산신으로 표현된다. 산신의 사자 또는 사찰을 지키는 수호신을 의미하기도 한다. 호랑이는 인정이 많은 동물이고, 은혜를 갚을 줄 아는 동물로 여겨졌다.
호랑이는 용맹함, 위엄, 백수의 왕, 존경의 대상, 두려움의 대상과 같은 여러 의미를 나타낸다.
호랑이는 단군신화에서 조급한 성질과 포기하는 모습을 보여준다. 반면 고려 태조 호경이야기에서 영웅의 보호자와 국가의 수호자로 표현된다.

무속적 측면에서의 호랑이는 숲을 지키는 수호신, 산신령의 사자를 의미한다. 그렇기 때문에 호랑이를 숭배하는 신앙과 산신령을 숭배하는 사상이 섞여 전해지기도 한다. 불교에서는 길흉화복을 관장하는 상징의 동물로 표현되고, 악귀, 잡귀를 물리치는 힘 있는 동물로 여겨진다.
호랑이의 용맹함, 강함은 관직과 군대에서 많이 나타난다. 백호부대, 맹호부대가 그 예이다. 또 호랑이는 명예와 부, 출세를 의미한다. 고대인들은 호랑이를 초인간적인 동물로 인식하였고, 숭경과 두려움과 같은 이중적 심리를 표현하였다.
호랑이는 권력, 권세의 상징으로 많이 나타난다. 과거급제자를 호랑이처럼 출중한 인재가 되길 바란다는 뜻에서 당, 송나라때 호방이라 칭하게 되었다. 호부라는 호랑이 모양을 따라 만든 병부는 군대동원, 병마지권을 수여할 때 필요한 신표로 이용되었다. 호랑이는 용맹과 왕으로서의 권위를 나타내어 봉건사회에서 권력의 상징으로 사용되었다.
중국에서는 호랑이를 정의의 심판자로 표현하였다. 고대 중국에서 호랑이는 양을 나타내는 것으로 백수의 우두머리로 표현하였다. 맹금, 맹수를 공격하고 귀신을 잡아먹을 수 있다고 기록하였다. 또한 호랑이는 사귀를 잡아먹는 능력이 있다고 여겼는데 고대 수렵사회에 맹수가 지니는 힘을 신비한 것으로 여기던 데에서 기인한 것이다.

제 6장 수박카빙 작품 소개

Watermelon Carving Master

PART 2

카빙식품재료학

제 1장 카빙 주재료

제 2장 기타 카빙 재료

제 3장 카빙데코레이션 색채

제 1장 카빙 주재료

1. 당근(carrot)

1) 원산지

홍당무라고도 하며, 원산지는 유럽, 북아프리카, 북부소아시아로 야생종을 아프가니스탄 북부에서 재배하였고, 현재는 전 세계에서 대량으로 생산하고 있다.

2) 생산시기

생산 시기는 봄에서 초여름 사이에 종자를 뿌려 여름부터 가을에 수확하는 한지형과, 여름에 종자를 뿌려서 늦가을에서 겨울까지 수확하는 난지형이 있으나 현재는 비닐하우스에서 1년 내내 생산이 가능하다. 한국에는 16세기부터 재배하기 시작하였다. 당근은 근채류로서 긴 원추형이며, 길이는 품종에 따라 10–30cm로 다양하다. 국내 생산적기는 4–6월 및 9–11월이며, 고랭지에서는 5–9월에 재배되고 있다. 생육에 좋은 온도는 18–21℃이다.

3) 당근의 저장방법

수확된 당근의 저장조건은 온도 0℃와 습도 93–98%가 적당하며, 이러한 저장조건을 맞추면 6개월까지도 저장이 가능하고 5개월까지는 적정품질을 유지한다. 일반적으로 냉장고의 5℃에서 보관해도 1개월 정도는 보관이 가능하다. 흙이 묻은 채로 보관을 하는 것이 좋으나, 위생적인 문제로 세척을 한다면, 흠집이 있는 당근을 분리하고, 밀봉해서 보관한다.

4) 카빙용 당근

당근은 동물카빙카빙과 접시셋팅을 위한 꽃이나 나비를 만드는데 많이 사용되며, 카빙을 하는데 매우 좋은 재료이다. 그 이유는 카빙을 하였을 때 명암이 명확하게 드러나기 때문에 입체감이 다른 야채에 비해 좋기 때문이다. 국내에서 유통되는 당근은 국내산, 중국산이 있는데, 국내산은 당근의 중앙부분에 심이 노란색이 많고 질겨 물에 넣었을 때 분리되기 때문에 카빙을 하는데 적절하지 않다.

카빙을 하는데 중국산 당근을 사용하는 것이 좋다. 또한, 국내산의 경우 끝이 뾰족하기 때문에 카빙을 하는데 불편하지만, 중국산은 굵기가 일정하다는 장점이 있다. 하지만, 국내산의 경우 넓은 부위가 중국산에 비해 굵은 당근이 있기 때문에 필요한 경우 사용되기도 한다.

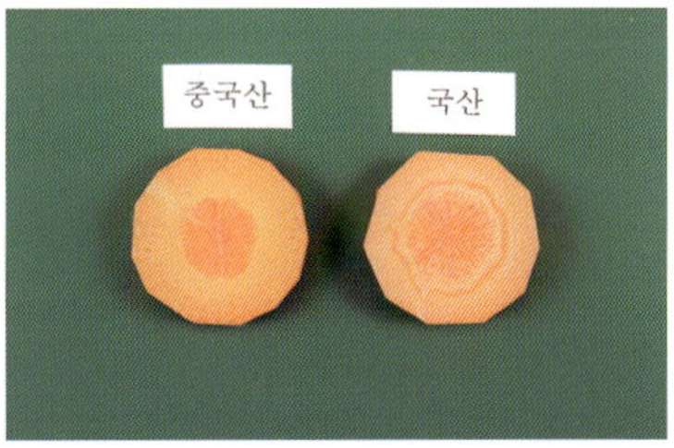

국내산 당근

중국산 당근

당근의 사이즈는 1L, 2L, 3L로 나타내는데, 1L이 가장 작고, 3L이 가장 크다. 카빙을 하는데, 적절한 당근은 2L이며, 굵고, 큰 용을 만들 때에는 3L을 선택해야한다. 또한, 3L의 경우 한 마리의 대형용을 만들면 한 박스(10Kg)를 사용하게 된다. 1L은 2개의 용을 만들 정도의 수량이 한 박스(10kg) 들어있다.

좌측부터 3L, 2L, 1L

2. 무(radish)

1) 원산지

무의 원산지는 지중해 연안지방이라는 설과, 중앙아시아와 중국이라는 설, 중앙아시아와 인도 및 서남아시아라는 설 등이 있다. 이집트의 피라미드에 이름이 있는 것을 보면, 그 재배시기는 상당히 오래되었을 것으로 추측하고 있다. 중국에서는 BC 400년부터 재배되었고, 한국에서도 삼국시대부터 재배되었던 듯하나, 문헌상으로는 고려시대에 중요한 채소로 취급된 기록이 있다. 현재는 한국, 일본, 중국 등에서 생산되고 있다. 국내에서는 봄 무 주산지로 부산, 김해, 양산, 나주, 원주 등에서 생산되고, 여름 무 주산지로는 평창, 홍천, 정선, 삼척 등에서 생산되며, 김장

무 주산지로는 강원, 경기, 전남, 전북지방에서 생산된다.

2) 생산시기

재배시기는 가을무, 겨울무, 봄무, 여름무로 연중 생산된다. 봄 무는 6-7월에 수확한다. 여름무는 8-9월에 수확하는데, 해발 600m이상되는 고랭지 재배가 많다. 가을무는 12월에 수확한다.

3) 무의 저장방법

무는 얼지 않을 정도의 범위에서 저온을 유지하면서 습도를 높여주면 오래 보관할 수 있다. 저장적온은 0℃, 습도 90-95%가 최적조건으로 약 3개월간 저장할 수 있다. 팬이 있는 저장고의 경우 수분증발이 잘됨으로 바람이 직접 닿지 않도록 주위 해야 한다.

4) 카빙용 무

무는 동물카빙과 접시셋팅을 위한 꽃이나 나비카빙 등 모든 카빙을 할 수 있는 재료로 당근과 마찬가지로 유용한 재료이다. 또한, 크기가 크고, 칼이 부드럽게 잘 들어가며, 당근보다 더욱 빠르게 카빙을 할 수 있고, 더 다양한 작품을 구사할 수 있다는 장점이 있다. 다만, 무는 색이 투명한 흰색이어서 카빙을 하였을 때 명암이 잘 드러나지 않는 것이 단점이다.

무를 이용하여 카빙을 한 후 식용색소를 이용하여 염색을 하는 경우가 많은데, 무의 초록색 부분은 피하는 것이 좋다. 염색은 흰색부분이 깨끗하게 잘되며, 초록색 부분은 염색을 할 경우 깨끗한 느낌을 주지 않는다. 아래는 같은 식용색소에 흰색부분과 푸른색 부분의 염색을 실시한 결과이다.

3. 수박(watermelon)

1) 원산지

열대 아프리카가 원산지로 기원전 200년부터 고대 이집트에서 재배하였고, 각지에 분포된 것은 약 500년 전이라고 한다. 한국에는 조선시대〈연산군일기〉(1507)에 수박의 재배에 대한 기록이 나타났고, 〈도문대작〉에서는 고려를 배

신하고 몽고에 귀하 하여 고려인을 괴롭힌 홍다구가 처음으로 개성에다 수박을 심었다고 하였다. 오늘날에는 우수한 품종은 물론 씨 없는 수박도 생산되고 있다. 국내 밭 수박 산지는 중부이남 지방으로 고창, 무등산 수박이 유명하다.

2) 생산시기

일반적으로 4월에 농지에 직접 파종하여 7-8월에 수확하며 촉성 및 억제재배법을 이용하여 하우스수박은 연중 생산이 가능하다.

3) 수박의 저장방법

수박을 저장하는데 최적의 온도는 2.2-4.4℃, 최적습도는 80-85%의 저온에서 1-2주간 저장할 수 있다. 어는점은 껍질의 경우 1.8℃이고, 과육은 1.5℃이므로 냉동보관은 삼가해야 한다. 또한, 호온성 작물로서 실온에 저장하는 한계온도는 20℃이다.

4) 카빙용 수박

수박은 붉은색과 흰색, 초록색이 잘 어우러져 있어 화려한 카빙을 만들기에 가장 좋은 재료라고 할 수 있다. 수박의 줄기 부분이 몸통에 비해 굵은 것은 칼을 넣을 때 잘 갈라지지 않는다. 줄기 반대편 부분의 원이 넓을수록 수박의 초록색과 붉은색 중앙의 흰색부분이 두껍게 나타났다.

수박을 선택할 때에는 가장 먼저 고려해야하는 것은 모양이다. 계란형 수박이 카빙을 했을 때 가장 깔끔하다. 껍질의 검은 선들은 선명하고 선이 확실한 것이 좋다. 또한, 햇빛을 받지 못한 부분은 노란빛을 내며 껍질부분에 흠이 있는데, 노란색 부분과 흠이 적은 것을 선택하는 것이 좋고, 만약 선택한 수박에 노란색 부분이 있다면 반대쪽에 카빙을 하는 것이 바람직하다. 그 이유는 노란색 껍질 안쪽의 붉은색이 햇빛을 많이 받은 반대쪽에 비해 연하기 때문이다. 카빙용 수박은 좋은 품질의 A급 수박을 구매하는 것 보다는 B급, C급 수박을 구매하는 것이 좋다. 그 이유는 A급 수박은 한여름에도 15,000원에서 20,000원 수준의 가격이기 때문에 수박카빙을 했을 경우 수박카빙의 가치를 높이는데 한계가 있기 때문이다. 수박카빙작품은 먹기 위한 상품이 아니라, 보기위한 상품이기 때문에, 상대적으로 낮은 원가의 수박을 구매하여, 더 높은 가치를 부여해야 하기 때문이다. C급 수박은 박수박이라고도 하며, 섭취하지 않는 카빙의 경우 C급 박수박 또는 꼭지가 마른 수박을 구매하는 것도 원가를 낮추고, 가치를 높일 수 있는 방법이 될 수 있다.

4. 청둥호박(Pumpkin)

1) 원산지

맷돌호박, 늙은호박, 숙과용호박이라고도 하는 청둥호박은 늙어서 겉이 단단하고 속의 씨가 잘 여문 호박을 의미한다. 열대 및 남아메리카가 원산지 이며, 현재는 널리 재배되고 있다.

2) 생산시기

동양계 호박의 경우에는 개화한 뒤 50일 정도 지나 완전히 황색이 된 것을 수확하고, 서양계호박의 경우에는 개화한 뒤 35-40일 정도 지나 황갈색이 된 것을 수확한다.

3) 청둥호박의 저장방법

겉이 단단하여 저장성이 좋기 때문에 식량이 부족하던 시기에 가을부터 이듬해까지 구황식품으로 이용되었다. 보관하는 온도는 1-5℃가 좋고, 장기간 보관할 경우에는 물기가 있으면 상하기 쉬우므로 습하지 않고, 서늘한 곳에 보관하는 것이 좋다.

4) 카빙용 청둥호박

늙은 호박은 평면상에 형상을 입체적으로 조각하는 조형기법인 부조(relief)형태로 카빙을 하는 경우가 많고, 간혹 동물카빙의 재료로 사용되기도 한다. 청둥호박은 카빙을 하였을 때 명암이 잘 나타나기 때문에 입체감이 잘 드러난다. 하지만, 껍질이 단단하기 때문에, 안전사고에 유의해야한다.

카빙용 청둥호박은 굴곡이 심하지 않고, 색이 진한 것을 선택하는 것이 좋고, 약간 흠이 있다면 그 흠을 중심으로 빠르게 부패하기 때문에 흠이 없는 것을 선택하는 것이 좋다.

5. 단호박(sweet pumpkin)

1) 원산지

호박은 멕시코 남부 열대 아메리카 원산지의 동양계 호박, 라틴아메리카 원산지의 서양계 호박, 멕시코 북부와 북아메리카 원산지의 페포계 호박 등의 3종류로 나눠진다. 단호박은 쪄서 먹거나 건강식으로 먹는 서양계 호박을 말한다. 일본에서는 1800년대 중반부터 미국에서 도입해 재배하기 시작하였고, 한국에서는 1990년대부터 도입해 널리 재배하고 있다. 품종개량도 이루어져 여러 가지 종류의 단호박이 재배되고 있다.

2) 생산시기

단호박은 8월부터 10월에 생산되며, 현재는 사시사철 생산이 된다.

3) 단호박의 저장방법

단호박의 저장방법은 10-15℃의 직사광선을 피해 서늘한 곳에 보관하는 것이 적절하다. 구입은 색깔이 고르게 짙고 단단하며 크기에 비해 무거운 것이 좋다.

4) 카빙용 단호박

단호박은 크기가 작기 때문에 다양한 카빙을 할 수는 없지만, 음식을 담는 용기 등을 만드는 재료로 사용할 수 있다. 또한 껍질 부분의 색과 속살의 색이 확연한 차이가 있어 껍질 부분과 조화를 이루는 카빙을 한다면 더욱 좋은 작품을 만들 수 있을 것이다. 하지만, 껍질이 딱딱해 카빙을 하는데 안전사고에 유의해야 할 것이다.

6. 멜론(melon)

1) 원산지

북아프리카, 중앙아시아 및 인도 등을 원산지로 보고있으나, 중동에도 야생형을 재배하고 있었기 때문에 단정하기 어렵다. 현재는 세계각지에서 온실재배를 하게 되었다.

2) 생산시기

연중 생산이 가능하며, 씨를 뿌려 채취할 때까지 100일이 걸린다. 한 그루의 나무에 한 개의 열매만 재배한다. 생산제철은 7월부터 10월까지 이다.

3) 멜론의 저장방법

온도는 4.4℃-10℃, 습도는 85%에서 10-14일 정도 저장이 가능하다. 낮은 온도로 저장 시 저온 장해를 입기 때문에 냉장고에 넣을 때는 반드시 완숙된 것을 보관해야한다.

4) 카빙용 멜론

멜론은 수박카빙형태와 마찬가지의 카빙재료로 많이 사용한다. 수박처럼 3가지 색을 가지고 있지는 않지만, 은은한 연두색 살에 카빙을 해두면 신비스러운 느낌을 준다. 하지만, 살이 약하기 때문에, 잘 드는 칼로 빠르게 카빙을 하는 것이 중요하다.

7. 고구마(sweet potato)

1) 원산지

원산지는 중앙아메리카로부터 남아메리카의 북부지역이다. 아열대 지역에서 항상 재배가 가능한 다년생 작물이며, 저온에 약해 온대지역에서는 월동이 곤란하여 일년생으로 재배한다. 국내 생산지역은 전남, 경남, 제주도 등이다.

2) 생산시기

고구마의 생산시기는 보통 봄에 줄기를 파종하여 가을에 수확한다. 제출은 9월-10월이다.

3) 고구마의 저장방법

9℃이하에서 냉해를 입기 쉽고, 18℃이상이면 싹이 발아되기 때문에 12-15℃에서 보관해야한다. 너무 건조하면 고구마의 수분이 날아가 중량이 줄어들고, 너무 습하면 썩기 쉬우므로 저장 습도는 85-100%가 적당하다. 껍질을 깎은 후에는 갈변이 심하므로 아황산으로 산화효소를 불활성화 시키거나 열탕처리를 하며, 또 식염수, 구연산에 담그면 고구마의 갈변을 막을 수 있다.

4) 카빙용 고구마

카빙을 할 때 고구마는 굵은 것을 선택하는 것이 좋다. 고구마는 갈변이 심하기 때문에 껍질을 깎고, 카빙을 하는 내내 계속 엷은 소금물에 씻어주면서 카빙을 하면 갈변을 막을 수 있다. 고구마는 갈변으로 인해 카빙에 많이 사용하지는 않지만, 카빙을 할 경우 명암이 뚜렷하게 드러나기 때문에 카빙을 하기에 적절할 재료이다. 중국에서 고구마는 갈변이 많이 되지 않아 카빙에 많이 사용되기도 한다.

제 2장 기타 카빙 재료

1. 오이(cucumber)

1) 원산지

인류가 재배해온 가장 오래된 채소중의 하나인 오이는 약 4천년전 인도의 북서부에서 유래된 것으로 추정된다. 중국에는 BC 200년에 전파되었고, 국내에는 10세기에 화북형 등이 전래하였다. 국내에는 경기(광주, 화성, 안성), 전남 여천, 충남 서산, 부산, 경남, 김해지방이 주산지 이며, 시설오이는 구례, 승주, 고흥, 진양, 진주에서 많이 생산된다.

2) 생산시기

연중 생산이 되며, 노지재배는 대전 4월 경북 상주와 충남 온양은 5월초, 경기지역은 5월 중순,

춘천은 8월에 출하된다. 촉성재배는 12월 하순–3월 상순, 반촉성재배는 2월 하순–5월 상순, 조숙재배는 6월 상순–8월 상순 억제재배는 8월 하순–11월 하순에 출하된다.

3) 오이의 저장방법

오이는 5℃가 적당한 저장온도이다. 구입즉시 촉촉한 신문지나 구멍난 비닐에 싸서 냉장고에 보관하는 것이 좋다. 온도는 10–13℃, 습도 90–95%로 15일간 보관이 가능하다.

4) 카빙용 오이

오이는 카빙을 할 때 단독으로 작품이 되지는 않지만, 부재료로서 사용이 되고, 접시 셋팅을 위한 카빙에는 매우 많이 사용된다. 오랜 시간동안 연회를 하는 곳에 오이를 너무 얇게 썰어서 데코레이션 한다면 연회가 끝나기 전에 오이는 말라서 오히려 데코레이션을 하지 않은 것만 못하게 될 수 있다. 따라서 오이를 이용하는 데코레이션은 연회보다는 단시간에 식사를 하고 가는 일반적인 레스토랑에서 사용하는 것이 적당하다.

2. 토마토(tomato)

1) 원산지

토마토는 우리말로 일년감이라 한다. 남미 페루가 원산지이다. 16세기 초 콜럼버스가 신대륙을 발견한 즈음 유럽으로 건너가 스페인과 이탈리아에서 재배되었다. 국내에 들어온 것은 〈지봉유설〉에 '남만시'로 기록하고 있는 것으로 보아 1614년보다 앞선 것으로 추측된다. 우리나라에서는 처음에 관상용으로 토마토를 심었지만, 차츰 영양가가 밝혀지면서 밭에서 재배하여 대중화되었다. 토마토의 종류는 전 세계적으로 5,000가지가 넘는다. 우리나라에서는 이 중 약 20여 종을 재배하고 있다. 오늘날에도 끊임없이 교배를 통해 좋은 품질과 뛰어난 맛, 풍부한 영양을 가진 새로운 종자를 만들어 내고 있다.

2) 생산시기

저온에 약해서 서리를 맞으면 말라죽는다. 여름의 고온에서는 결실이 나빠지고 병해 등이 많이 발생한다. 재배조건이 좋으면 종자를 심은 지 약 60일이면 꽃이 피기 시작하며 그 뒤 약 40일이면 첫 번째 열매를 수확할 수 있다. 2–3월에 온상에 파종하고 육묘하여 5월 초에 본밭에 옮겨 심는 조숙재배가 흔하다. 온도가 낮은 때에는 하우스나 유리온실 등의 시설을 이용하는 촉성재배나 반촉성 재배를 많이 한다.

국내 지역별 생산시기를 보면, 제주에서는 12월에서 익년 1월초에 생산되고, 밀양은 12월에서 익년 6월, 진주에서는 12월에서 익년 4월, 여수와 순천에서는 4월에서 6월, 대구와 포항에서는 6월에서 7월, 대전, 예산, 상주는 6월에서 8월, 인제는 8월에서 10월에 생산된다.

3) 토마토의 저장방법

덜 익은 토마토를 냉장고에 보관하면 붉게 변하지 않기 때문에 착색이 50%이하인것은 상온에 보관하는 것이 숙성시키는데 적절하다. 성숙된 것은 저온에서 관리해야한다.

4) 카빙용 토마토

토마토는 색과 속살부분의 모양이 예쁘기 때문에 접시데코레이션 할 때 많이 사용한다. 토마토는 껍질만을 이용해서 장식하기도 하고, 8등분에서 12등분을 하여 데코레이션 하는데 사용하기도 한다.

3. 비트(beet root)

1) 원산지

비트는 명아주과(chenopodiaceae)에 속하는 식물로 원산지는 유럽 남부지역이 원산지이다. 지상부의 잎 부분은 샐러드로 이용되는데, 보라색의 뿌리보다 초록색의 잎 부분에 영양분이 더 많다.

2) 생산시기

비트는 3월 1일에서 6월 30일경이 제철이다. 조생종은 뿌리 직경이 3cm내외로 굵어지면 수확하고, 중생종은 뿌리 직경이 5cm 정도에 수확한다.

3) 비트의 저장방법

비트는 1℃에서 5℃사이에서 보관하는 것이 좋고, 흐르는 물에 깨끗이 씻어서 밀봉하여 냉장고에 보관하면, 3일정도 보관이 가능하다. 오랜시간을 보관하고자 한다면, 잎은 제거한 뒤 10℃ 정도의 온도에서 5–6개월정도 저장이 가능할 정도로 저장성이 좋다.

4) 카빙용 비트

비트는 살이 진하기 때문에 채를 썰어 메인요리나, 샐러드에 얹기만 해도 장식의 효과를 얻을 수 있다. 비트는 천연색소로도 많이 사용을 하는데, 음식에 셋팅 할 때 는 꼭 물에 색을 빼고 난 뒤에 데코레이션 하는 것이 좋다. 비트로는 접시셋팅의 나비, 꽃 등의 카빙을 하기도 한다.

4. 연근(lotus)

1) 원산지

연근의 원산지는 인도, 이집트, 중국이 주생산지이다. 국내 주 생산지는 전남 송정, 함평, 영산포, 전북이리, 경북 경산, 경남 함양, 김해, 경기 구리 등이 있다.

2) 생산시기

얕은 연못이나, 깊은 논을 이용하여 재배하며, 생산시기는 4월에서 5월에 뿌리를 심어 9월초에서 이듬해 5월 상순까지 수시로 수확한다. 다년생 수생식물로 지하경은 땅속으로 길게 뻗어가 끝에 덩이줄기를 형성한다. 높은 온도에서 생육이 잘되는데 온도는 25℃–30℃가 적당하다.

3) 연근의 저장방법

연근은 공기가 통하지 않도록 랩으로 싸서 10℃이하로 보관하는 것이 좋다. 공기가 닿으면 흑갈색으로 갈변이 되는데 갈변을 막기 위해서는 식초에 담궈두면 본래의 색을 유지할 수 있다. 또한 철분에 의해 갈변이 더욱 심하니 쇠칼을 사용하지 않는 것이 좋다.

4) 카빙용 연근

연근은 특이한 모양으로 바위를 표현할 수도 있고, 슬라이스 한 연근의 모양 그대로를 장식하는데 사용할 수도 있다. 연근은 대형작품의 부재료로 많이 사용된다. 연근의 갈변은 오히려 바위를 표현할 때 더욱 자연스러운 연출을 유도한다.

5. 생강(ginger)

1) 원산지

새앙 또는 새양이라고도 하며, 동인도의 힌두스댄 지역이 원산지로 추정되며, 중국에서는 2,500년 전에 사천성에서 생산되었다는 기록이 있다. 국내에서는 1018년(고려사)의 기록으로 보아 그 이전에 재배되었을 것이라 추정하고 있다. 현재에는 중국과 오스트레일리아에서 가장 많이 생산하고 있고, 국내에서는 충남, 전북지방이 우리나라 총생산량의 95%를 생산하고 있다. 전북의 봉동은 유명한 생산지로 널리 알려져 있고, 충남 서산, 당진, 전북완주, 익산, 옥구, 경남 산청이 국내 주요 생산지이다.

2) 생산시기

생강은 연중 재배되고 있고, 보통 5월에 뿌리를 심어 8-11월에 수확한다. 촉성연화 2-4월, 촉성 4-5월, 반촉성 4-7월, 노지조숙 7-8월, 보통 8-11월, 억제연화 10월에서 다음해 1월에 수확한다.

3) 생강의 저장방법

저장적온은 12℃-16℃이며, 18℃이상이면 싹이트고, 20℃이상 또는 10℃이하에서는 썩는다. 뿌리 생강은 5℃ 전후가 적절한 저장온도이다.

4) 카빙용 생강

생강은 껍질 그대로 사용하여 연근처럼 자연스러운 바위형태로 사용할 수 있다.

6. 고추(pepper)

1) 원산지

1492년 콜럼버스가 아메리카에서 발견한 고추가 스페인으로 옮겨져 전 세계로 전파되었다. 원산지는 남아메리카의 멕시코와 콰테말라이다. 국내에는 임진왜란 때 유입됐는데 당시에는 고초 혹은 당초라고 불렀다. 현재 주생산지는 충북, 전북, 경북이며 풋고추는 경기, 강원, 충북, 경남, 경북 지방이다.

2) 생산시기

홍초는 7월부터 10월까지 수확한다. 풋고추 중 노지재배는 7월 상순부터 10월 하순, 하우스는 11월 상순부터 6월, 홍고추 노지재배는 8월 상순부터 11월, 하우스재배는 10월 상순부터 6월이다.

3) 고추의 저장방법

풋고추의 신선도를 유지하기 위해서는 신문지에 싸서 냉장고에 보관하거나 비닐봉지에 넣어 보관한다.

4) 카빙용 고추

고추는 곧고 윤기가 흐르며, 단단한 것을 구매하는 것이 좋다. 접시데코레이션의 용도로 사용되는 고추는 청고추 보다는 홍고추를 많이 사용하며, 고추의 벌어지려고 하는 성질을 이용하여 꽃을 만들게 된다. 고추의 단면의 칼집을 넣어 찬물에 담궈두면 칼집이 들어간 부분들이 밖으로 벌어지게 되면서 꽃잎의 모양을 만들어 낸다. 고추 꽃은 고객에게 제공되기 1시간 전에 만드는 것이 가장 좋다. 만약 미리 만들어 놓는다면, 다른 야채를 무르게 만들기 때문에 함께 보관해서는 안된다.

7. 파슬리(parsley)

1) 원산지

기원전 3C경에 그리스 인들이 작성한 향신료 목록에 파슬리가 올라와 있는데, 말들의 병을 치유하기 위해 파슬리를 먹였다는 기록도 남아 있고, 로마인들은 파슬리를 방향제와 기분전환용으로 사용했다는 기록도 남아있다. 파슬리는 유럽 남동부와 아프리카 북부지역이 원산지 이다. 지중해연안 스페인, 그리스, 모르코, 알제리아 등에 야생종이 있으며, 야생종은 주로 물이 솟는 곳 근처의 돌 틈에서 자란다.

2) 생산시기

평지는 4-6월부터 수확이 가능하다. 수확은 주로 이른 아침에 하며, 한번 수확에 한 포기에서 1-2장정도 수확하면 한 포기에는 10장 이상의 잎이 남아 있도록 한다. 수확은 3-4월에 10-20일 간격으로 4월 이후에는 7일 간격으로 하는 것이 적당하다.

3) 파슬리의 저장방법

뿌리용 파슬리는 온도 0℃이고, 95%의 상대습도에서 저장하면 오랫동안 저장이 가능하다. 따라서 봉지에 넣어 냉장고에 보관할 경우 보관이 용이하다.

4) 카빙용 파슬리

파슬리는 카빙을 하는데 있어서 굉장히 중요한 요소이다. 작품의 보이지 말아야 할 부분을 조화롭게 숨길 수 있고, 작품의 자연스러움과 신선함을 잘 표현해줄 수 있기 때문에 유용하게 사용된다.

제 3장 카빙데코레이션 색채

푸드카빙데코레이션을 할 때 음식과 함께 배치하여 아름다운 하나의 예술작품으로 만들고자 한다면, 음식의 색상과 모양을 서로 대비시키거나 조화를 주어야 한다. 이는 색의 미적 기능을 극대화 시켜주어 고객의 시각적인 즐거움과 식욕을 생성하는데 도움을 주는 색상 배열을 의미한다. 조리된 음식은 다양한 색상이므로 음식의 색상에 따라서 카빙의 재료인 야채와 과일을 선택해야한다.

1. 푸드카빙데코레이션의 색채

색채는 빛에 의해 지각되는 현상으로 빛 없이 색을 인식하지는 못한다. 더욱이 빛의 종류에 따라서 물체의 색이 달라질 수 있다는 점을 감안하면 색 또는 색채란 물체의 성질과 광선의 파장으로 개성화, 생명화 된 빛이 시각으로 감지되는 것이다. 빛이 사물에 비칠 때 일부는 흡수되어 열로 변하고, 흡수되지 않고 반사되거나 투과되는 빛의 일부는 시각에 들어와 밝음과 색을 지각하게 만든다. 빛이 전혀 없는 어둠 속에서 색이 보이지 않은 것은 색과 빛의 사이에 절대적 관계가 있다는 것을 의미함으로 색의 본체는 빛이라 할 수 있다. 식 공간에서 색채의 역사는 그 색이 가지고 있는 다양성, 이미지, 기능을 잘 이해하여 연출한다면 보다 쾌적하고 아름다운 공간으로서 다시 만들어질 수 있으므로 색은 중요한 요소이다.(고범석, 2001; 김경미, 2006)

2. 색채의 원리와 푸드카빙데코레이션 재료

1) 빨강

빨강색은 흥분, 정열, 강함, 힘을 의미한다. 가장 강한 색으로 불에 대한 상징성은 위험에 대한 경고를 떠올리게 한다. 또한, 식욕을 돋우는 색으로 식품의 포장지를 빨강색으로 하는 경우가 많다. 또한, 패스트푸드에서도 패밀리레스토랑에서도 빨강색을 이용하여 인테리어하거나, 로고를 만드는 경우가 많다. 빨강색의 카빙재료로는 딸기, 체리, 수박, 사과, 토마토, 홍고추 등이 있다.

2) 주황

흥분의 강도는 빨강색 보다 약하다. 쾌활함을 연상시키고, 노랑색이 더해지면 상업적 공간에서 행복감을 주는 색이 된다. 주황색은 오렌지색으로 불려지기도 하고, 따뜻함, 햇살, 빛, 가을을 연상시키며, 심리적으로 열정, 자극, 젊음을 의미하기도 한다. 주황색은 빨강과 노랑색의 속성을 가지며 식욕을 느끼게 해준다. 주황의 카빙재료는 오렌지, 망고, 살구, 복숭아, 당근, 호박, 귤, 감 등이 있다.

3) 노랑

노랑색은 생생함, 명랑함, 힘찬 느낌을 주며, 실내 디자인에서 포인트 장소에 사용되고, 주황색과 함께 따뜻함을 연상시키기도 한다. 또한 노랑색과 검정색이 함께 사용되면 시선을 집중시킬 수 있으며 노랑의 엷은 색조인 크림색, 베이지, 밝은 황갈색은 널리 인기있는 배경색으로 사용되고, 따뜻하면서도 지나치지 않는다. 노랑색의 카빙재료로는 바나나, 골드파인애플, 골드키위, 단호박, 생강 등이 있다.

4) 초록

초록색은 자연스러운 색이며 눈에 쉽게 인식되고, 시원하고, 신선한 느낌을 준다. 이상적인 초록색은 안정감과 쾌활함을 조합한 것이다. 초록색은 풀, 나무, 다른 채소들의 자연색으로서 눈을 편안하게 만드는 자연적인 색이다. 또한 초록색은 진행을 의미하기도 한다. 초록색의 색조가 약해질 때도 이들 모든 특징은 유지되는 반면 짙은 초록색의 색조에서는 위엄과 무게감이 높아진다. 초록색의 카빙재료로는 키위, 브로콜리, 샐러리, 오이, 파세리, 쥬키니 호박, 청고추, 수박 등이 있다.

5) 보라

빨강과 파랑의 사이에 위치하며 따뜻함과 차가움이 대립하는 의미를 가진다. 보라색은 미묘함, 섬세함, 예술적 표현의 의미로 인식되기도 한다. 보라색이나 라벤더의 연한 색조는 밝고 명랑하며 신비롭다. 보라색의 포도나 적채 등의 재료는 데코레이션에서 포인트 역할을 하기도 한다. 보라색의 카빙재료는 가지, 포도, 적채, 붉은 양파, 자색 고구마, 비트 등이 있다.

6) 흰색

흰색은 순수함, 깨끗함, 단순함, 투명함의 의미를 가진다. 또한 공허함이나 지루함을 나타내기도 한다. 푸드카빙데코레이션에서 흰색은 무를 이용하여 표현하는 경우가 많다. 흰색의 카빙재료는 무, 양파, 배 등이 있다.

색상	추상적 연상	야채카빙의 재료
빨강	정열, 축제, 사랑, 성욕, 따뜻함, 안전, 흥분, 긴장, 적극	딸기, 체리, 수박, 사과, 토마토, 홍고추   
주황	열정, 밝음, 활기, 강렬함, 친근함, 건강, 신선함, 적극, 에너지	오렌지, 망고, 살구, 복숭아, 당근, 늙은 호박, 귤, 감   
노랑	아동, 여린, 햇살, 활력, 소망, 새로운, 밝은, 맑은	바나나, 골드파인애플, 골드키위, 단 호박, 생강, 호박고구마   
녹색	자연, 편안함, 안정, 신선, 생명, 진화, 신뢰, 안전, 진행	키위, 브로콜리, 샐러리, 오이, 파세리, 쥬키니호박, 청 고추, 수박   
보라	신비, 고급스러움, 변화, 귀함, 야함, 강압, 불안,	포도, 가지, 적채, 붉은 양파, 자색고구마, 비트   
흰색	우아함, 순결, 청초, 결백, 순수,	무, 양파, 배   

PART 3

개인위생관리

제 1장 식품오염

제 2장 지켜야할 개인위생 사항

제 3장 개인위생을 위한 필수 요건

제 1장 식품오염

안전한 음식의 가장 위험한 장애물은 사람이다. 식중독을 일으키는 원인이 사람인 경우가 많다는 것이다. 청결한 몸관리와 개개인의 위생관리는 식중독 방지에 있어서 매우 중요하다. 식자재가 구입되어 주방에서 처리하는 과정의 모든 단계는 사람이 관여하게 되며, 이때 부주의에 의해 오염될 가능성에 노출되어 있다. 조리사들은 청결하지 않은 머리카락과 작업을 할 때 분비되는 타액 및 공기, 점액, 땀, 분비물, 손톱 등은 다양한 병원균을 함유하고 있는데, 이는 음식을 조리하는 과정에서 오염되어 고객에게 전염이 된다. 청결한 개인위생관리는 식중독을 방지하는데 매우 중요하며, 고객들에게 위생적인 음식을 제공할 수 있다. 음식점에서는 체계적이고 표준화된 위생관리를 통해 주기적으로 위생교육을 실시하여 식중독사고를 미연에 방지해야한다.

식재료는 구입 전 생산지에서부터 여러 가지 미생물과 화학물질, 중금속 등에 의해 오염되었을 경우를 제외하고는 대부분 조리사에 의해 오염된다. 건강한 조리종사자의 경우에도 병원균을 가지고 있다. 조리업무는 육체적 노동 작업이 많아 땀 및 분비물 등에 의해 병원균에 노출될 수 있고, 상처를 입어 세균에 감염될 수 있다. 따라서 조리종사자들은 아래와 같은 행동을 삼가해야한다.

1.	머리카락을 만지는 행동
2.	머리를 긁는 행동
3.	귀와 코를 만지는 행동
4.	손톱을 길러 이물질이 있는 상태로 손작업을 하는 행동
5.	칼에 베이거나, 데인 상처가 있는 상태로 작업을 하는 행동
6.	큰 소리로 떠들며 작업을 하는 행동
7.	음식물 앞에서 기침 및 재채기를 하는 행동
8.	주방에서 가래와 침을 뱉는 행동
9.	더러운 복장을 착용하고 작업하는 행동
10.	식중독에 증상이 있는 조리사가 주방업무를 보는 행동
11.	주방에서 흡연을 하는 행동
12.	오염된 신발을 신고 주방에서 업무를 보는 행동
13.	위생모와 스카프를 착용하지 않고 근무하는 행동

또한 조리종사자들은 병자와 접촉하거나 오염된 물건, 시설, 도구 등을 만져 음식을 오염시킬 수 있다. 건강한 조리종사자의 비위생적인 행동, 습관이 음식을 오염시킬 수 있는 중요한 요인이 된다. 따라서 외식업체 에서는 개인위생관리지침을 체계화 하여 조리사들이 올바른 개인위생관리를 할 수 있도록 해야 한다. 따라서 업소의 상황에 맞는 표준화된 위생관리 지침을 만들어 모든 조리사들이 볼 수 있는 적당한 위치에 부착하여 숙지하도록 해야 한다. 철저한 개인위생관리는 사람에 의한 오염을 미연에 방지할 수 있다. 개인위생관리에서 꼭 지켜야 하는 항목들을 살펴보면 다음과 같다.

1.	위생 사고를 예방할 수 있는 올바른 지식을 습득하고 실천한다.
2.	정기적인 건강검진을 받는다.
3.	항상 청결한 복장을 유지하고, 오염된 조리복은 바로 갈아입는다.
4.	손의 청결을 유지하기위해 자주 손을 씻어준다.
5.	머리카락이 떨어지지 않도록 짧고 단정하게 하고, 위생모를 꼭 착용한다.

제 2장 지켜야할 개인위생 사항

조리사들의 개인위생은 자신뿐만 아니라 고객들의 건강을 지키기 위해 그 중요성은 아무리 강조해도 지나치지 않다. 조리사들이 지켜야할 의무적인 사항들은 음식점 마다 다르고, 그 환경 및 상황에 따라 다르겠지만, 그 내용들을 요약해 보면 다음과 같다.

1.	개인위생을 위한 규칙과 식중독을 일으키는 원인에 대한 숙지
2.	손톱은 이물질이 끼지 않도록 짧게 깍는다.
3.	화장품을 바르지 않는다.
4.	손은 자주 세척한다.
5.	조리 작업시에는 장신구를 착용하지 않는다.
6.	화장실 이용 후에는 반드시 손을 씻는다.
7.	오염된 도구와 장비는 음식이 닿지 않도록 한다.
8.	조리 업무 중 잡담을 하지 않는다.
9.	항상 살균된 청결한 행주만 사용한다.
10.	외부 오염물질이 주방으로 들어오지 못하도록 관계자 외 출입을 금지시킨다.
11.	상처를 입었거나 질병에 걸린 조리사는 조리업무에서 배제시킨다.

12.	복장은 항상 청결하게 유지한다.
13.	조리작업 중 신체부위를 만지지 않는다.
14.	조리작업 중 껌을 씹는 행동을 하지 않는다.
15.	식품의 맛을 볼 때는 개별식기를 이용한다.
16.	반지, 귀걸이, 시계 등의 장신구는 하지 않는다.

제 3장 개인위생을 위한 필수 요건

1. 손씻기 및 관리

음식점의 주방에서 근무하는 조리사들이 가장 많이 사용하는 신체부위가 손이고, 식중독을 가장 많이 일으키는 개인위생 요인도 손이다. 따라서 손은 가장 중요하게 다루어야할 개인위생 항목이다. 자주 손씻기를 하지 않거나 청결하게 유지 하지 않으면 다양한 병원균이 성장하기 좋은 환경을 만들어 주는 것이며, 오염된 손은 음식에 2차 오염을 시키게 된다. 이는 고객들에게 식중독을 유발시키는 원인이 되는 것이다. 손씻기는 조리사에게 기본적인 사항이지만, 많이 바쁜 주방이나, 손씻는 시설이 제대로 갖춰져 있지 않은 상황에서라면 규칙적인 습관을 들이기가 쉽지 않을 것이다. 그럼에도 불구하고 손씻기는 반드시 습관으로 만들어야 할 것이다. 다음은 손씻기를 반드시 해야 하는 상황이다.

1.	식재료를 정리하는 중 손에 흙 또는 오염물이 묻은 경우
2.	쓰레기통 및 쓰레기를 만진 후
3.	익히지 않은 식재료(닭고기, 생선, 고기류)를 다루기 전, 후
4.	더러운 조리복, 앞치마, 위생모, 안전화, 행주 등을 만진 후
5.	머리 또는 얼굴과 같은 신체의 일부분을 만진 후
6.	상처를 만진 후
7.	화장실을 이용한 후
8.	식품에 사용하면 안되는 화학물질을 만진 후
9.	재채기, 기침 등을 하면서 손으로 막은 후
10.	오염된 주방기기, 시설, 그릇을 만진 후
11.	설거지를 하고 난 후

12.	음식물 찌꺼기를 처리했을 경우
13.	흡연을 한 후
14.	돈을 만진 후
15.	식사 또는 휴식 후
16.	주방에서 근무를 시작할 때
17.	로션을 사용한 경우
18.	식사를 한 후
19.	청소를 한 후
20.	기타 불결한 것을 만진 후

손씻기를 할 때는 손목까지 손 전체를 완전히 씻어야 하며, 특히 손톱에는 각종 오염물질이 끼어있어 병원균의 서식처가 될 수 있으므로 집중적으로 세척해야한다. 손씻기 과정을 살펴보면, 중성세제 또는 손세척 전용세제를 이용하여 충분히 거품을 낸 다음, 깍지를 끼고 손을 비벼주고, 손바닥과 손등을 문지르며, 손가락을 돌려가며 닦아주고, 손톱 아래 부분을 충분히 문지른 다음 흐르는 물로 손을 깨끗이 헹궈준다. 다음으로 종이타월을 이용하여 물기를 닦고, 종이타월로 수도꼭지를 잠그면 된다. 이러한 방법으로 필요할 때마다 되풀이해야 청결한 손을 유지할 수 있다. 여기서 주목해야할 부분은 손을 아무리 깨끗하게 씻었다 할지라도 요리된 음식이나 고객에게 공급해야할 음식은 맨손으로 만져서는 안 된다. 또한 금방 씻은 손에 로션을 사용하지 않는 것이 좋다. 로션은 세균에게 필요한 수분을 공급하여 세균이 피부에 번식하는 역할을 하기 때문이다.

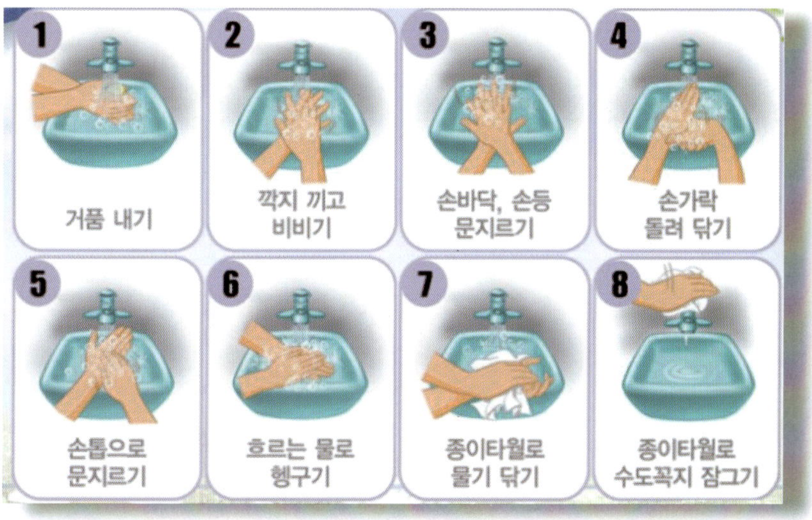

더불어, 미생물을 식품에 옮기지 않기 위해서는 적절한 손 관리가 필요하다. 몇 가지 손관리 방법을 살펴보면, 첫째, 손톱에는 음식물이나 더러운 물질 및 해로운 물질들이 끼일 수 있으므로 주의해야한다. 둘째, 손톱은 짧고 깨끗하도록 유지해야한다. 셋째, 손톱광택제나 인조 손톱 및 아크릴 손톱을 착용해서는 안 된다. 그 이유는 인조손톱이 부러져 고객들의 음식에 들어갈 수 있고, 깨끗이 유지하기도 힘이 들며, 장갑을 찢을 수도 있기 때문이다. 넷째, 손에 상처나 베인 곳은 치료하고 식품과 접촉이 없는 청소 등과 같은 다른 업무를 하는 것이 좋다.

주방에서는 여러 가지 종류의 장갑을 사용한다. 장갑을 적절히 사용함에 따라 사람과 음식 사이에서 위생적인 차단벽이 될 수 있다. 장갑은 음식을 취급하는 조리사들에게는 맨손보다 위생적이다. 그러나 사용했던 장갑을 다른 음식물에 재사용하여 교차오염을 유발해서는 안 된다. 예를 들어 육류고기를 손질한 다음 그 장갑을 낀 채로 다른 음식물에 접촉해서는 안 된다는 것이다. 장갑을 갈아 껴야 하는 경우를 보면 다음과 같다.

① 익히지 않은 고기를 취급한 후나 조리된 음식 또는 즉시 먹을 수 있는 음식을 다루기 전 교체

② 새로운 작업을 하기 전 교체

③ 4시간이 되기 전에 교체, 필요하다면 더 자주 교체

④ 장갑이 더러워지거나 찢어진 경우 교체

2. 복장관리

조리복은 조리사의 신체를 열과 전기, 위험한 도구, 기기, 설비 등으로부터 보호해주는 역할을 하면서, 위생적인 조리를 할 수 있도록 하는데 그 목적이 있다. 따라서 청결하게 유지하는 것이 중요하며, 오염되었다면 자주 갈아입는 것이 좋다.

손을 닦거나, 뜨거운 물건을 옮기는데 위생복을 이용해서는 안된다. 즉 음식과의 직접적인 접촉을 피하도록 해야 하며, 조리업무를 할 때는 꼭 조리복을 착용하고 업무를 수행해야한다. 음식물이 묻은 조리복을 편리하게 갈아입을 수 있도록 탈의실을 따로 마련하는 것이 좋다. 조리복은 조리사의 몸에 딱 맞는 치수로 제작되어야 한다. 너무 작으면 활동이 불편하게 되고, 너무 크면, 작업과정에서 위험한 상황이 발생하기도 한다. 조리시 상의의 소매가 음식과 접촉하지 않도록 하는 것이 좋다.

위생모는 머리카락이 음식에 떨어져 음식을 오염시키거나, 고객들의 비위를 상하게 하는 것을 방지하기위해 꼭 착용해야한다. 위생모는 보통 종이나 나일론, 합성종이, 천 등으로 만들어진다. 너무 길거나 넓은 위생모는 조리업무를 방해하기 때문에 적당한 크기를 사용하는 것이 좋다. 위생모를 착용할 때는 머리카락이 완전히 들어가도록 쓰는 것이 좋고, 여성 조리사의 경우 그물망을 이용하여 머리카락이 떨어지지 않도록 해야 한다. 위생모는 대부분 1회용으로 사용하는 경우가 많아 오염된 위생모는 새것으로 교체하여 착용해야한다.

주방의 바닥은 전처리, 조리작업 등에서 흘러나온 부산물과 기름 등으로 미끄러운 경우가 많으며, 무거운 주방장비와 칼 등의 장비가 많이 있다. 주방에서는 낙상이나 주방기구에 의한 부상을 입는 사고가 자주 발생한다. 따라서 조리종사자들은 사고가 발생하지 않도록 평소에 세심한 주의를 해야 하며, 안전기준에 적합한 안전화를 착용해야한다. 안전화의 외피는 질긴 가죽으로 만들어졌으며, 발가락과 발등 위에는 쇠로 만들어진 안전장치가 되어 있다. 또한 미끄럼을 방지하기위해 바닥은 특수처리 되어있다. 앞치마는 조리사의 의복이 오염되는 것을 막는 용도뿐만 아니라 신체를 보호하는 용도로 착용한다. 일반적으로 앞치마는 천으로 만들어진 앞치마와 고무로 코팅된 앞치마, 일회용 앞치마 등이 있다. 앞치마가 오염된 경우 자주 교체하여 청결을 유지해야한다. 또한 머플러는 주방에서 불의의 사고로 인해 생길 수 있는 상해를 응급처치하기 위해 착용하는 것이다.

3. 개인위생시설

식중독과 같은 위생사고가 생기는 원인은 종사원들의 부족한 위생지식과 부적합한 비위생적 행동에 기인한 것이 많다. 이러한 원인을 제거하고 주기적으로 위생교육을 실시하는 하는 것도 중요하지만, 위생적인 행동을 할 수 있도록 시설과 장치를 마련해 주는 것도 매우 중요하다. 즉 위생관리 규칙을 표준화 하여 조리사들이 숙지하도록 교육을 한다고 해도 위생적인 행동을 할 수 있는 시설 및 설비가 준비되지 않았다면 위생적인 행동이 어려울 수 있다. 따라서 음식점의 관리자는 위생적인 관리를 위해 필요한 장비와 설비, 시설을 마련하여 조리사들의 위생적인 행동을 할 수 있도록 환경을 조성해야한다.

첫 번째로 종사원의 휴게실 및 탈의실이다. 종사원의 휴게실을 음식점 마다 다르지만, 일반적으로 단독으로 설치되어 있거나 탈의실과 겸용으로 사용하는 경우가 많다. 이러한 시설은 조리사들이 출입이 용이한 위치에 편리하게 출입할 수 있도록 설계되어야 한다. 규모가 작은 음식점이라 하여도 이러한 휴게실 및 탈의실을 설치하는 것이 바람직하다. 휴게실과 탈의실에 세면기와 샤워실을 마련하여 조리업무에 들어가기 전에 손씻기를 할 수 있도록 환경을 조성해야 한다. 또한, 화장실을 설치하여 고객들이 사용하는 화장실과 구분하는 것이 좋다.
두 번째로 세면기이다. 각 주방구역별로 각각 손을 씻을 수 있는 세면기를 설치하는 것이 바람직하다. 각 세면기에는 손세척 용 세제를 벽에 부착하여 사용한다.

4. 건강진단

음식점에서는 작업 전에 조리사들의 건강상태를 확인 해야한다. 먼저 설사, 발열, 콧물이 흐르는지 확인하고, 복통, 구토, 황달 등의 증상이 있는지 확인 해야하며, 화농성 질환, 피부질환이 있는지 확인 해야한다. 만약 해당자가 있을경우 조리업무에서 제외시켜야 한다. 조리사들이 질병을 가지고 있을 경우 다른 종사원뿐만 아니라 고객에게도 직•간접적으로 위해를 줄 수 있다. 따라서 조리사들은 건강상태와 주방에 근무해도 가능한지를 검사하기 위해 정기적으로 지정된 의료기관에서 건강진단을 받아야 한다. 이는 전염병의 확산과 식중독을 예방하기 위한 식품위생법규의 내용이다. 정기적인 건강진단은 보통 연 1회 받아야 한다. 하지만 몸에 이상이 있는 경우에는 수시로 검사를 하는 것이 적절하다. 건강진단을 통하여 조리사들은 조리업무를 하지 못할 수도 있다.

5. 위생교육

한명의 조리사가 많은 일을 하게 되면 비위생적인 일이 되기 쉽다. 음식도 준비하고, 그릇도 준비하고, 고객에게 제공하는 일까지 한다면 여러 사람이 각자가 맡은 일을 할 때 보다 음식이 오염될 가능성은 높다. 어떠한 음식점이라 하더라도 지속적인 관찰과 관심이 없으면 위생적으로, 성공적으로 운영되기 어렵다.

조리사들의 식품위생 지식과 태도, 관리자의 지도 감독은 식중독 발생 감소를 위해 중요한 요소이다. 따라서 주기적으로 위생교육을 실시 해야한다. 위생교육의 내용은 과학적 지식에 근거한 위생관리의 원리와 실천 사항으로 구성 해야하고, 조리사들의 지식수준이 미흡한 부분은 강조하여 교육을 실시 해야한다. 조리사들이 볼 수 있도록 게시하는 위생매뉴얼은 쉬운 말로 기록되어있어야 하고, 평이한 말로 조리사들에게 교육을 시켜야한다. 가능하면 조리사들이 꼭 지켜야 하는 위치에서는 POP를 이용하여 손씻는 곳, 화장실 등에 게시하는 것도 좋은 방법이다. 또한 관리자들은 위생교육을 통한 위생관리수행도를 높이기 위해 위생적 행동을 저지하는 장애요인을 제거하고, 조리사들이 적극적으로 위생적 행동을 하도록 유도해야한다. 아울러 위생교육 후 정기적인 평가를 통해 적절한 피드백을 제공하는 것이 좋다.

음식점에서 관리자가 조리사들에게 교육 시켜야할 항목들을 구체적으로 살펴보면 다음과 같다.

1.	식재료를 취급할 때 위생과 안전에 대한 요구사항을 규정하고 설명해야한다.
2.	조리사들을 채용할 때에는 위생적 행동에 대한 적성이 맞는 사람을 채용해야한다.
3.	신입 조리사는 경력 조리사에게 올바른 위생교육과 음식을 안전하게 다루는 방법을 배워야 한다.
4.	조리사들로 하여금 위생규칙을 철저히 지키도록 유도한다.
5.	위생적 행동에 대한 관리와 감시를 한다.
6.	위생적 행동에 대한 우선순위를 두는 것 보다는 모두 같은 중요도로 중요하게 지키도록 한다.
7.	영업자 준수사항이 변경되었을 때에는 위생 표준매뉴얼도 개정하도록 한다.

6. 질병 및 상처의 보고

조리사는 자신의 건강상태를 조리업무를 시작하기 전에 관리자에게 보고해야만 한다. 만약 일을 하는 동안에 몸이 아프거나 상처를 입었다면 즉시 그러한 상태를 보고해야만 한다. 관리자는 직원들이 평소에 이러한 정보를 관리자에게 알릴 수 있도록 직원들을 관리해야 한다.

조리사의 건강상태가 좋지 않거나, 상처가 있는 경우 식품 또는 장비를 오염시킬 가능성이 있다고 판단된다면, 그 조리사는 하던 일을 멈추고 병원으로 가야한다. 관리자들은 조리사가 발열, 설사, 구토, 후두염증, 황달 등의 증세가 있는 경우 일을 멈추도록 해야 하고, 이 중 설사와 구토증상이 있는 경우에는 다른 조리사들과 격리 시켜야 한다.

손이 베이거나 까질 경우, 화상, 열상, 염증, 피부감염 또는 감염된 상처는 치료하고 위생밴드를 이용하여 처리해야한다. 만약 손에 밴드를 붙였다면 손가락 고무밴드를 끼우고 장갑을 착용하여 조리업무 및 식품과 접촉할 수 있는 업무에서 제외시켜야 한다. 상처가 아물 때 까지 음식표면의 접촉이 되지 않는 업무(청소 등)를 해야 한다. 안전한 식품을 공급하기 위해 청결하고 적절한 손 관리를 교육해야한다.

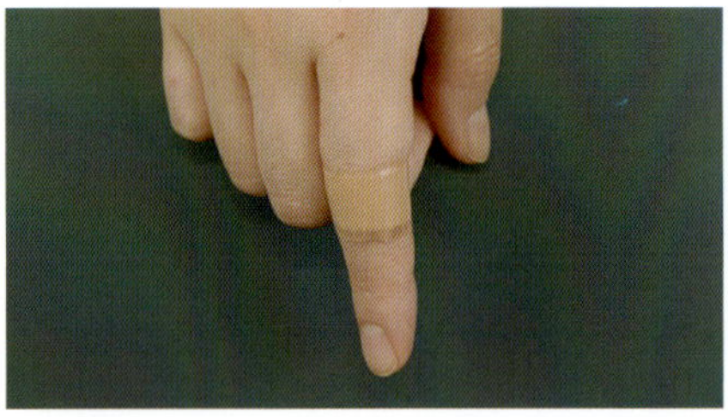

손가락을 다친 경우 먼저 밴드를 상처부위에 붙여준다.

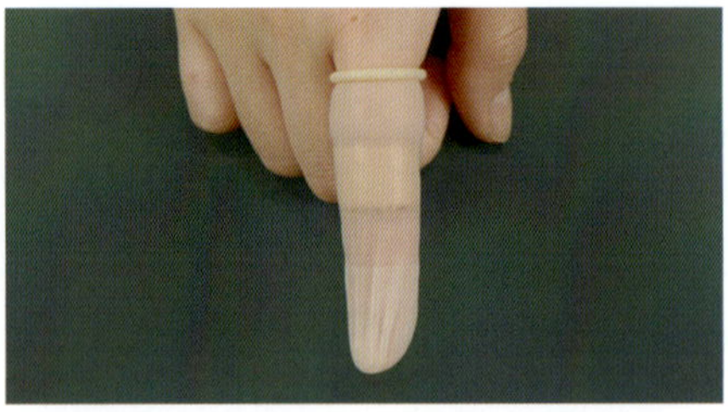

밴드를 붙인 부위에 고무밴드를 끼우고, 조리업무 및 식품과 접촉할 수 있는 업무를 제외한 업무(청소 등)를 수행한다.

PART 4

수박카빙실기

수박카빙 2급 실기

수박카빙 1급 실기

수박카빙 마스터 실기

수박카빙 부록

수박카빙 2급실기

수박카빙 2급 실기 – 1..... 104
수박카빙 2급 실기 – 2..... 108
수박카빙 2급 실기 – 3..... 112
수박카빙 2급 실기 – 4..... 116
수박카빙 2급 실기 – 5..... 120
수박카빙 2급 실기 – 6..... 124
수박카빙 2급 실기 – 7..... 128
수박카빙 2급 실기 – 8..... 132
수박카빙 2급 실기 – 9..... 136
수박카빙 2급 실기 – 10..... 142
수박카빙 2급 실기 – 11..... 146
수박카빙 2급 실기 – 12..... 152

2급 실기 - 1

01. 칼과 수박을 준비한다

02. 칼을 이용해 껍질을 벗겨준다

03. 껍질을 벗길 때 손은 칼날 뒷편에 둔다

04. 사진처럼 껍질을 벗겨준다

05. 2호 원형틀로 센터에 중심을 잡아준다

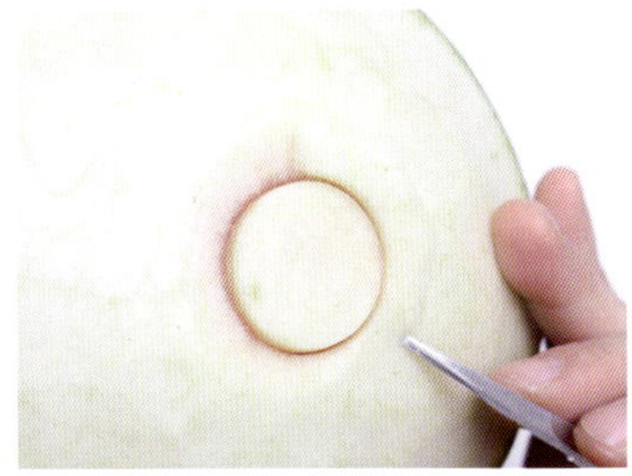

06. 칼을 눕혀 바깥쪽을 파낸다

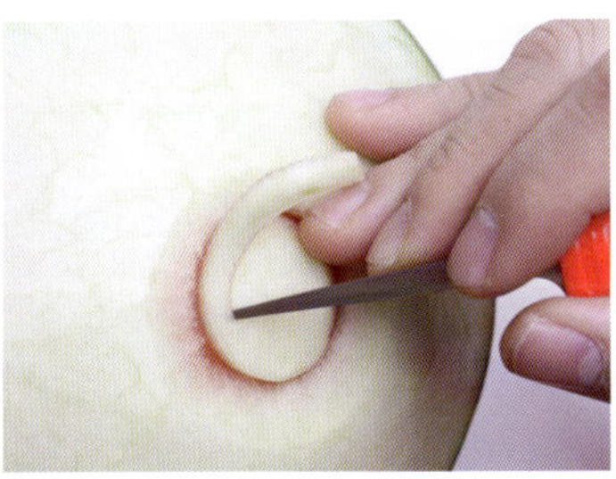

07. 칼을 45도로 눕혀 안쪽 모서리를 제거한다.

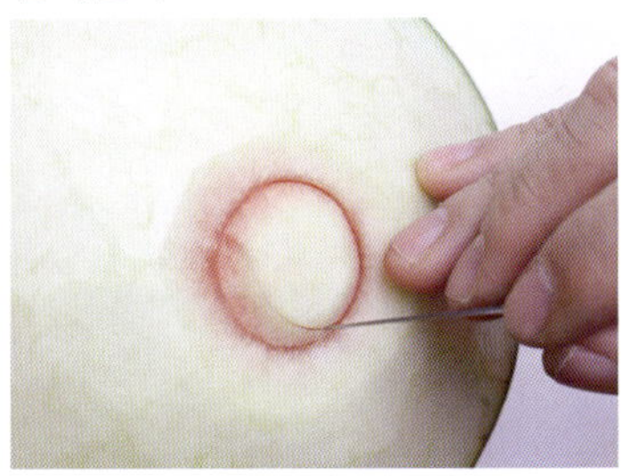

08. 칼을 세워 센터 봉오리의 첫번째 라인을 곡선으로 그려준다.

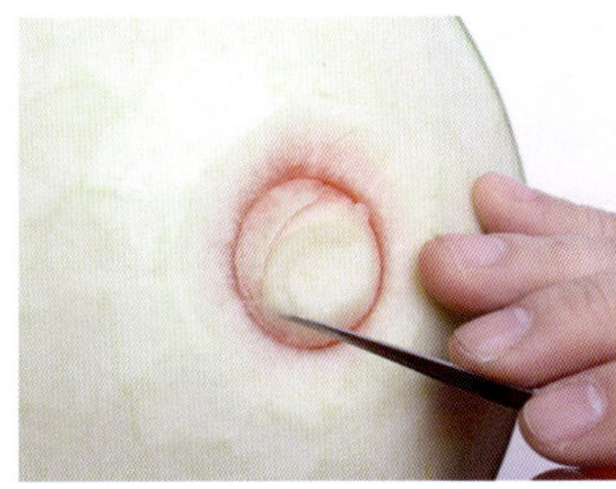

09. 칼을 눕혀 첫번째 라인을 파내준다.

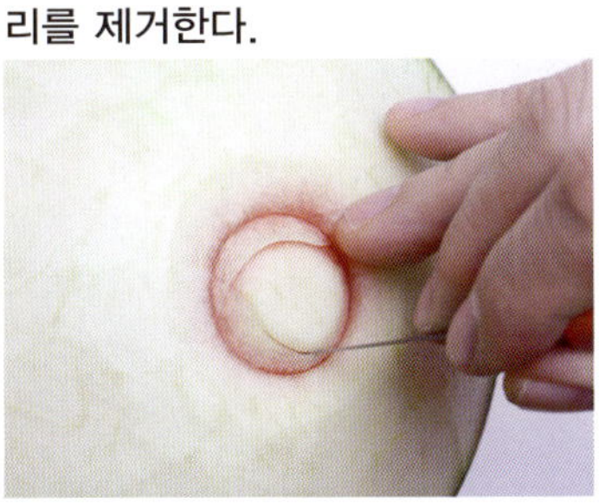

10. 칼을 세워 첫번째 꽃잎라인 끝부분에서 시작해 곡선으로 그려준다.

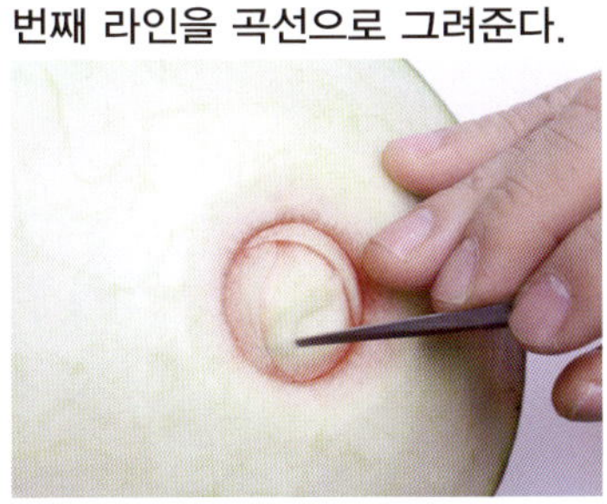

11. 칼을 눕혀 파내준다.

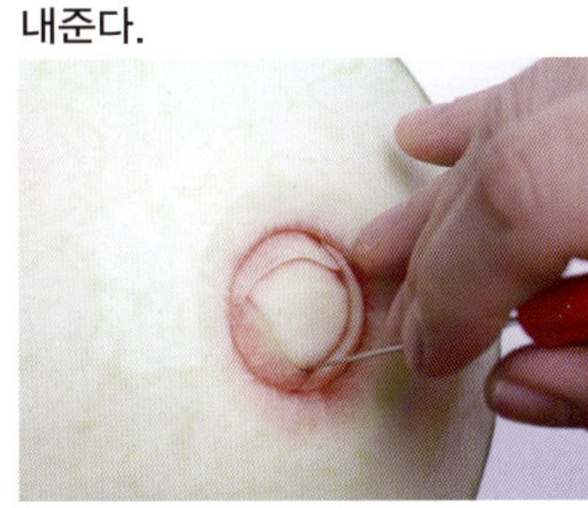

12. 칼을 세워 세번째 꽃잎 라인을 그려준다.

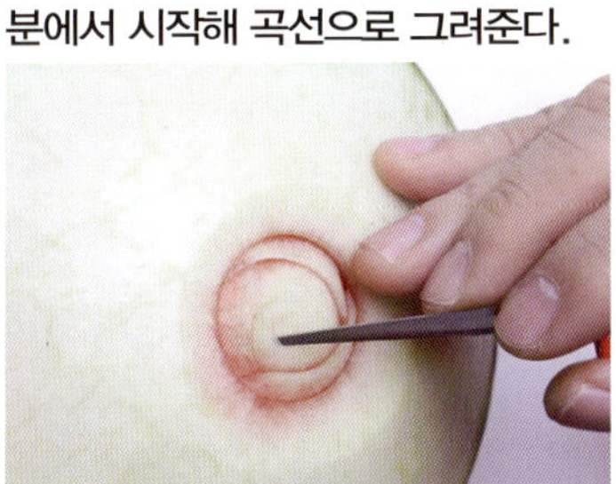

13. 칼을 눕혀 파내준다.

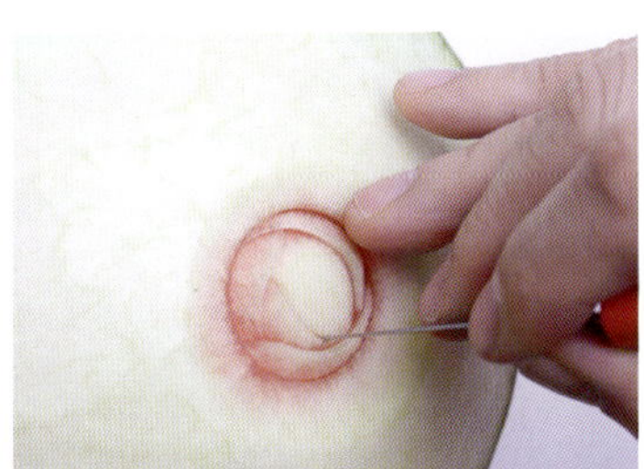

14. 꽃잎과 꽃잎 사이에 칼을 세워 곡선을 그려준다.

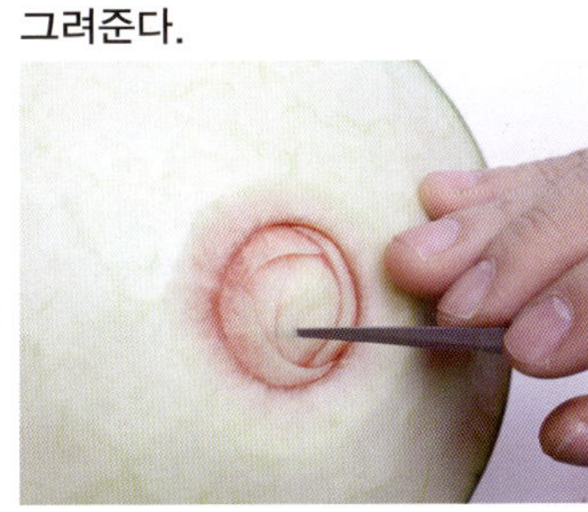

15. 칼을 눕혀 파내준다.

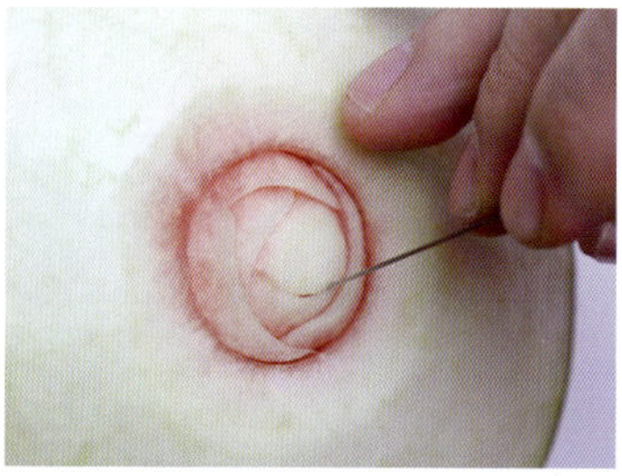

16. 꽃잎과 꽃잎 사이에 칼을 세워 곡선을 그려준다.

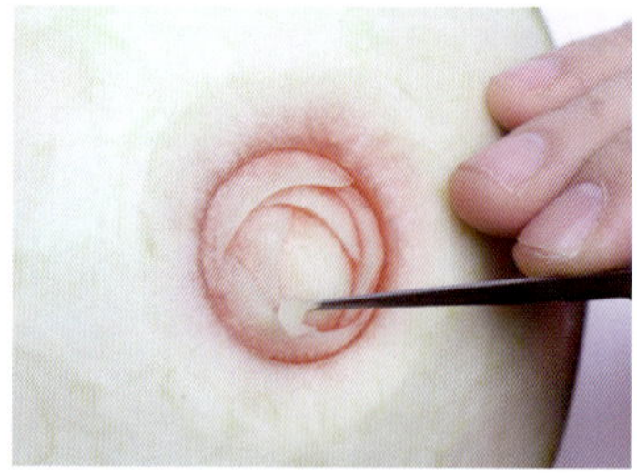

17. 칼을 눕혀 파내준다.

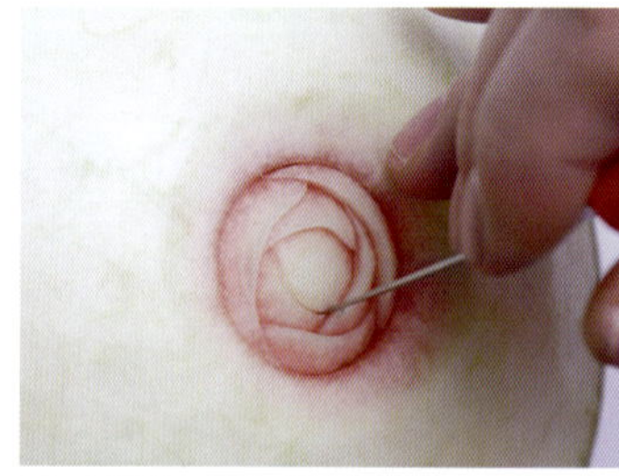

18. 칼을 세워 꽃잎과 꽃잎 사이에 곡선을 그려준다.

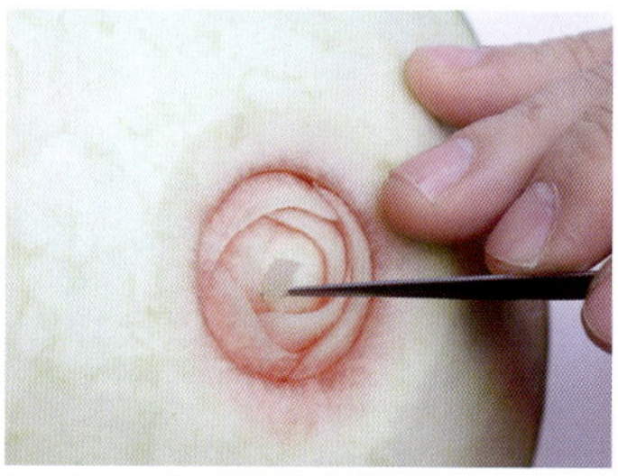

19. 칼을 눕혀 파내준다.

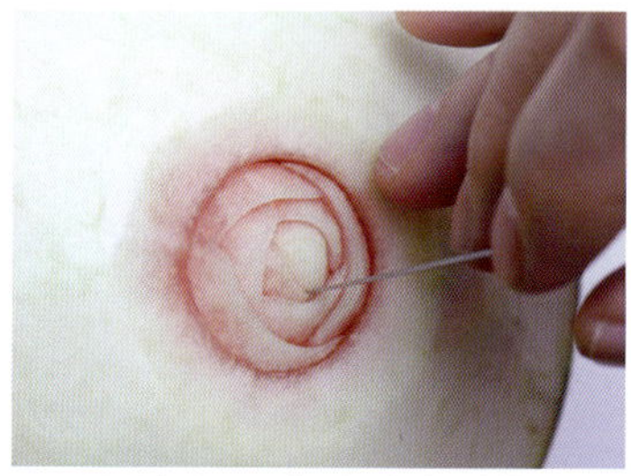

20. 꽃잎과 꽃잎 사이에 칼을 세워 곡선을 그린다.

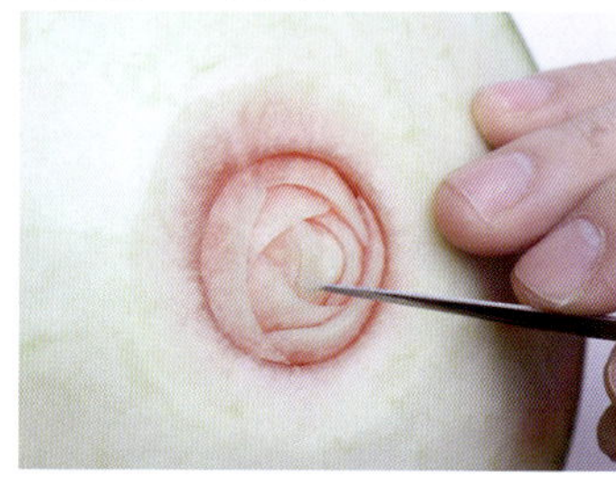

21. 칼을 눕혀 파내준다.

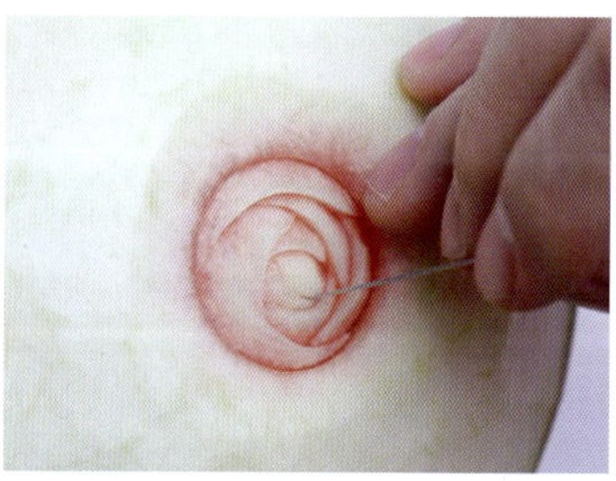

22. 꽃잎과 꽃잎 사이에 곡선을 그려준다.

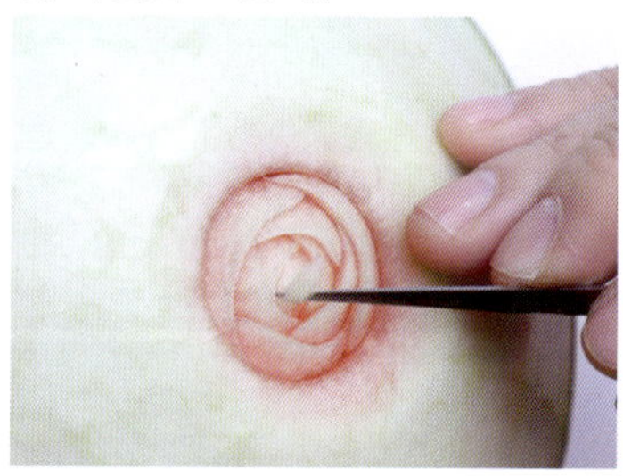

23. 칼을 눕혀 파내준다.

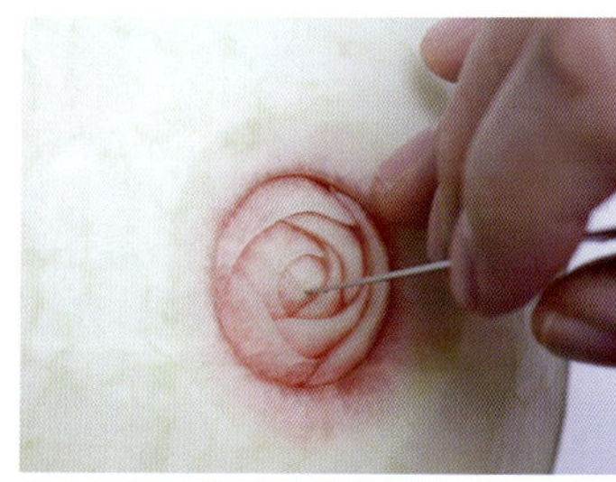

24. 칼을 세워 곡선을 그려준다.

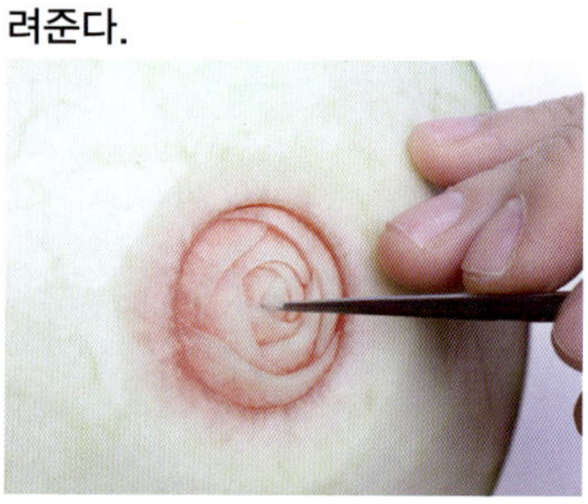

25. 칼을 눕혀 파내준다.

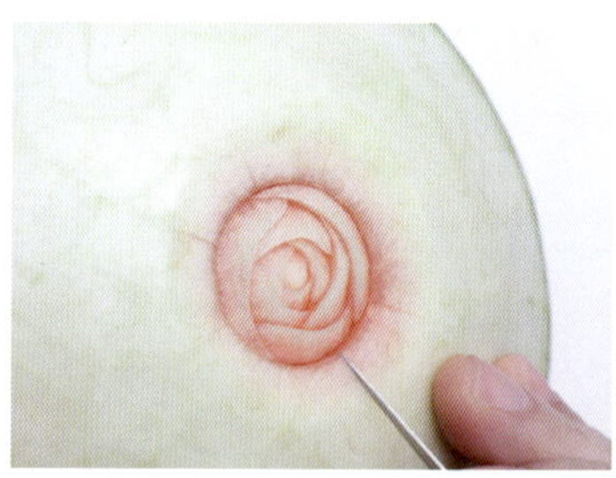

26. 칼이 너무 깊이 들어가지 않도록 하며 8개 구획을 표시해준다.

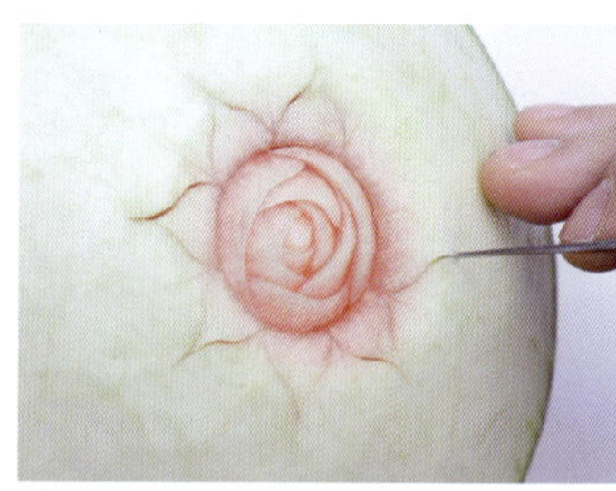

27. 칼을 세워 꽃잎을 곡선으로 그려준다.

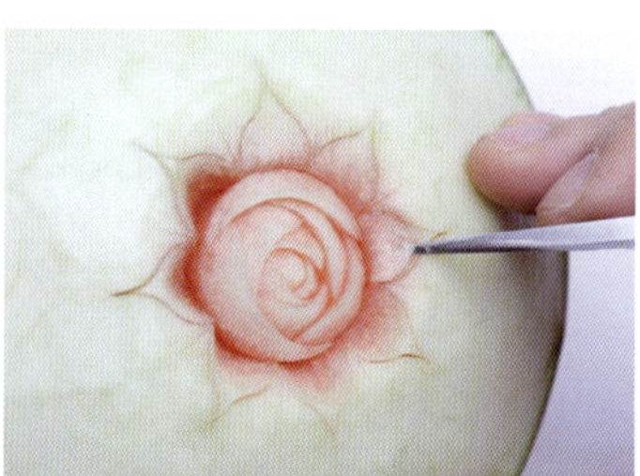

28. 칼을 눕혀 꽃잎 안쪽을 둥글게 파내준다.

29. 칼을 눕혀 꽃잎 바깥쪽 부분을 파내준다.

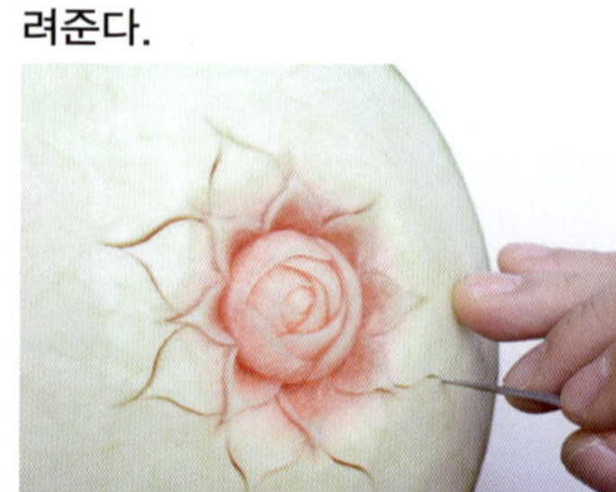

30. 두번째 층의 꽃잎을 첫번째 층의 꽃잎 9부에서 그려준다.

31. 칼을 눕혀 꽃잎의 안쪽 부분을 둥글게 파내준다.

32. 칼을 눕혀 꽃잎의 바깥쪽 부분을 파내준다.

33. 꽃잎과 꽃잎 사이의 9부에서 칼을 세워 꽃잎을 그려준다.

34. 꽃잎의 안쪽을 둥글게 파내준다.

35. 사진처럼 잘린 조각을 제거해 준다.

36. 칼을 눕혀 꽃잎 주변을 파내 준다.

37. 칼을 세워 꽃잎과 꽃잎 사이에 꽃잎을 그려준다.

38. 칼을 눕혀 꽃잎 안쪽 부분을 둥글게 파내준다.

39. 칼을 눕혀 꽃잎 주위를 파내 준다.

40. 꽃잎과 꽃잎 사이에 새로운 꽃잎을 그려준다.

41. 칼을 눕혀 꽃잎 안쪽 부분을 파내준다.

42. 칼을 눕혀 꽃잎 바깥쪽 부분을 파내준다.

43. 사진과 같이 칼을 45도로 눕혀 톱니 모양을 넣어준다

44. 반대쪽으로 칼을 45도로 눕혀 모양을 넣어 파내고 톱니모양을 만들어준다.

45. 완성한다.

2급 실기 - 2

01. 칼과 수박을 준비한다

02. 손이 칼날 뒷편에 있도록 껍질을 벗겨준다.

03. 붉은 부분이 나오지 않도록 껍질을 깎아준다.

04. 4호 원형틀을 이용해 센터를 잡아준다.

05. 칼을 눕혀 원 바깥을 파낸다

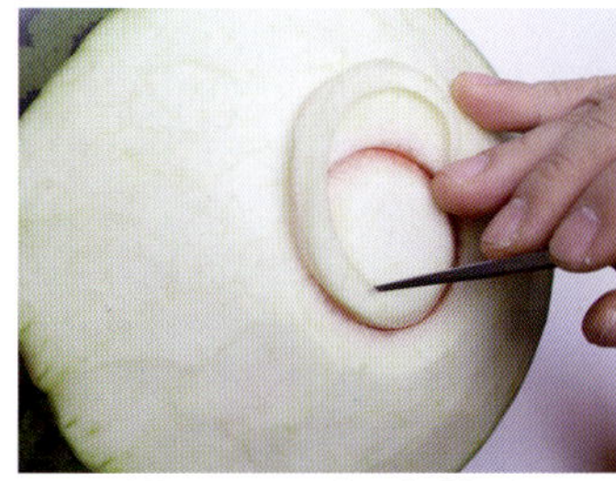

06. 칼을 45도로 눕혀 원 안쪽 모서리를 제거한다.

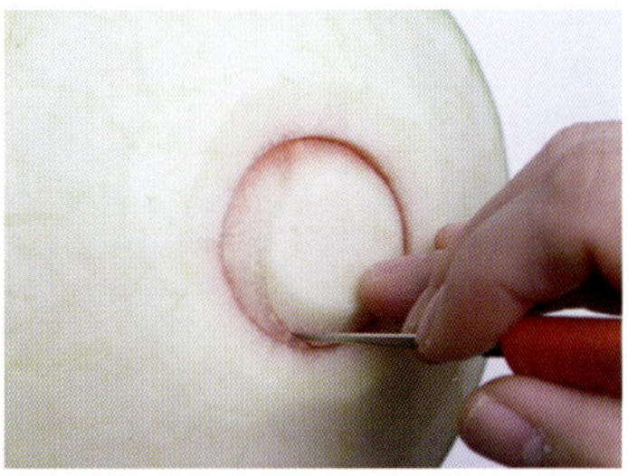

07. 칼을 똑바로 세워 첫번째 꽃잎을 그려준다.

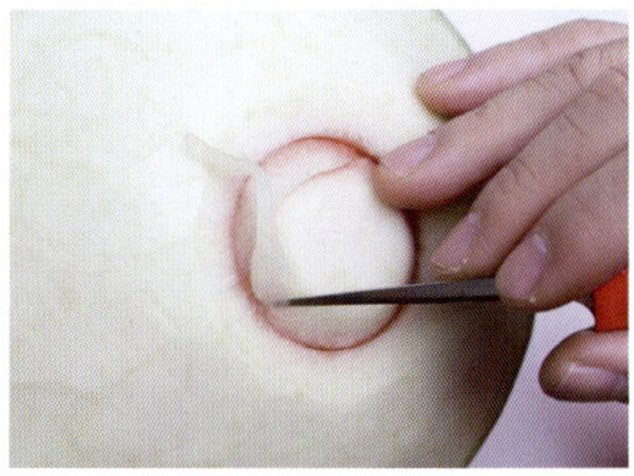

08. 칼을 눕혀 파내준다.

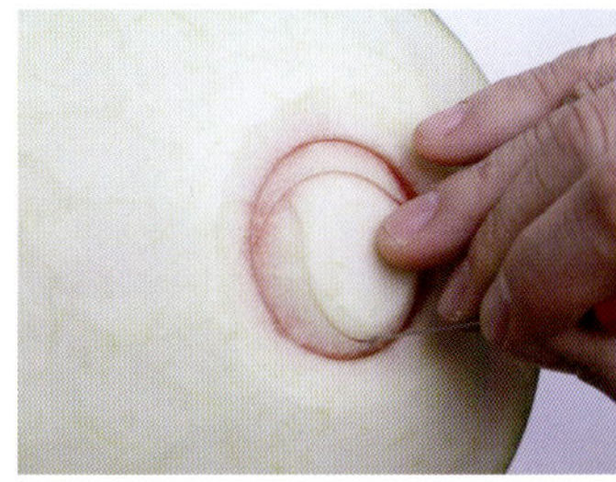

09. 칼을 똑바로 세워 두번째 꽃잎을 그려준다.

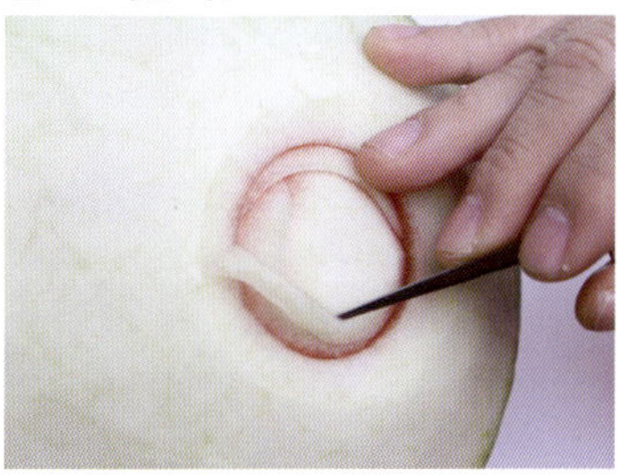

10. 칼을 눕혀 잘라준다.

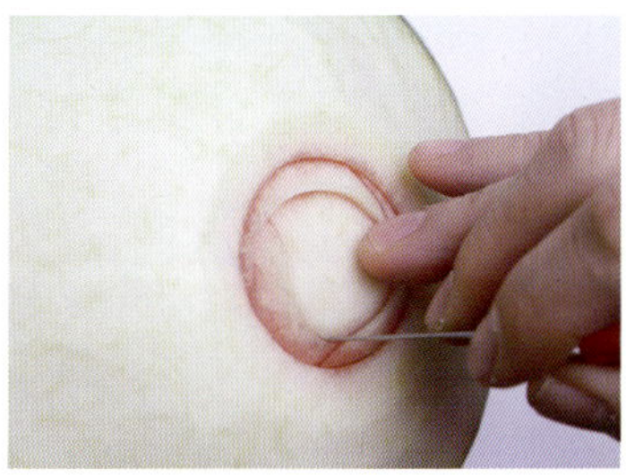

11. 세번째 꽃잎은 앞의 두 꽃잎과 연결시켜 그려준다.

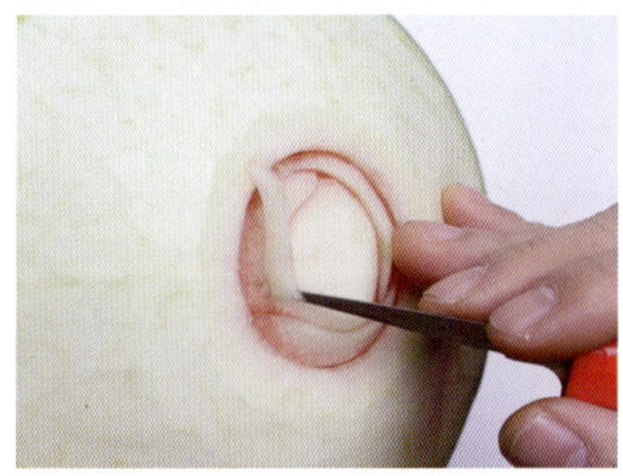

12. 칼을 눕혀 안쪽을 파내준다.

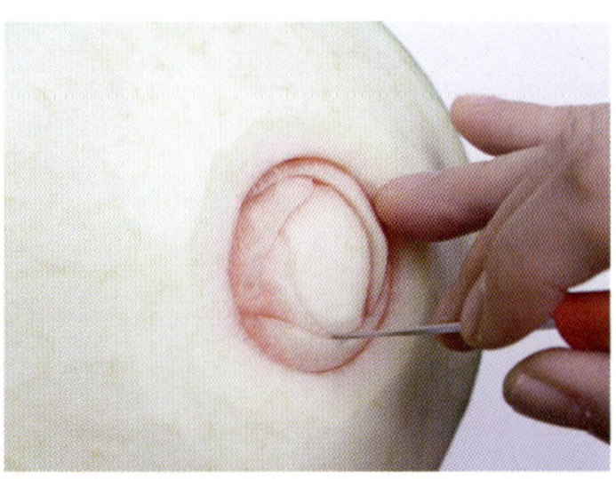

13. 꽃잎과 꽃잎 사이에 새 꽃잎을 그려준다.

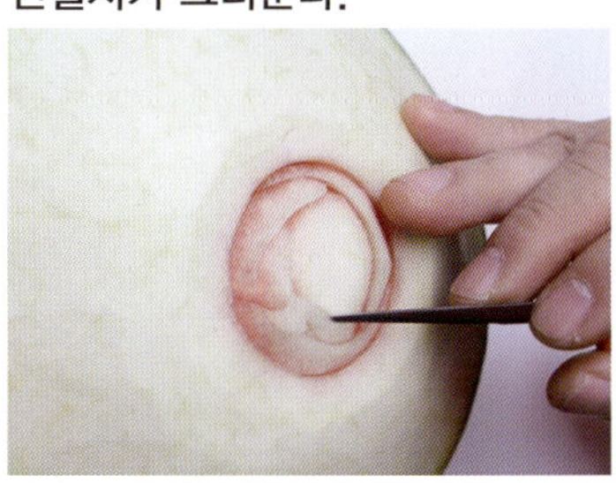

14. 칼을 눕혀 안쪽을 파내준다.

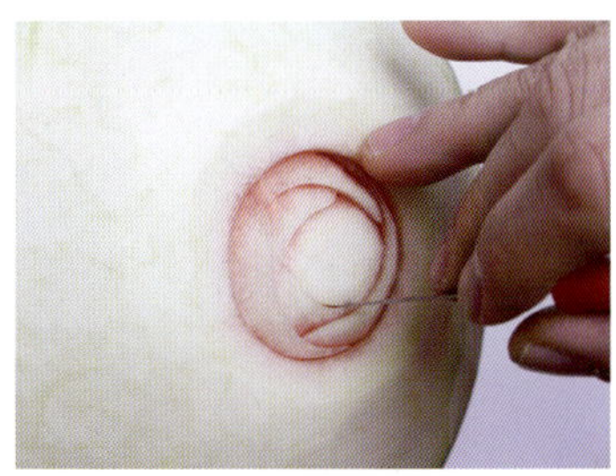

15. 꽃잎 사이에 새로운 곡선을 그려준다.

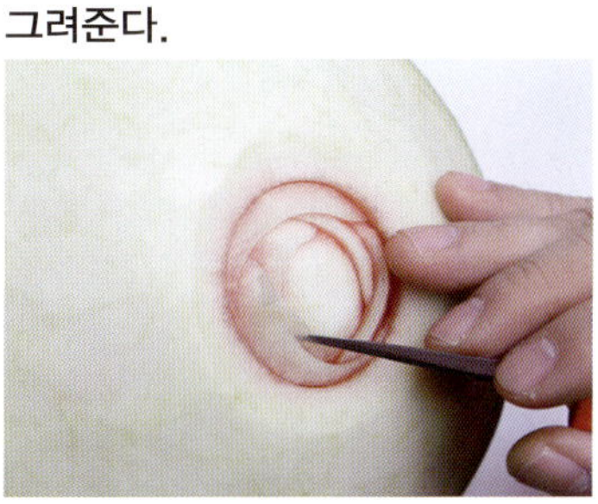

16. 꽃잎의 안쪽을 파내준다.

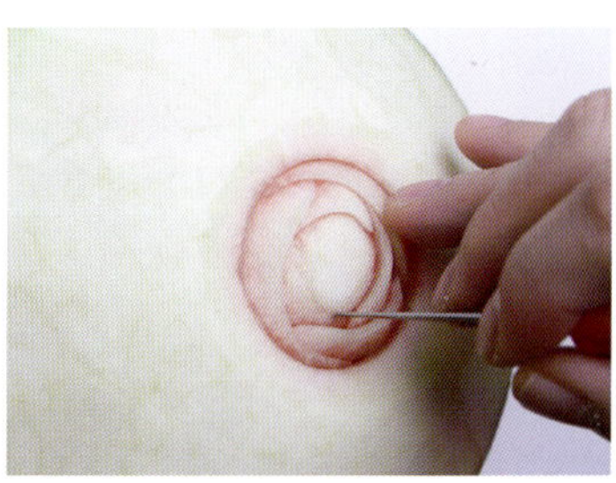

17. 새로운 꽃잎을 그려준다.

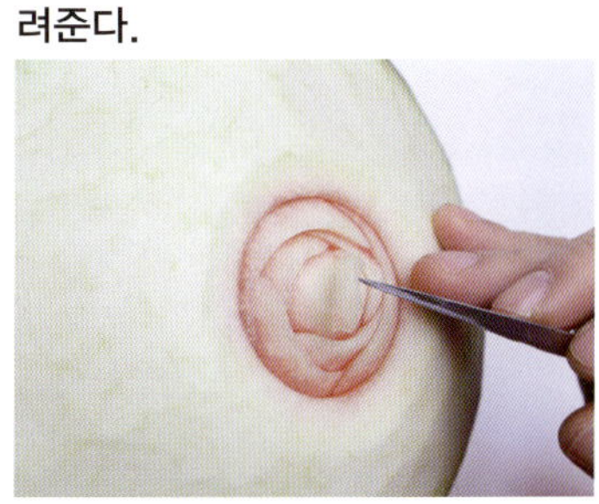

18. 꽃잎 안을 파내준다.

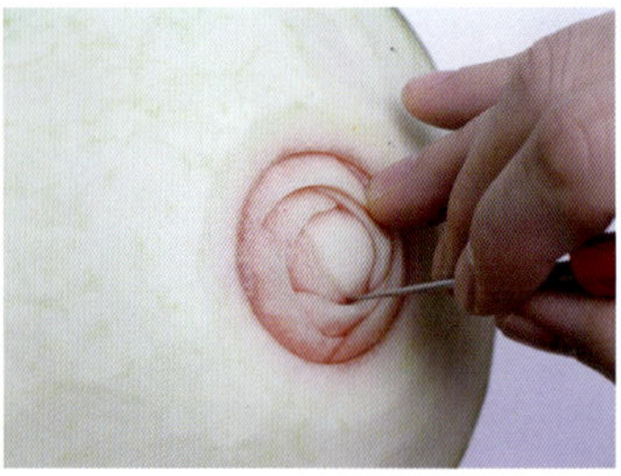

19. 새로운 라인을 그려준다.

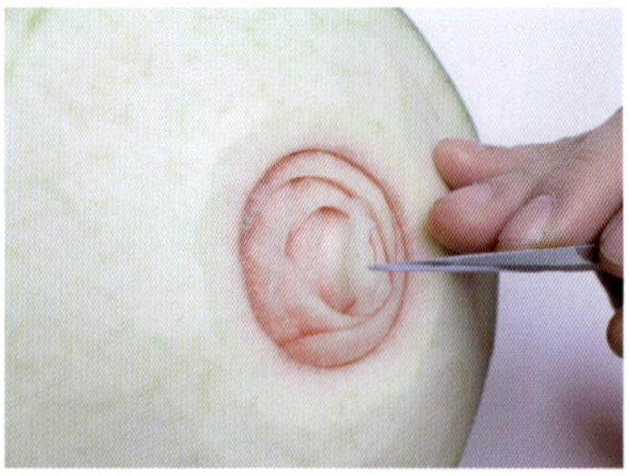

20. 칼을 눕혀 파내준다.

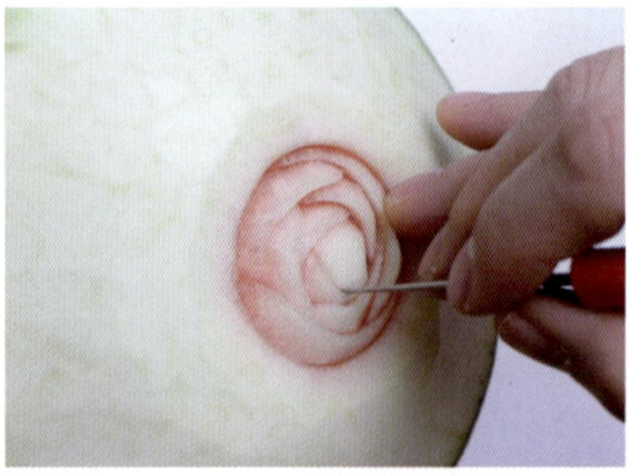

21. 꽃잎 사이에 새로운 라인을 그려준다.

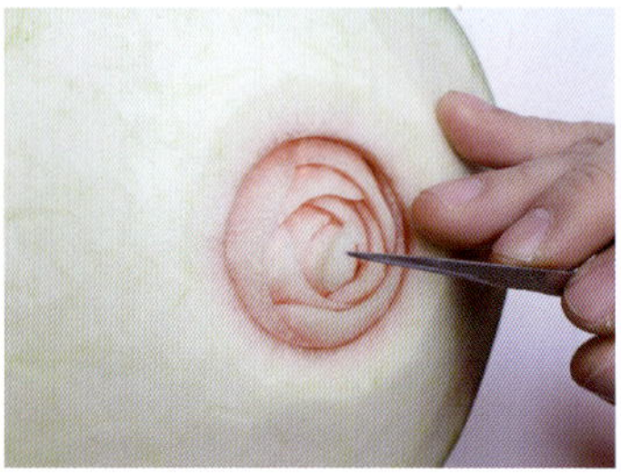

22. 꽃잎 안을 파내준다.

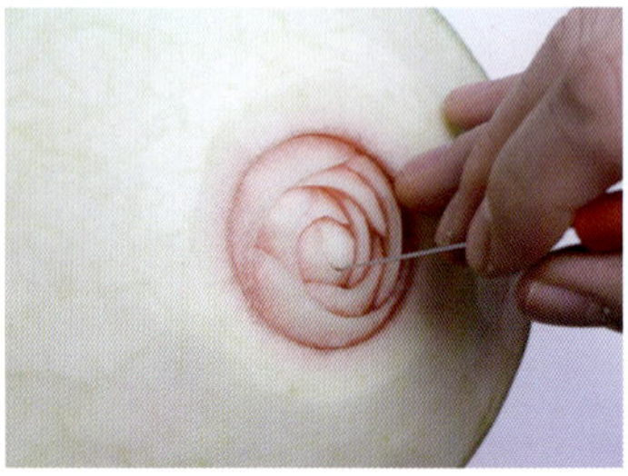

23. 칼을 세워 꽃잎을 그려준다.

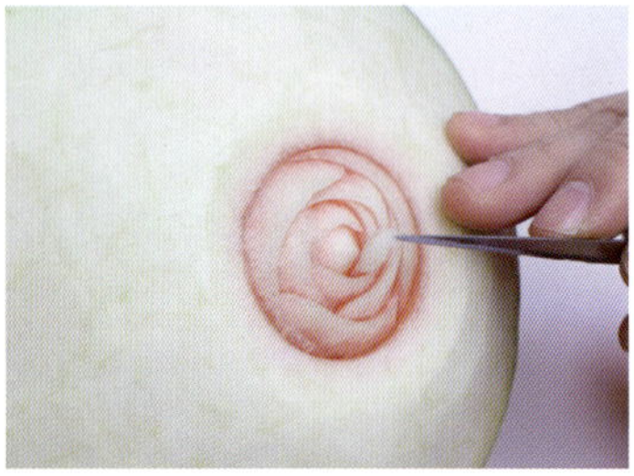

24. 라인 안쪽을 파내준다.

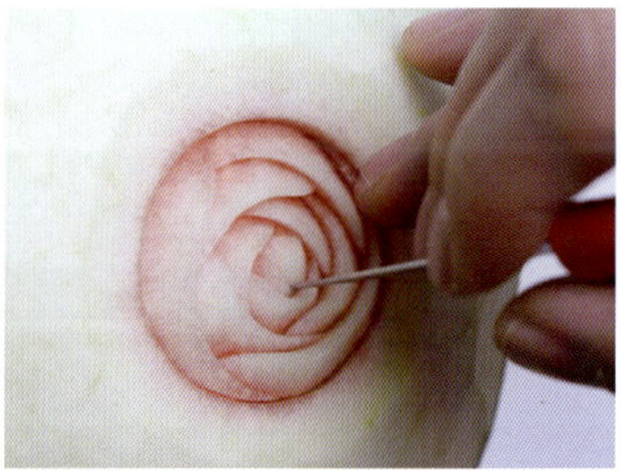

25. 꽃잎 사이에 곡선을 그려준다.

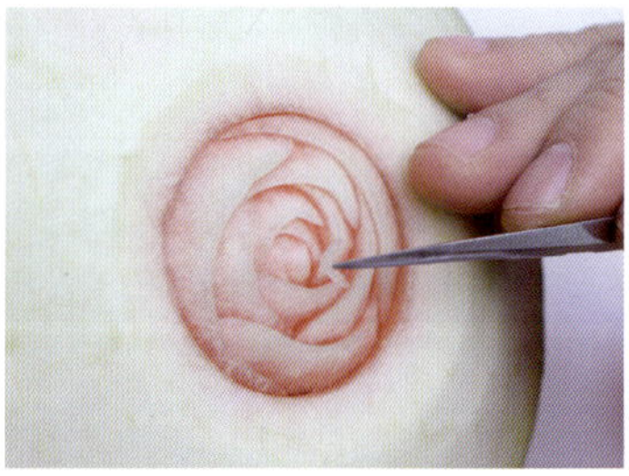

26. 안쪽을 파내준다.

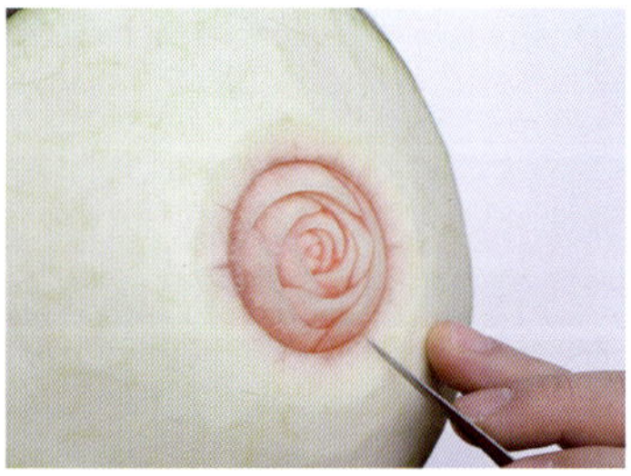

27. 균일한 크기의 12칸으로 분할한다.

28. 분할된 구역안에 칼을 세워 꽃잎을 그려준다.

29. 꽃잎 안쪽을 둥글게 파내준다.

30. 칼을 눕혀 꽃잎 주변을 파내준다.

31. 꽃잎과 꽃잎 사이의 9부에서 새로운 꽃잎을 그려준다.

32. 꽃잎의 안쪽을 둥글게 파내준다.

33. 칼을 눕혀 꽃잎 바깥쪽 부분을 파내준다.

34. 칼을 세워 새로운 꽃잎을 그려준다.

35. 칼을 눕혀 꽃잎의 안쪽을 둥글게 파내준다.

36. 칼을 눕혀 꽃잎 주변을 파내준다.

37. 칼을 세워 꽃잎 라인을 그려준다.

38. 칼을 눕혀 둥글게 꽃잎 안을 파내준다.

39. 꽃잎의 바깥부분을 칼을 눕혀 파내준다.

40. 칼을 세워 새로운 꽃잎라인을 그려준다.

41. 칼을 눕혀 꽃잎 안쪽을 둥근모양으로 파내준다.

42. 꽃잎의 바깥부분을 칼을 눕혀서 파내준다.

43. 칼이 수박과 90도가 되도록 유지하면서 라인을 그려준다.

44. 꽃잎 안쪽을 둥글게 파내준다.

45. 칼을 눕혀 꽃잎 바깥쪽을 파내준다.

46. 칼을 45도로 눕혀 모양을 내준다.

47. 칼을 반대방향으로 45도 눕혀 모양을 내준다.

48. 완성한다.

2급 실기 - 3

01. 칼과 수박을 준비한다

02. 손이 칼날 뒷편에 있도록 유지하며 껍질을 벗겨준다.

03. 사진처럼 껍질을 벗겨준다.

04. 5호 원형틀을 이용해 중앙에 원을 만들어준다.

05. 칼을 눕혀 원의 바깥을 파내준다

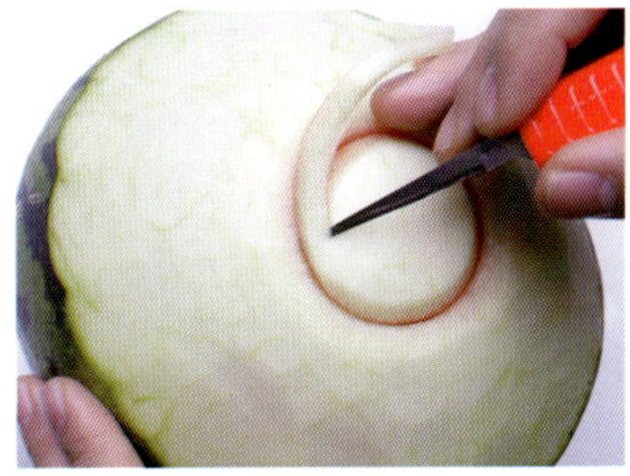

06. 칼을 눕혀 원의 안쪽 모서리를 제거한다.

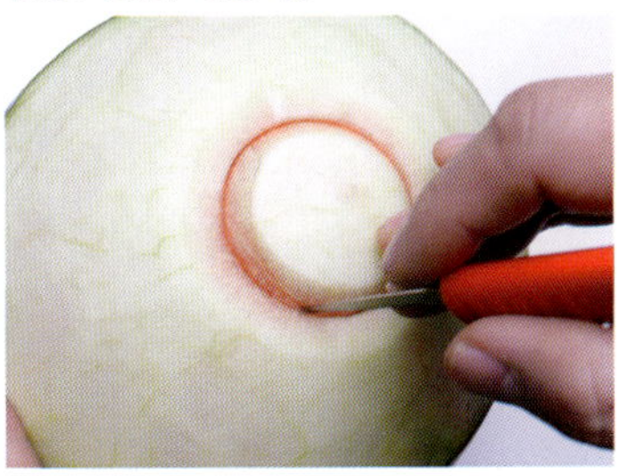

07. 칼을 세워 첫번째 꽃잎 곡선을 그린다.

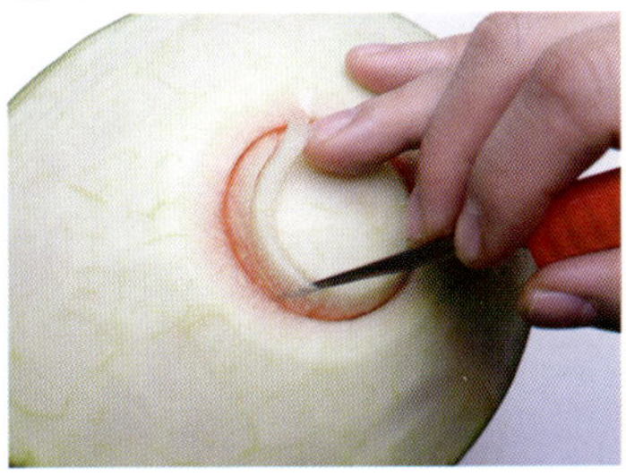

08. 칼을 눕혀 라인을 따라 파낸다.

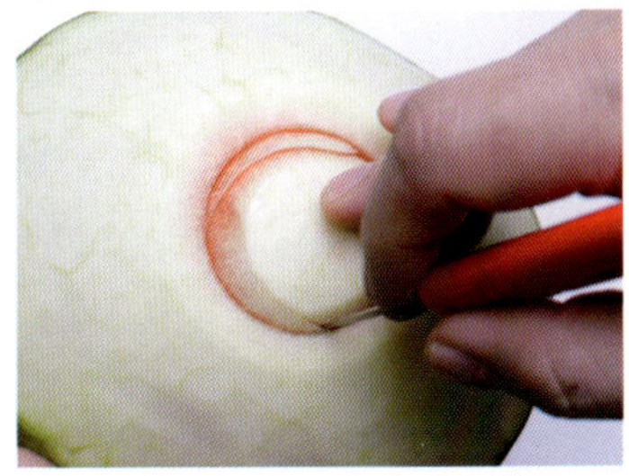

09. 칼을 세워 두번째 곡선을 그린다

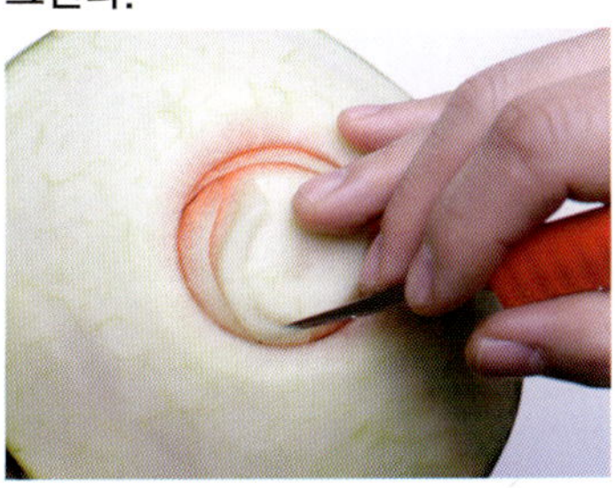

10. 칼을 눕혀 파낸다.

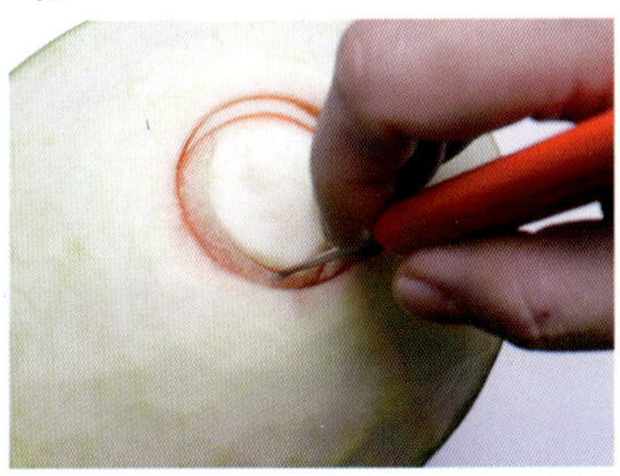

11. 칼을 똑바로 세워 세번째 라인을 그린다.

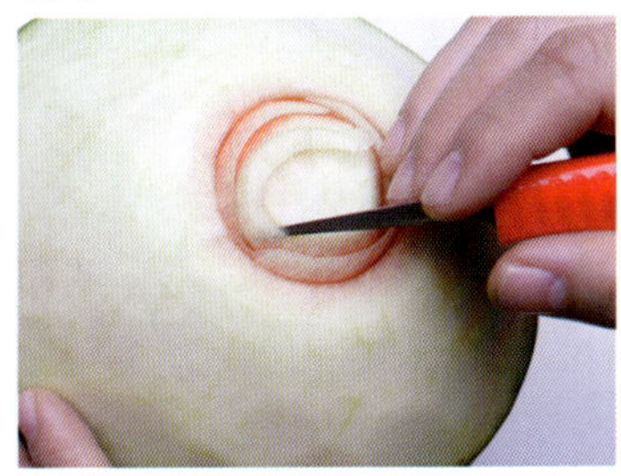

12. 칼을 눕혀 얇게 파낸다.

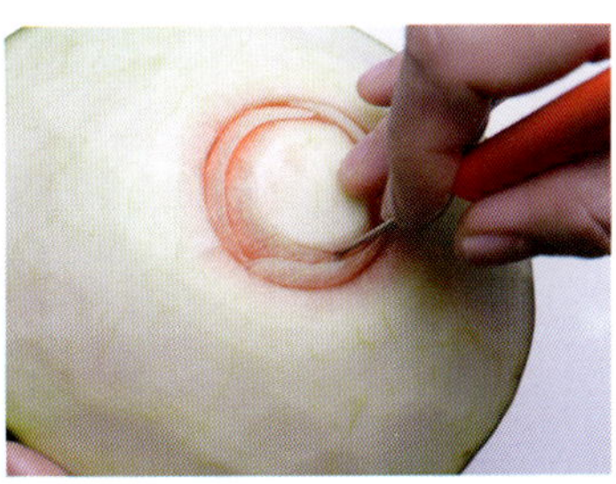

13. 꽃잎 사이에 새로운 라인을 그린다.

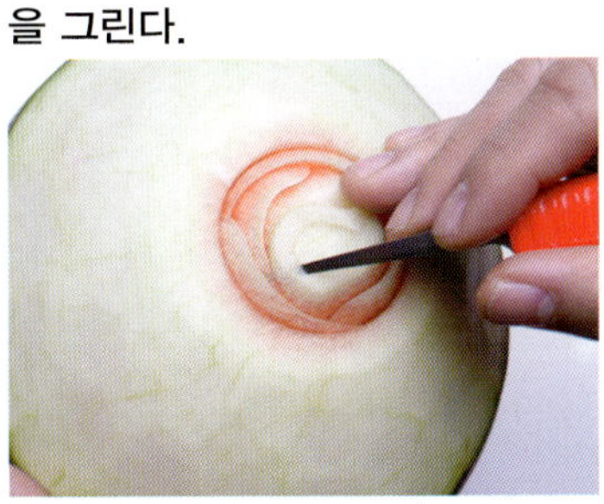

14. 라인 안쪽을 파낸다.

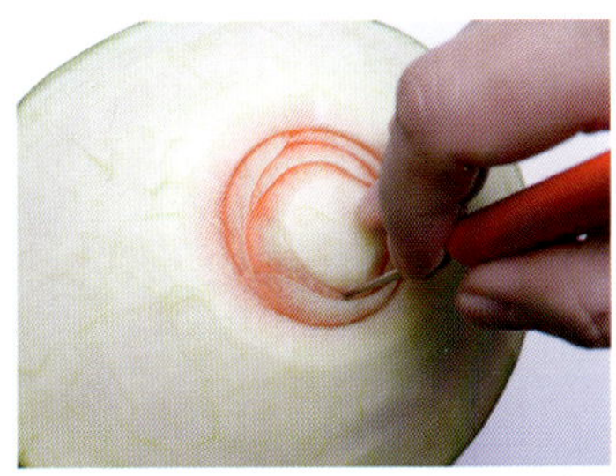

15. 새로운 라인을 그려넣어준다.

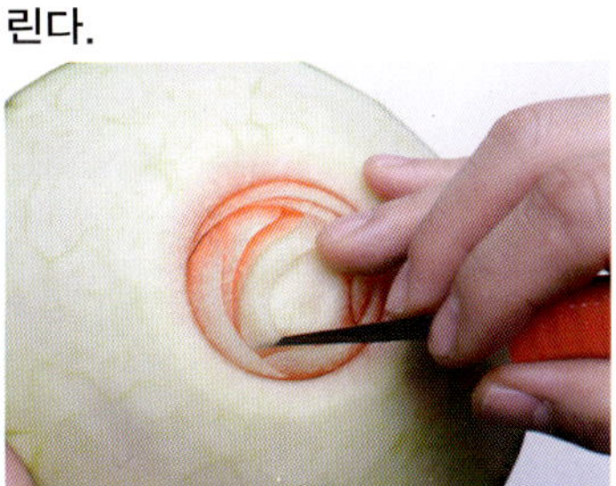

16. 칼을 눕혀 안쪽을 파낸다.

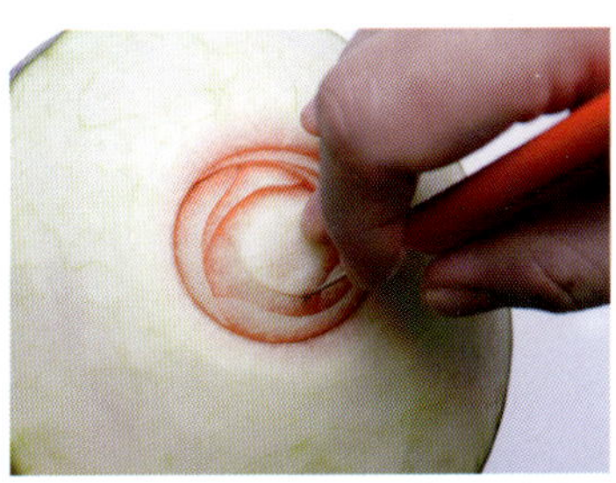

17. 반복하여 꽃잎라인을 그린다.

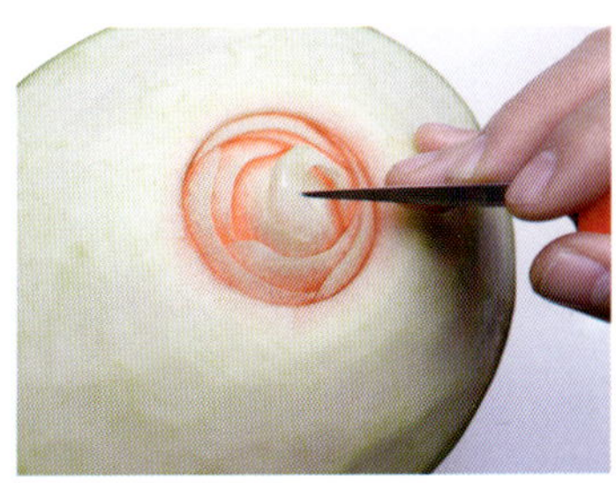

18. 칼을 눕혀 안쪽을 파내준다.

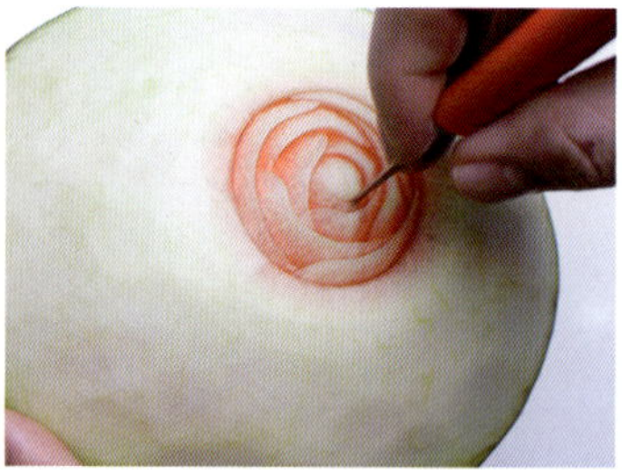

19. 계속적으로 반복해 센터봉오리를 작업한다.

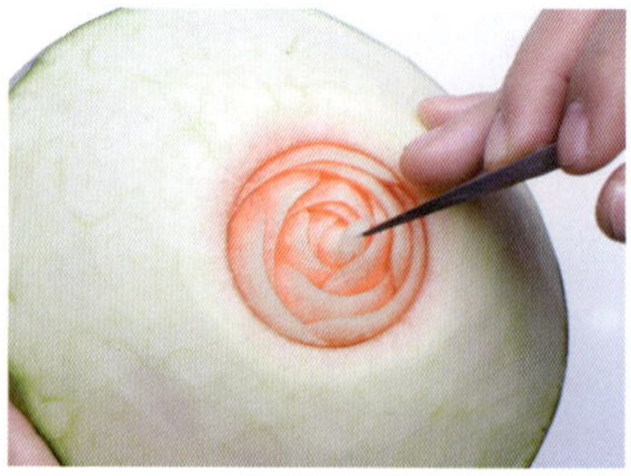

20. 칼을 눕혀 안쪽을 파내준다.

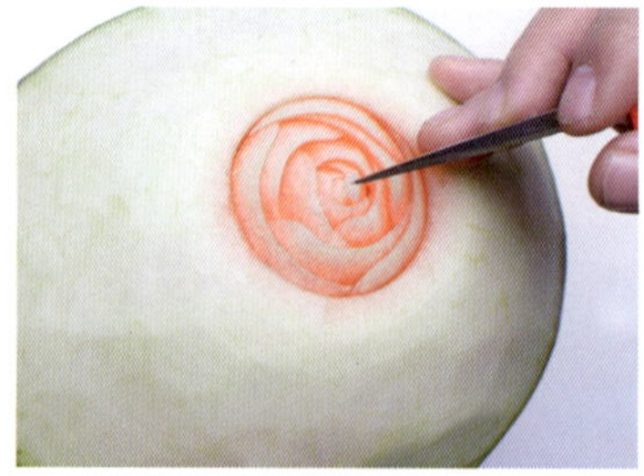

21. 반복해서 작업한다.

22. 사진과 같이 센터봉오리를 완성한다

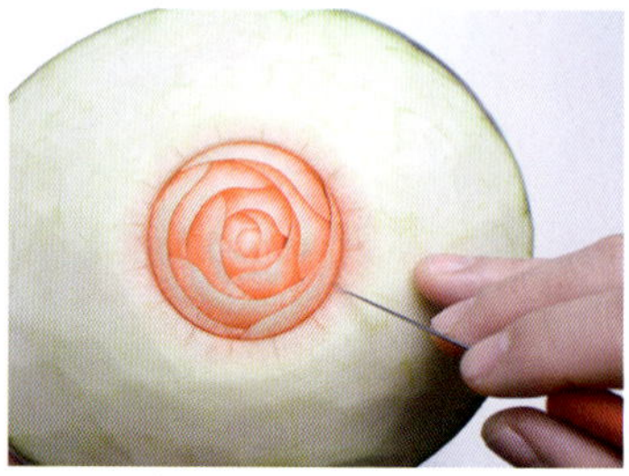

23. 16개 꽃잎이 들어갈 수 있도록 동일한 간격을 표시해둔다.

24. 구분된 칸에 꽃잎을 그려준다.

25. 꽃잎 안쪽을 둥글게 파내준다.

26. 칼을 눕혀 꽃잎라인 바깥쪽을 파내준다.

27. 첫번째 꽃잎의 9부 위치에서 두번째 꽃잎을 그려준다.

28. 칼을 눕혀 꽃잎 안쪽을 파내준다.

29. 칼을 눕혀 꽃잎 바깥쪽을 파내준다.

30. 새로운 꽃잎라인을 그려준다.

31. 칼을 눕혀 꽃잎 안쪽을 파내준다.

32. 꽃잎 바깥쪽을 파내준다.

33. 꽃잎 라인을 그려준다.

34. 칼을 눕혀 안쪽을 파내준다.

35. 칼을 눕혀 꽃잎 바깥쪽을 파내준다.

36. 칼을 세워 꽃잎 라인을 그려준다.

37. 꽃잎 안쪽을 파내준다.

38. 꽃잎 바깥쪽을 파내준다.

39. 꽃잎 라인을 칼을 세워 그려준다.

40. 칼을 눕혀 꽃잎 안쪽을 파내준다.

41. 꽃잎라인 바깥쪽 부분을 파내준다.

42. 칼을 세워 꽃잎 라인을 그려준다.

43. 칼을 최대한 눕혀 꽃잎 안쪽을 파낸다.

44. 칼을 눕혀 꽃잎 바깥쪽을 파내면서 정리해준다.

45. 칼을 45도로 넣어 수박에 모양을 내준다.

46. 칼을 반대방향으로 45도 각도로 넣어 톱니모양을 만들어준다.

47. 완성한다.

2급 실기 - 4

01. 칼과 수박을 준비한다.

02. 왼손이 칼등쪽에 있도록 유지하면서 수박껍질을 벗긴다.

03. 붉은 부분이 나오지 않도록 껍질을 벗긴다.

04. 4호 원형틀을 이용해 중앙에 원을 그린다.

05. 칼을 눕혀서 원 바깥쪽을 파내준다.

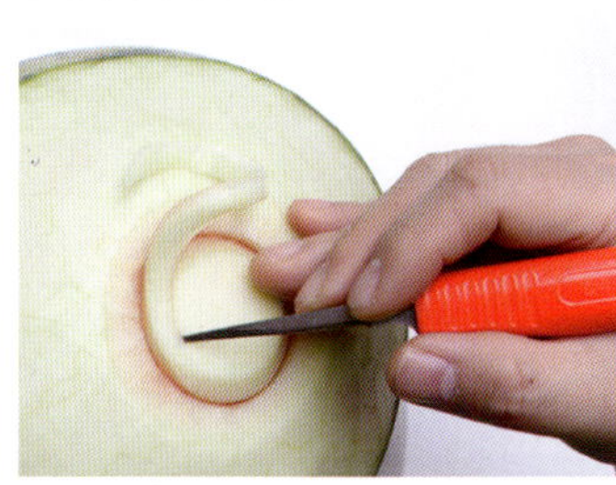

06. 칼을 45도 눕혀서 안쪽 모서리를 제거한다.

07. 칼을 세워서 곡선라인을 그려준다.

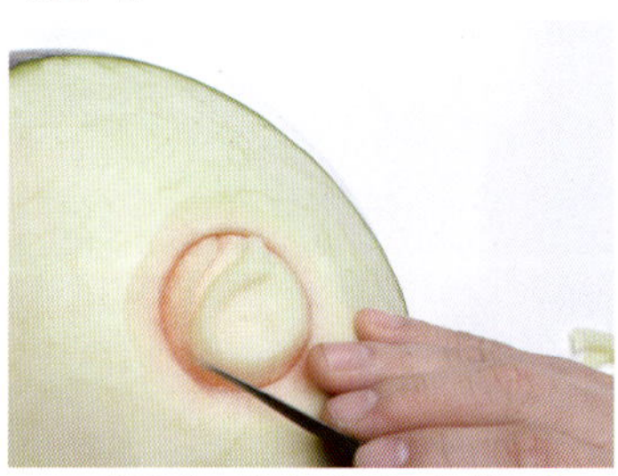

08. 칼을 눕혀서 라인 바깥쪽을 파낸다.

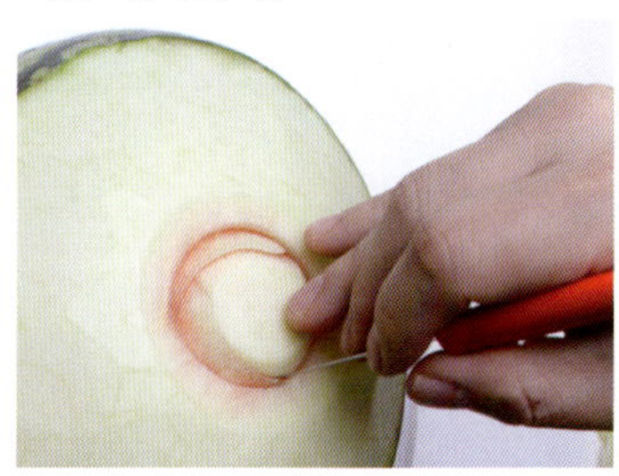

09. 두번째 꽃잎을 그려준다.

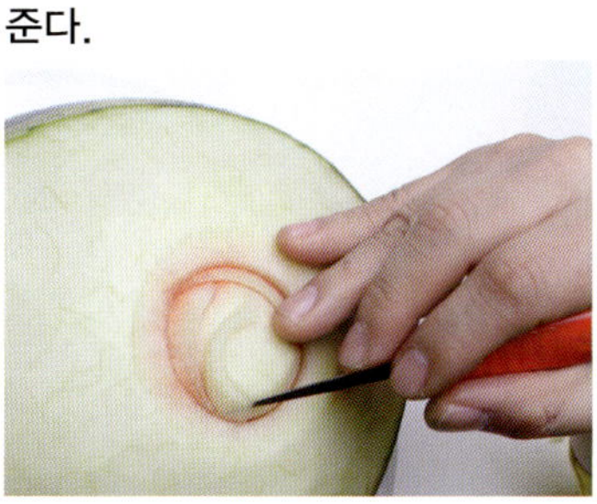

10. 칼을 눕혀서 파내준다.

11. 세번째 꽃잎을 칼을 세워서 그려준다.

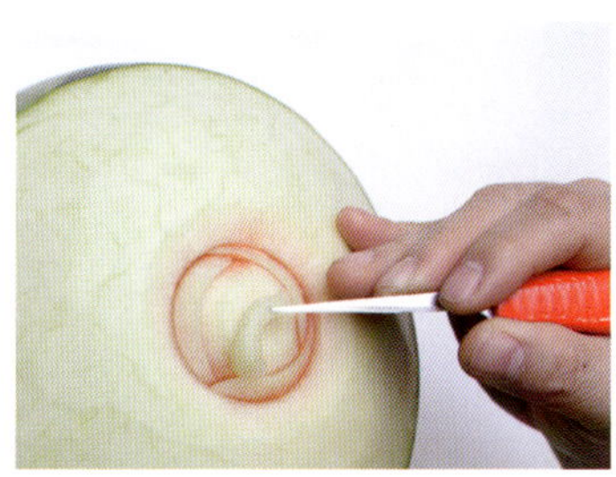

12. 칼을 눕혀서 파내준다.

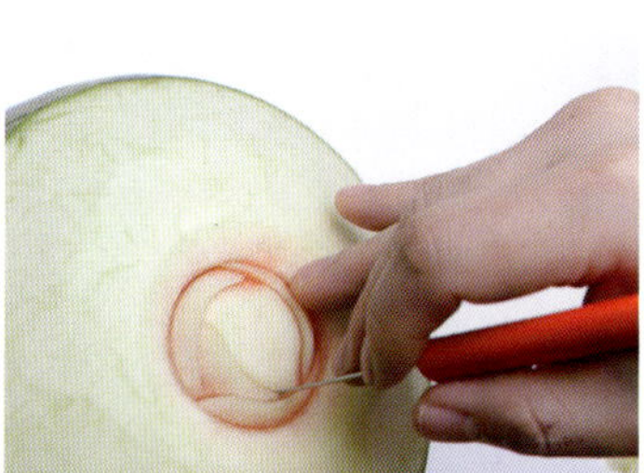

13. 칼을 똑바로 세워 꽃잎 사이에 곡선을 그린다.

14. 칼을 눕혀서 파내준다.

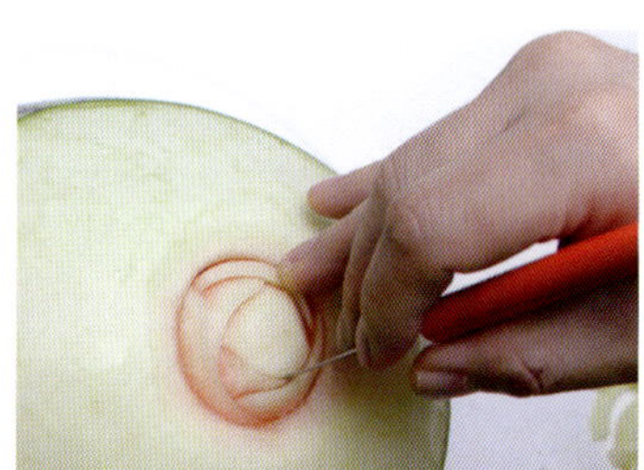

15. 꽃잎과 꽃잎 사이에 곡선으로 꽃잎을 그려준다.

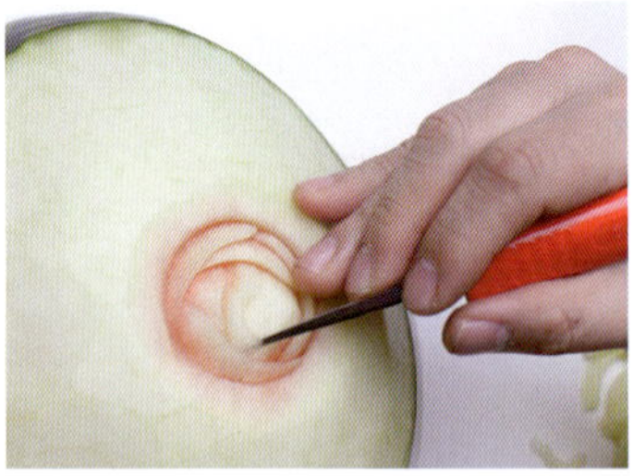

16. 칼을 눕혀서 파내준다.

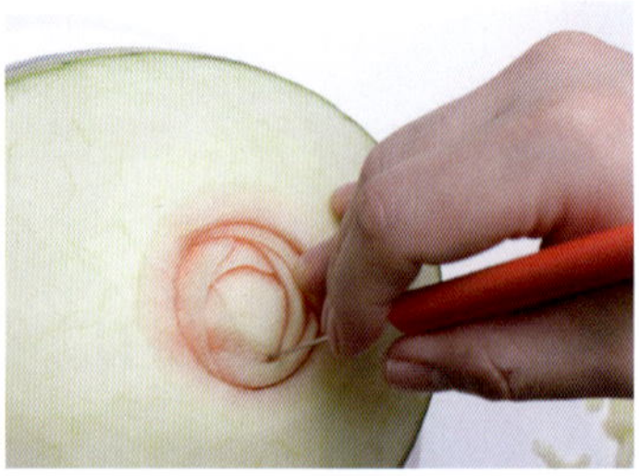

17. 꽃잎과 꽃잎사이에 칼을 세워 라인을 그려준다.

18. 같은 방법으로 센터봉오리를 진행한다.

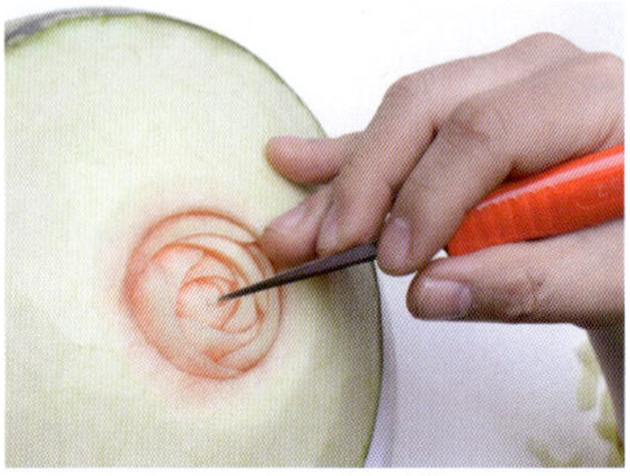

19. 센터봉오리를 완성한다.

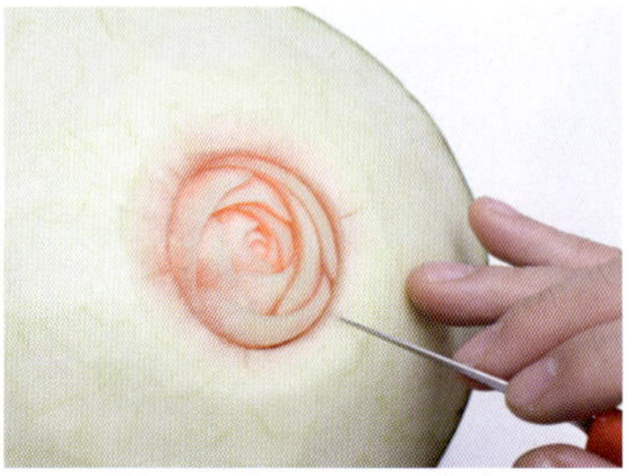

20. 같은 크기로 6등분한다.

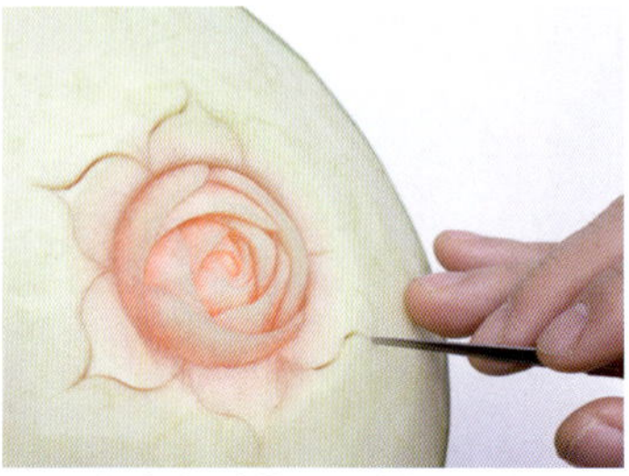

21. 간격에 넓은 꽃잎을 그려준다.

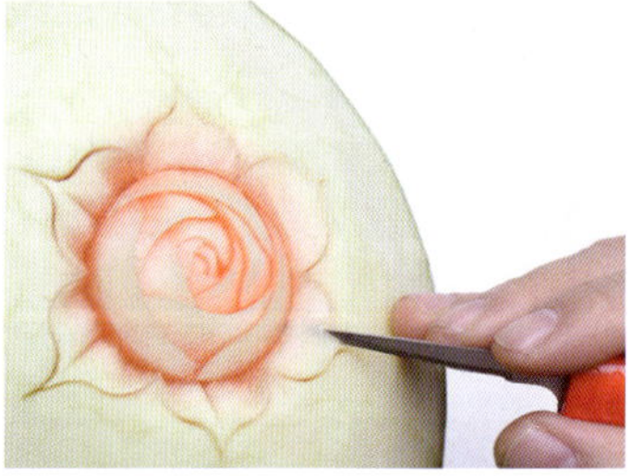

22. 꽃잎의 안쪽은 굴곡을 넣어주면서 파내준다.

23. 반대방향으로 굴곡을 넣으면서 파내준다.

24. 칼을 최대한 눕혀 꽃잎의 바깥쪽을 파내준다.

25. 꽃잎과 꽃잎 사이에 같은 모양으로 꽃잎을 그려준다.

26. 꽃잎 안쪽을 파내준다.

27. 꽃잎 안쪽을 반대방향으로 파내준다.

28. 꽃잎 바깥쪽을 칼을 눕혀서 파내준다.

29. 꽃잎과 꽃잎사이에 새로운 꽃잎을 그려준다.

30. 같은 방법으로 굴곡을 주면서 꽃잎 안쪽을 파내준다.

31. 꽃잎 바깥쪽을 제거해준다.

32. 칼을 세워 꽃잎 라인을 그려준다.

33. 계속하여 굴곡을 주면서 꽃잎 안쪽을 파내준다.

34. 꽃잎 바깥쪽을 칼을 최대한 눕혀서 제거해준다.

35. 칼을 똑바로 세워 꽃잎라인을 그려준다.

36. 꽃잎 안쪽을 굴곡을 주며 파내준다.

37. 꽃잎 바깥쪽 부분을 파내준다.

38. 칼을 45도로 기울여 바깥쪽에 모양을 내준다.

39. 반대방향으로 칼을 45도 기울여 모양을 내주어 톱니모양으로 마무리해준다.

40. 완성한다.

2급 실기 - 5

01. 재료와 수박을 준비한다.

02. 손이 칼등쪽에 있도록하며 껍질을 깎아준다.

03. 붉은색이 나오지 않을 정도만 껍질을 깎아준다.

04. 2호 원형틀로 센터를 잡아준다.

05. 칼을 45도로 눕혀 원 바깥쪽을 파내준다.

06. 칼을 45도로 눕혀 원 안쪽을 파내준다.

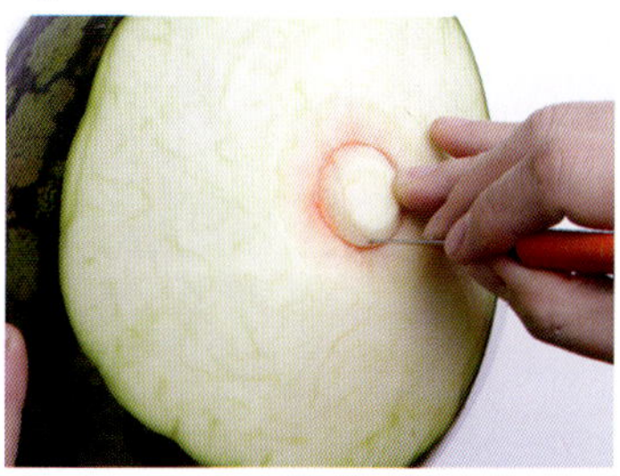

07. 원 라인에 가깝게 첫번째 꽃잎을 그려준다.

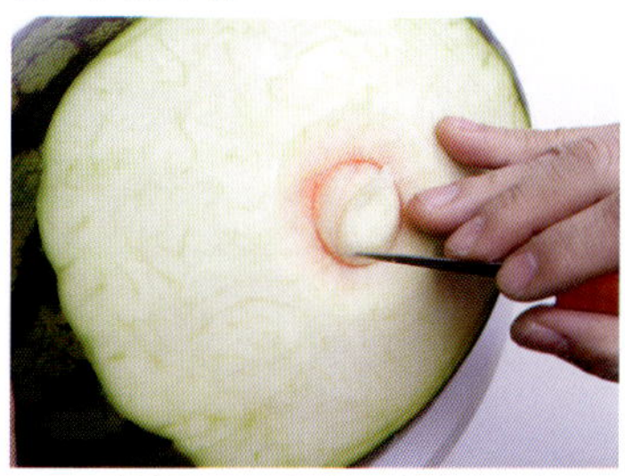

08. 라인을 그린 후 칼을 눕혀서 파내준다.

09. 두번째 라인을 그려준다.

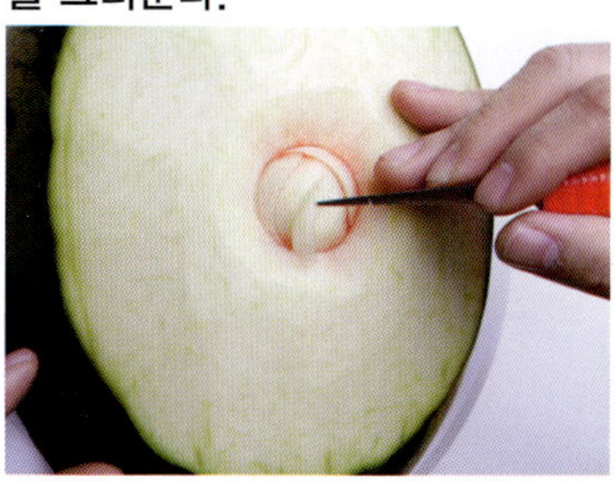

10. 칼을 눕혀 안쪽을 파내준다.

11. 세번째 라인을 그려준다.

12. 칼을 눕혀 파내준다.

13. 꽃잎 사이에 라인을 그려준다.

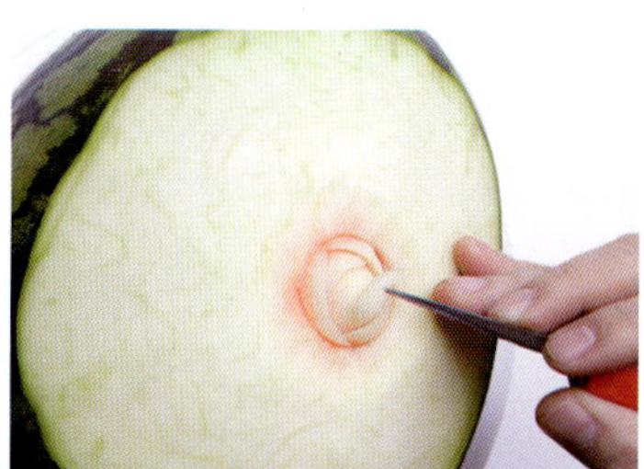

14. 칼을 눕혀 안쪽을 파내준다.

15. 칼을 세워 라인을 그려준다.

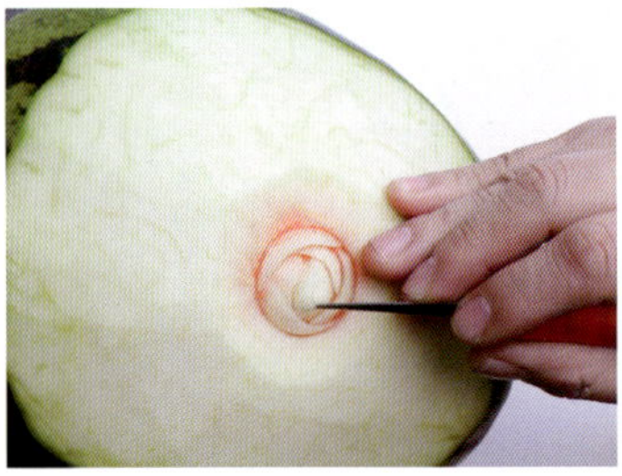

16. 칼을 눕혀 파내준다.

17. 안쪽까지 반복하여 센터봉오리를 작업한다.

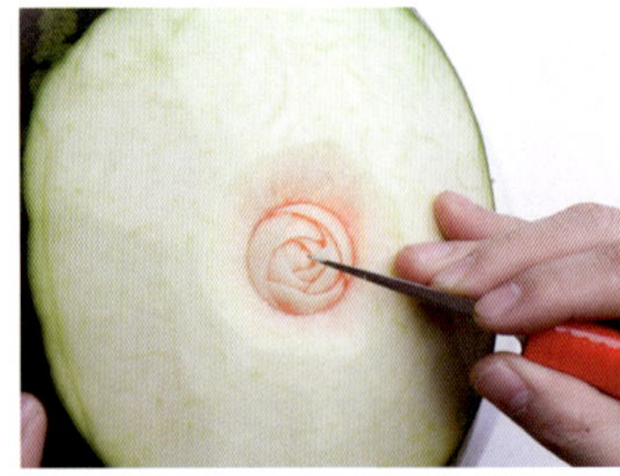

18. 센터봉오리를 완성한다.

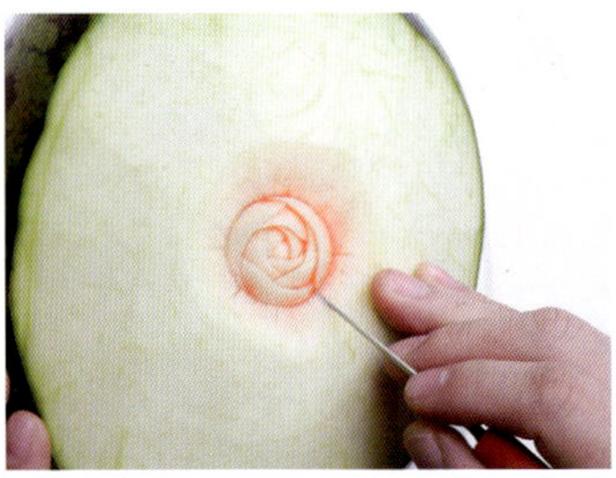

19. 8개 꽃잎이 들어갈 수 있도록 구분지어준다.

20. 8개 꽃잎 라인을 그려준다.

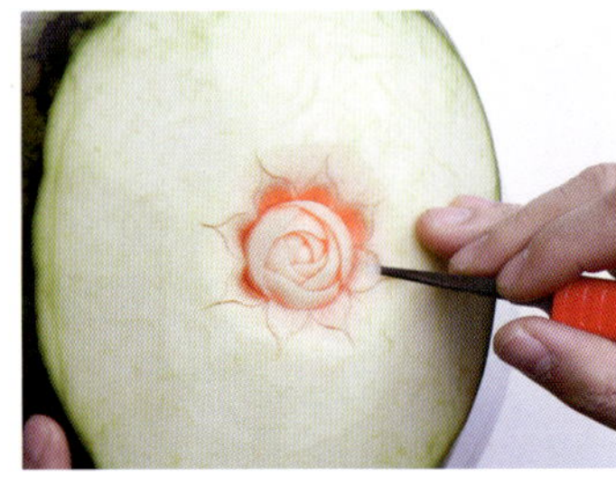

21. 꽃잎 안쪽을 둥글게 파내준다.

22. 꽃잎 바깥쪽 라인을 칼을 눕혀 파내준다.

23. 꽃잎 사이 9부에 꽃잎을 그려준다.

24. 꽃잎 안쪽을 둥글게 파내준다.

25. 꽃잎 바깥쪽 라인을 칼을 눕혀 파내준다.

26. 칼을 세워 꽃잎 사이에 새로운 꽃잎을 그려준다.

27. 꽃잎 안쪽을 둥근 모양으로 2등분하여 파낸다.

28. 사진처럼 파낸다.

29. 중앙을 기점으로 좌우로 두번을 파내준다.

30. 사진처럼 나누어 파낸다.

31. 꽃잎라인 바깥쪽을 파내준다.

32. 칼을 세워 꽃잎 라인을 그려준다.

33. 꽃잎 안쪽의 반만큼을 둥글게 파낸다.

34. 사진처럼 꽃잎의 반만 파낸다.

35. 꽃잎 안쪽의 나머지 반만큼을 둥글게 파낸다.

36. 사진처럼 파낸다.

37. 꽃잎의 바깥쪽 라인을 칼을 눕혀 파낸다.

38. 칼을 세워 새로운 꽃잎을 그려준다.

39. 꽃잎 안쪽을 3등분 하여 파낸다.

40. 꽃잎의 중간을 두 번째로 파낸다.

41. 꽃잎 안쪽을 세번째로 파내준다.

42. 칼을 눕혀 꽃잎 바깥쪽을 파낸다.

43. 칼을 45도로 눕혀 꽃잎 바깥쪽에 사선으로 넣는다.

44. 반대방향 45도 각도로 칼을 눕혀 톱니모양으로 마무리 한다.

45. 완성한다.

2급 실기 -6

01. 재료와 칼을 준비한다.

02. 손방향을 주의하며 껍질을 벗겨준다.

03. 수박의 붉은 부분이 드러나지 않을만큼 껍질을 벗긴다.

04. 4호 원형틀을 이용해 중앙에 원모양을 낸다.

05. 칼을 눕혀서 원 바깥을 파내준다.

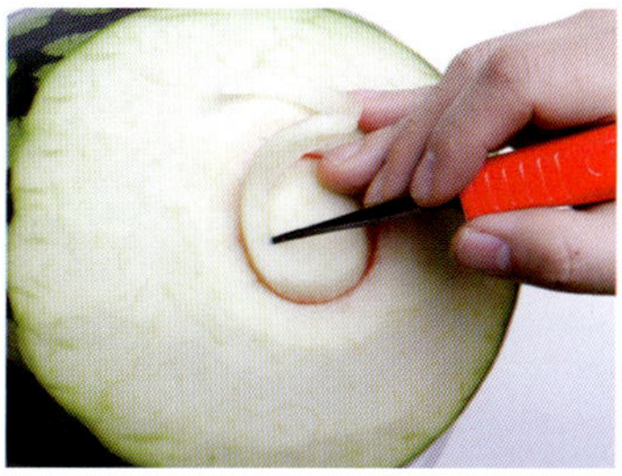

06. 칼을 45도로 눕혀 원 안쪽의 모서리를 깎아준다.

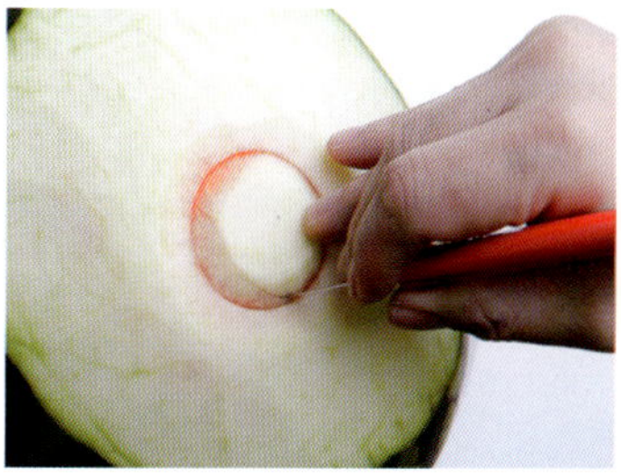

07. 칼을 세워 첫번째 꽃잎 라인을 그려준다.

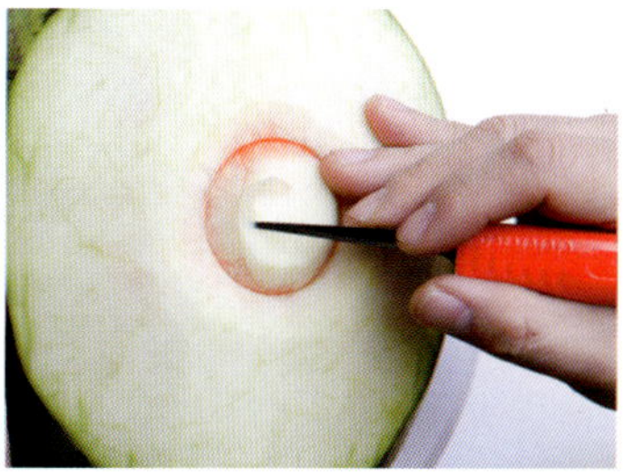

08. 칼을 눕혀 꽃잎 라인이 드러나도록 파내준다.

09. 칼을 세워 두번째 굴곡라인을 그려준다.

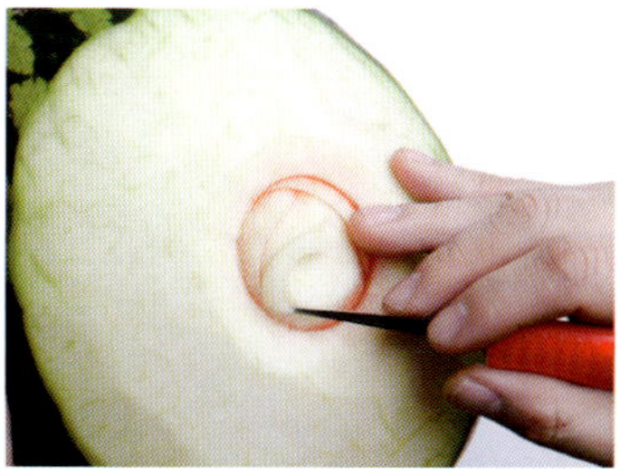

10. 칼을 눕혀 파내준다.

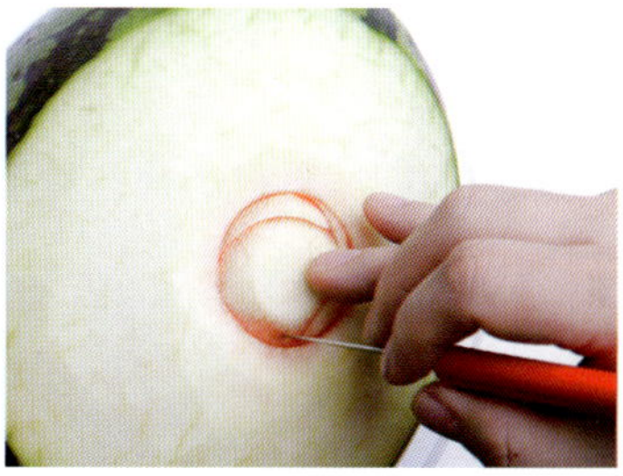

11. 칼을 세워 세번째 라인을 그려준다.

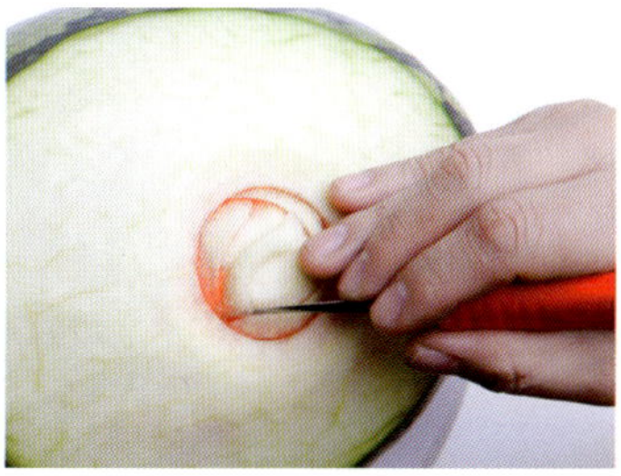

12. 칼을 눕혀 라인 안쪽을 파내준다.

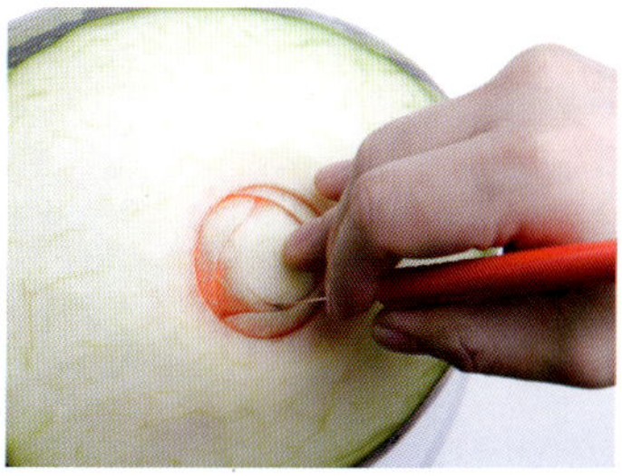

13. 꽃잎과 꽃잎 사이에 꽃잎 곡선을 그려준다.

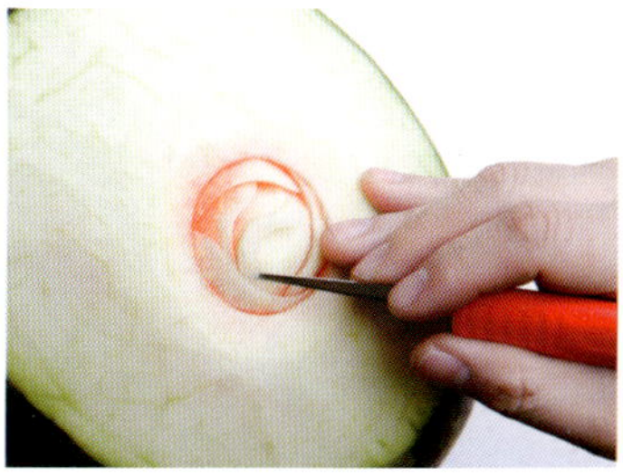

14. 라인 안쪽을 파내준다.

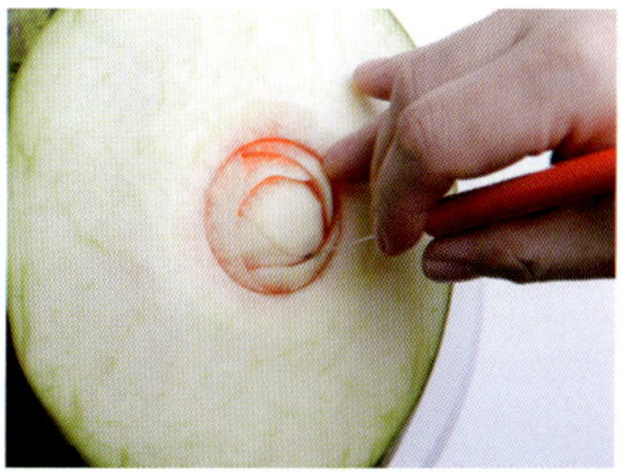

15. 반복하여 라인을 그려준다.

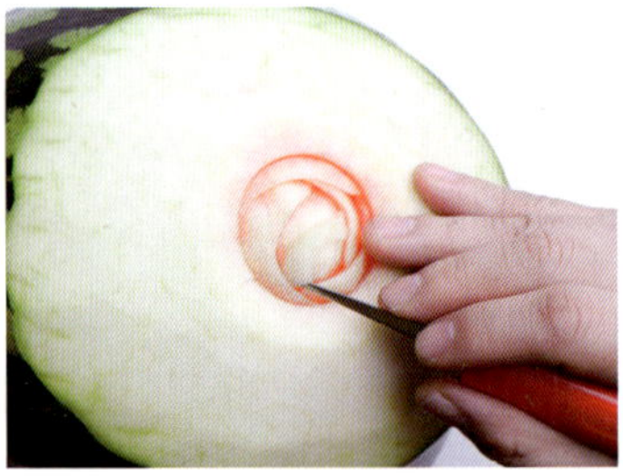

16. 반복하여 라인 안쪽을 파내준다.

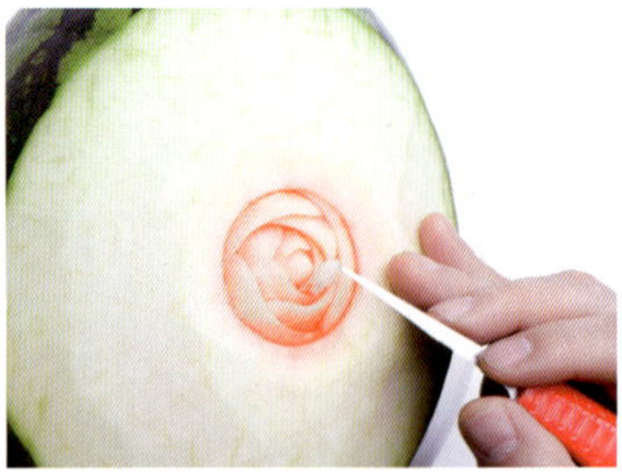

17. 같은 방법으로 계속 반복하여 센터봉오리를 완성한다.

18. 12개의 동일한 넓이로 분할해 줄 때 칼 2개를 이용하면 쉽게 할 수 있다.

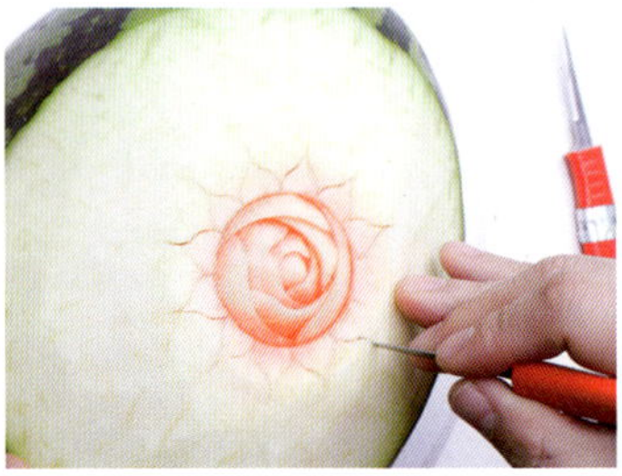

19. 표시된 공간안에서 꽃잎라인을 그려준다.

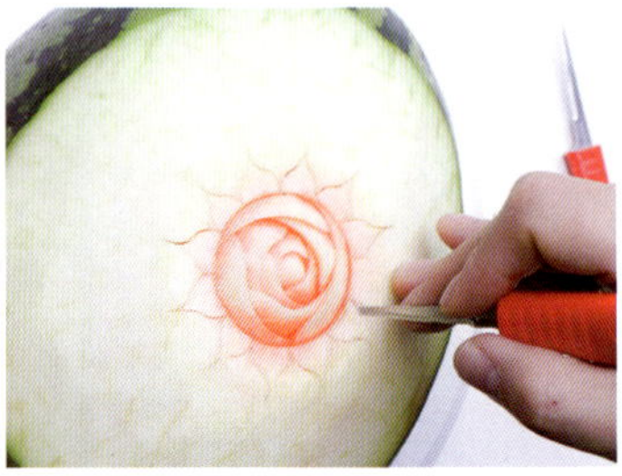

20. 반대방향에서도 꽃잎 라인을 그려준다.

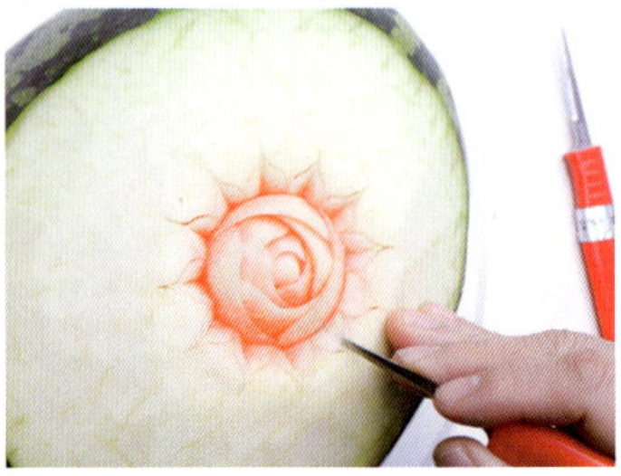

21. 칼을 눕혀 45도 각도로 꽃잎 안쪽에 칼을 넣는다.

22. 반대편에서도 45도 각도로 꽃잎 안쪽에 칼을 넣어준다.

23. 칼을 눕혀 꽃잎라인 바깥쪽을 파내준다.

24. 꽃잎과 꽃잎 사이에 라인을 그린다.

25. 같은 방법으로 꽃잎 안쪽을 파내준다.

26. 꽃잎 바깥쪽 라인을 제거해준다.

27. 칼을 세워 꽃잎라인을 그려준다.

28. 꽃잎 안쪽에 칼을 45도 각도로 넣어준다.

29. 꽃잎 안쪽에 반대방향으로 45도 각도로 칼을 넣어준다.

30. 떨어지는 조각을 제거한다.

31. 꽃잎 바깥쪽을 칼을 눕혀서 파내준다.

32. 새로운 꽃잎라인을 그려준다.

33. 꽃잎 안쪽에 칼이 45도 각도로 들어가도록 해준다.

34. 꽃잎 안쪽에 칼이 반대방향으로 45도 각도로 들어가도록 해준다.

35. 잘려진 꽃잎 안쪽을 제거한다.

36. 칼을 최대한 눕혀서 꽃잎 바깥쪽을 제거한다.

37. 새로운 꽃잎라인을 칼을 세워서 그려준다.

38. 꽃잎 안쪽을 같은 방법으로 작업해준다.

39. 반대방향으로도 작업해준다.

40. 꽃잎의 바깥쪽을 파내준다.

41. 꽃잎 주변에 칼을 45도 각도로 넣어준다.

42. 반대방향으로도 칼을 넣어 톱니모양을 만들어준다.

43 완성한다.

2급 실기 - 7

1. 칼과 수박을 준비한다.

2. 수박의 가장 볼록한부분부터 껍질제거를 한다.

3. 수박의 붉은부분이 비칠 정도로 기준을 잡는다.

4. 사진처럼 껍질을 모두 제거해 준다.

5. 원형커터 4호로 가운데를 찍어 준다.

6. 칼을 눕혀 원형커터로 찍은부분의 바깥을 제거한다.

7. 칼을 45도로 눕혀 안쪽모서리를 제거한다.

8. 칼을 세워 꽃잎라인을 그리고 칼을 눕혀 라인 안쪽을 파낸다.

9. 서로 연결해주듯 꽃잎라인을 그린다.

10. 칼을 눕혀 꽃잎라인 안쪽을 파낸다.

11. 다시 칼을 세워 꽃잎라인을 그린다.

12. 칼을 눕혀 안쪽을 파낸다.

13. 칼을 세워 라인을 그린다.

14. 칼을 눕혀 안쪽을 파낸다.

15. 칼을 세워 라인을 그린다.

16. 칼을 눕혀 안쪽을 파낸다.

17. 봉오리가 완성되면 일정한 간격으로 12개 구획을 그어준다.

18. 칼을 세워 지그재그로 움직이며 뾰족한 모양의 꽃잎을 그려준다.

19. 칼을 눕혀 꽃잎 안쪽을 둥글게 파낸다.

20. 칼을 눕혀 꽃잎 바깥쪽을 제거한다.

21. 칼을 지그재그로 움직이며 두 번째 꽃잎라인을 그린다.

22. 칼을 눕혀서 꽃 안쪽을 둥글게 파낸다.

23. 칼을 눕혀 꽃잎 바깥쪽을 제거한다.

24. 칼을 세워 지그재그로 움직이며 꽃잎을 그린다.

25. 칼을 눕혀 안쪽을 둥글게 파낸다.

26. 칼을 최대한 눕혀 꽃잎 바깥쪽을 제거한다.

27. 칼을 세워 지그재그로 움직이며 꽃잎을 그린다.

28. 칼을 눕혀 안쪽을 둥글게 파낸다.

29. 칼을 최대한 눕혀 꽃잎 바깥쪽을 제거한다.

30. 칼을 세워 가장 바깥쪽 꽃잎을 따라 둥근 꽃잎을 그려준다.

31. 칼을 눕혀 꽃잎 바깥쪽을 꽃잎 라인으로 파낸다.

32. 완성한다.

2급 실기 - 8

1. 칼과 수박을 준비한다.

2. 가운데부분부터 칼을 눕혀 껍질을 깎아준다.

3. 수박의 붉은부분이 나타나지 않도록 한다.

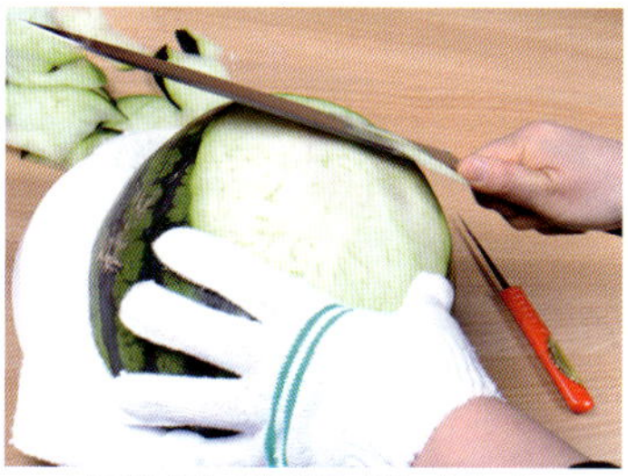
4. 사진처럼 껍질을 벗겨준다.

5. 가운데부분에 4호 원형커터를 찍어준다.

06. 칼을 눕혀 원의 바깥쪽을 제거한다.

7. 칼을 45도로 눕혀 원의 안쪽모서리를 제거한다.

8. 칼을 세워 꽃잎라인을 그린다.

9. 칼을 눕혀 라인 안쪽을 파낸다.

10. 두번째 꽃잎라인을 그린다.

11. 칼을 눕혀 안쪽을파낸다.

12. 칼을 세워 꽃잎라인을 그린다.

13. 칼을 눕혀 파낸다.

14. 칼을 세워 꽃잎라인을 그린다.

15. 칼을 눕혀 파낸다.

16. 칼을 세워 라인을 그린다.

17. 칼을 눕혀 파낸다.

18. 칼을 세워 라인을 그린다.

19. 봉오리를 완성한다.

20. 봉오리 바깥쪽을 따라 일정한 간격으로 12개의 선을 그어준다.

21. 칼을 세워 꽃잎라인을 그린다.

22. 칼을 눕혀 라인 안쪽을 둥글게 파낸다.

23. 칼을 최대한 눕혀 꽃잎 바깥쪽을 파낸다.

24. 꽃잎과 꽃잎사이를 기준으로 바깥쪽으로 끝까지 선을 그어준다.

25. 꽃잎라인 바깥쪽을 둥글게 파내준다.

26. 칼을 세워 꽃잎라인을 그린다.

27. 칼을 눕혀 라인을 따라 파내준다.

28. 칼을 세워 꽃잎라인을 그린다.

29. 칼을 눕혀 둥글게 파내준다.

30. 사진과 같다.

31. 칼을 세워 꽃잎을 그린다.

32. 돌아가며 12개의 꽃잎을 모두 그려준다.

33. 칼을 눕혀 꽃잎라인으로 파낸다.

34. 떨어진 조각을 제거한다.

35. 완성한다.

2급 실기 - 9

1. 수박과 도구를 준비한다.

2. 칼을 눕혀 수박껍질을 제거한다.

3. 정 중앙에 원형커터 4호를 찍어준다.

4. 칼을 눕혀 원 바깥쪽을 제거한다.

5. 칼을 45도로 눕혀 모서리 안쪽을 파낸다.

6. 칼을 세워 굴곡라인을 그린다.

7. 칼을 눕혀 라인 안쪽을 파낸다.

8. 칼을 세워 두번째 라인을 그린다.

9. 칼을 눕혀 라인 안쪽을 파낸다.

10. 칼을 세워 세번째 라인을 그린다.

11. 칼을 눕혀 라인 안쪽을 파낸다.

12. 칼을 세워 굴곡라인을 그린다.

13. 칼을 눕혀 라인 안쪽을 파낸다.

14. 칼을 세워 꽃잎라인을 그린다.

15. 칼을 눕혀 라인 안쪽을 파낸다.

16. 칼을 세워 굴곡라인을 그린다.

17. 칼을 눕혀 라인 안쪽을 파낸다.

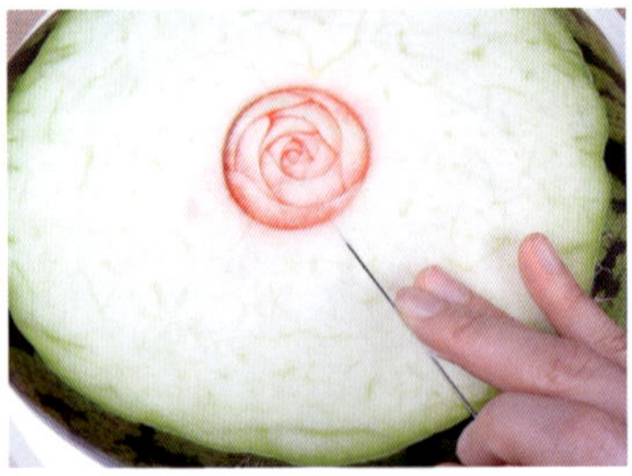

18. 완성된 봉오리 바깥쪽을 따라 일정한 간격으로 6구획을 그린다.

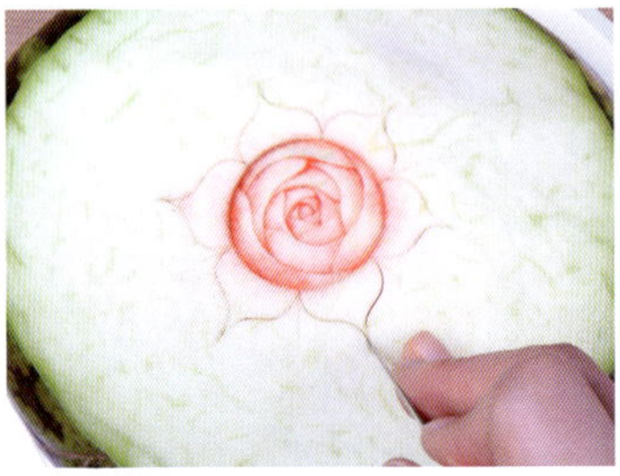

19. 칼을 세워 사진과 같이 꽃잎을 그린다.

20. 칼을 눕혀 꽃잎의 4분의 1만큼 둥글게 파낸다.

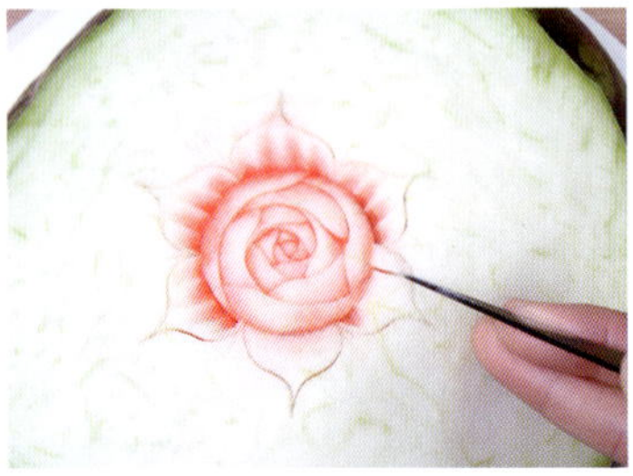

21. 반대쪽도 파낸다.

22. 칼을 눕혀 사진과 같은 위치에 둥글게 파낸다.

23. 칼을 눕혀 마지막 홈을 파낸다.

24. 칼을 눕혀 꽃잎 바깥쪽을 제거한다.

25. 칼을 세워 꽃잎을 그린다.

26. 스텐조각도를 눕혀 꽃잎의 4분의 1만큼 둥글게 파낸다.

27. 옆부분을 파낸다.

28. 세번째 부분을 파낸다.

29. 마지막 부분을 파낸다.

30. 칼을 눕혀 꽃잎의 바깥쪽을 제거한다.

31. 칼을 세워 꽃잎을 그린다.

32. 칼을 세워 반대쪽도 그린다.

33. 스텐조각도를 눕혀 꽃잎의 4분의 1만큼 둥글게 파낸다.

34. 옆부분을 파낸다.

35. 세번째 부분을 파낸다.

36. 마지막 부분을 파낸다.

37. 칼을 눕혀 꽃잎의 바깥쪽을 제거한다.

38. 칼을 세워 꽃잎을 그린다.

39. 칼을 세워 반대쪽도 그린다.

40. 스텐조각도를 눕혀 꽃잎의 4분의 1만큼 둥글게 파낸다.

41. 옆부분을 파낸다.

42. 세번째 부분을 파낸다.

43. 마지막 부분을 파낸다.

44. 칼을 눕혀 꽃잎의 바깥쪽을 제거한다.

45. 칼을 세워 사진과 같은 위치에 꽃잎을 그린다.

46. 칼을 세워 반대쪽도 그린다.

47. 스텐조각도를 눕혀 꽃잎의 4분의 1만큼 둥글게 파낸다.

48. 옆부분을 파낸다.

49. 세번째 부분을 파낸다.

50. 마지막 부분을 파낸다.

51. 칼을 눕혀 수박 껍질 부분을 꽃잎라인으로 제거한다.

52. 반대쪽도 제거한다.

53. 완성한다.

2급 실기 - 10

1. 수박과 도구를 준비한다.

2. 가운데 부분부터 껍질을 제거한다.

3. 사진과 같다.

4. 원형커터 4호로 가운데부분을 찍어준다.

5. 칼을 눕혀 원 바깥쪽을 제거한다.

6. 칼을 45도로 눕혀 원 안쪽 모서리를 제거한다.

7. 칼을 세워 원 안에 굴곡라인을 그린다.

8. 칼을 눕혀 꽃잎 라인 안쪽을 파낸다.

9. 칼을 세워 굴곡라인을 그려준다.

10. 칼을 눕혀 꽃잎 라인 안쪽을 파낸다.

11. 칼을 세워 굴곡라인을 그려준다.

12. 칼을 눕혀 라인 안쪽을 파낸다.

13. 칼을 세워 굴곡라인을 그려준다.

14. 칼을 눕혀 라인 안쪽을 파낸다.

15. 칼을 세워 굴곡 라인을 그려준다.

16. 칼을 눕혀 라인 안쪽을 파낸다.

17. 반복하여 센터봉오리를 완성한다.

18. 봉오리 바깥쪽을 따라 일정한 간격으로 12개 구획을 그어준다.

19. 칼을 세워 길쭉한 삼각형모양으로 꽃잎을 그린다.

20. 칼을 사선으로 넣고 꽃잎 안쪽을 파낸다.

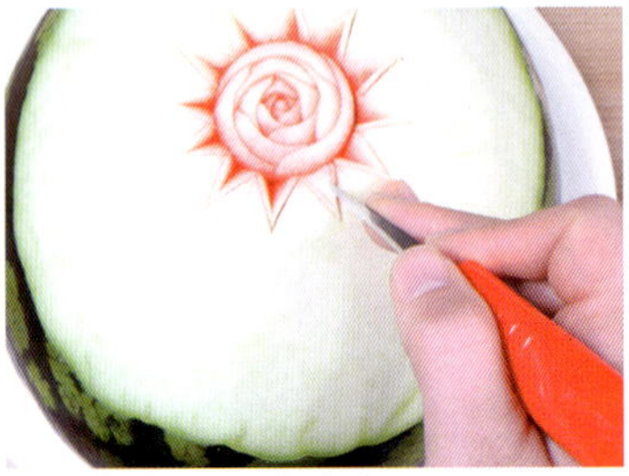

21. 반대쪽도 파낸다.

22. 칼을 눕혀 꽃잎라인 바깥쪽을 제거한다.

23. 칼을 세워 길쭉한 삼각형모양으로 꽃잎을 그린다.

24. 칼을 비스듬하게 넣고 꽃잎 안쪽을 파낸다.

25. 반대쪽도 파낸다.

26. 칼을 눕혀 꽃잎라인 바깥쪽을 제거한다.

27. 칼을 세워 길쭉한 삼각형모양으로 꽃잎을 그린다.

28. 반대쪽도 그린다.

29. 칼을 비스듬하게 넣고 꽃잎 안쪽을 파낸다.

30. 반대쪽도 파낸다.

31. 칼을 눕혀 꽃잎라인 바깥쪽을 제거한다.

32. 칼을 세워 길쭉한 세모모양으로 꽃잎을 그린다.

33. 반대쪽도 그린다.

34. 칼을 비스듬하게 넣고 꽃잎 안쪽을 파낸다.

35. 반대쪽도 파낸다.

36. 칼을 눕혀 꽃잎라인 바깥쪽을 제거한다.

37. 칼을 세워 꽃잎을 그리되, 끝부분은 수박껍질을 끼워 라인을 그린다.

38. 반대쪽도 같은 방법으로 그린다.

39. 칼을 비스듬하게 넣고 꽃잎 안쪽을 파낸다.

40. 반대쪽도 파낸다.

41. 칼을 눕혀 꽃잎 바깥쪽을 제거한다.

42. 칼을 눕혀 바깥쪽을 지그재그 모양으로 파낸다.

43. 잘린조각은 제거한다.

44. 완성한다.

2급 실기 - 11

1. 수박과 도구를 준비한다.

2. 가운데 수박껍질부터 제거한다.

3. 수박 껍질을 벗겨준다.

4. 수박의 중간에 원형커터 4호를 찍어준다.

5. 칼을 눕혀 원 바깥쪽을 제거한다.

6. 칼을 45도로 눕혀 모서리 안쪽을 제거한다.

7. 칼을 세워 꽃잎라인을 그린다.

8. 칼을 눕혀 라인바깥쪽을 파낸다.

9. 칼을 세워 꽃잎라인을 그린다.

10. 칼을 눕혀 라인 안쪽을 파낸다.

11. 칼을 세워 꽃잎라인을 그린다.

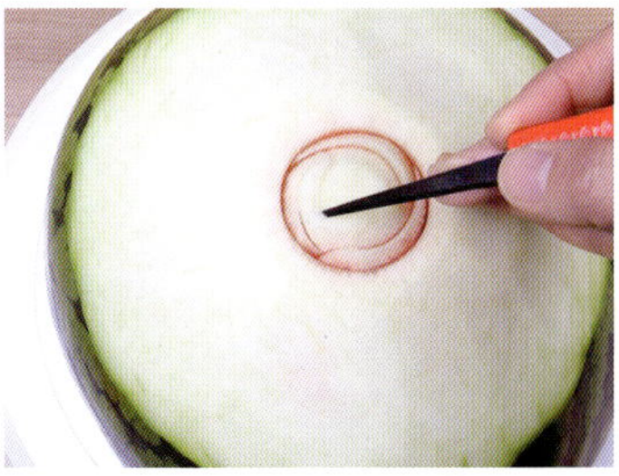

12. 칼을 눕혀 라인 안쪽을 파낸다.

13. 칼을 세워 꽃잎라인을 그린다.

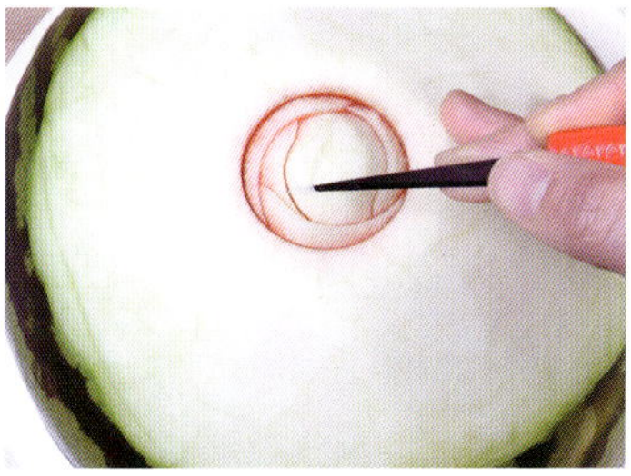

14. 칼을 눕혀 라인 안쪽을 파낸다.

15. 칼을 세워 꽃잎라인을 그린다.

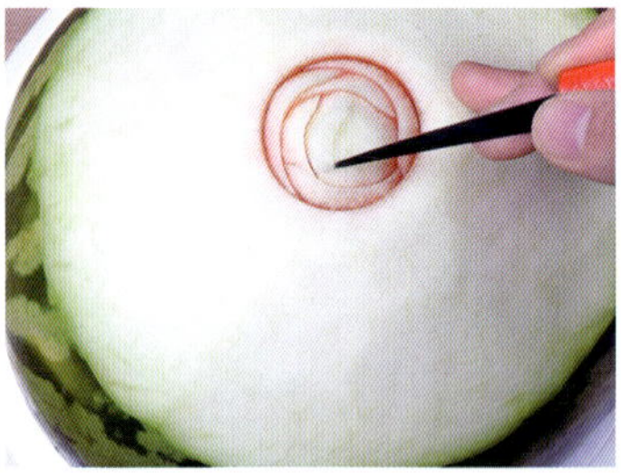

16. 칼을 눕혀 라인 안쪽을 파낸다.

17. 칼을 세워 꽃잎라인을 그린다.

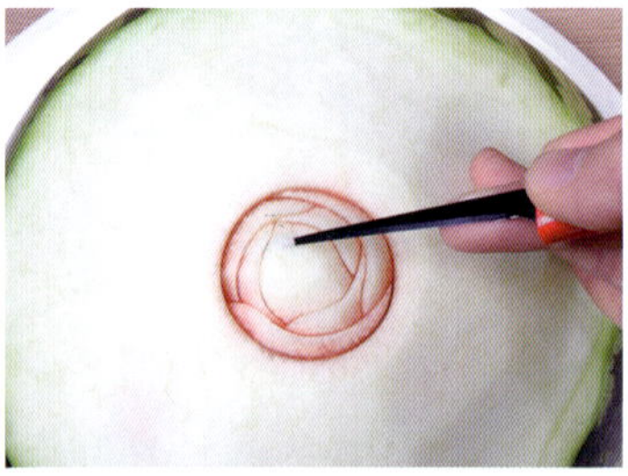

18. 칼을 눕혀 라인 안쪽을 파낸다.

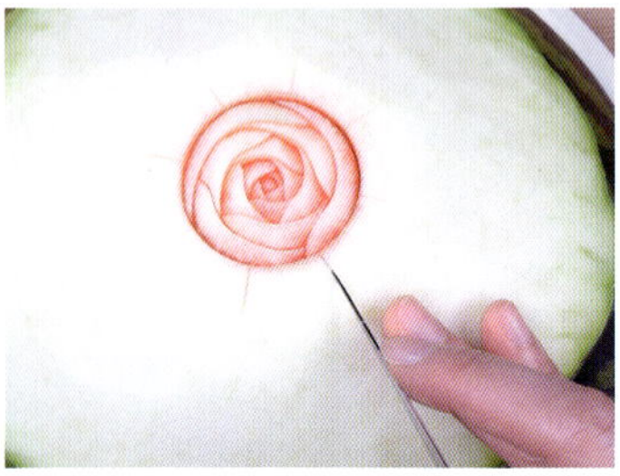

19. 봉오리가 완성되면 일정한 간격으로 12개 구획을 그린다.

20. 선과 선 사이에 칼을 세워 라운드를 그린다.

21. 반대쪽도 그린다.

22. 칼을 세워 라운드와 이어지게 꽃잎을 그린다.

23. 반대쪽도 그린다.

24. 칼을 눕혀 꽃잎의 3분의 1반큼 둥글게 파낸다.

25. 반대쪽도 같은 방법으로 파낸다.

26. 가운데부분은 오른쪽부터 칼을 넣어 일자로 홈을 파준다.

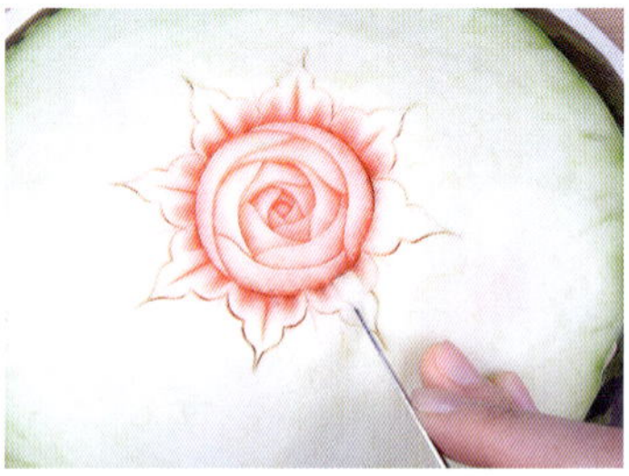

27. 반대쪽에도 칼을 넣어 홈을 파준다.

28. 완성되면 이런 모양이 된다.

29. 칼을 세워 라운드를 그린다.

30. 반대쪽도 그린다.

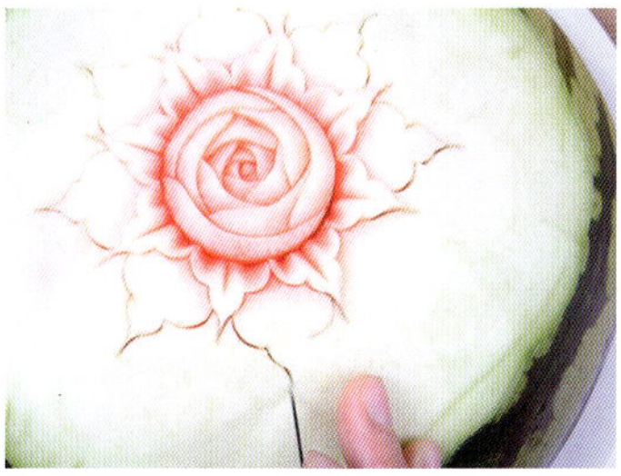

31. 칼을 세워 라운드 위에 꽃잎을 그린다.

32. 반대쪽도 그린다.

33. 칼을 눕혀 꽃잎의 3분의 1만큼 둥글게 파낸다.

34. 반대쪽도 같은 방법으로 파낸다.

35. 가운데부분은 오른쪽부터 칼을 넣어 일자로 홈을 파준다.

36. 반대쪽에도 칼을 넣어 홈을 파준다.

37. 칼을 눕혀 꽃잎 바깥부분을 제거한다.

38. 칼을 세워 라운드를 그린다.

39. 반대쪽도 그린다.

40. 칼을 세워 라운드 위에 꽃잎을 그린다.

41. 칼을 눕혀 꽃잎의 3분의 1만큼 둥글게 파낸다.

42. 반대쪽도 같은 방법으로 파낸다.

43. 가운데부분은 오른쪽부터 칼을 넣어 일자로 홈을 파준다.

44. 반대쪽에도 칼을 넣어 홈을 파준다.

45. 칼을 눕혀 꽃잎 바깥부분을 제거한다.

46. 칼을 세워 라운드를 그린다.

47. 반대쪽도 그린다.

48. 칼을 세워 라운드 위에 꽃잎을 그린다.

49. 반대쪽에도 그린다.

50. 칼을 눕혀 꽃잎의 3분의 1만큼 둥글게 파낸다.

51. 반대쪽도 같은 방법으로 파낸다.

52. 가운데부분은 오른쪽부터 칼을 넣어 일자로 홈을 파준다.

53. 반대쪽에도 칼을 넣어 홈을 파준다.

54. 칼을 세워 라운드를 그린다.

55. 반대쪽도 그린다.

56. 칼을 세워 꽃잎을 그린다.

57. 반대쪽도 그린다.

58. 칼을 눕혀 꽃잎의 3분의 1만큼 둥글게 파낸다.

59. 반대쪽도 같은 방법으로 파낸다.

60. 가운데부분은 오른쪽부터 칼을 넣어 일자로 홈을 파준다.

61. 반대쪽에도 칼을 넣어 홈을 파 준다.

62. 칼을 눕혀 꽃잎 바깥부분을 꽃잎라인으로 파낸다.

63. 반대편도 제거한다.

64. 완성한다.

2급 실기 - 12

1. 수박과 도구를 준비한다.

2. 정 가운데를 원형커터 4호로 찍는다.

3. 칼을 세워 라인을 따라 선을 깊게 넣는다.

4. 칼을 눕혀 원 바깥쪽을 제거한다.

5. 칼을 45도로 눕혀 원 안쪽 모서리를 파낸다.

6. 사진과 같다.

7. 칼을 세워 부드러운 굴곡라인을 그린다.

8. 칼을 눕혀 라인 안쪽을 파낸다.

9. 칼을 세워 꽃잎라인을 그린다.

10. 칼을 눕혀 라인 안쪽을 파낸다.

11. 칼을 세워 꽃잎라인을 그린다.

12. 칼을 눕혀 라인 안쪽을 파낸다.

13. 칼을 세워 꽃잎라인을 그린다.

14. 칼을 눕혀 라인 안쪽을 파낸다.

15. 칼을 세워 꽃잎라인을 그린다.

16. 칼을 눕혀 라인 안쪽을 파낸다.

17. 칼을 세워 꽃잎라인을 그린다.

18. 반복해서 센터봉오리를 완성한다.

19. 봉오리 바깥쪽을 따라 일정한 간격으로 12개의 선을 그어준다.

20. 칼을 세워 톱니모양 꽃잎을 그린다.

21. 반대쪽도 같은 방법으로 라인을 그린다.

22. 칼을 눕혀 꽃잎 안쪽을 파낸다.

23. 반대쪽도 파내어 홈을 넣어준다.

24. 칼을 눕혀 꽃잎 사이사이를 파내준다.

25. 칼을 세워 톱니모양의 꽃잎을 그린다.

26. 반대쪽도 같은 모양으로 라인을 그린다.

27. 칼을 눕혀 꽃잎 안쪽을 파낸다.

28. 반대쪽도 파내어 홈을 만든다.

29. 칼을 눕혀 꽃잎 사이사이를 파내준다.

30. 칼을 세워 톱니모양의 꽃잎을 그린다.

31. 반대쪽도 같은 모양으로 라인을 그린다.

32. 칼을 눕혀 꽃잎 안쪽을 파낸다.

33. 반대쪽도 파내어 홈을 만들어 준다.

34. 칼을 눕혀 꽃잎 사이사이를 파낸다.

35. 칼을 세워 톱니모양의 꽃잎을 그린다.

36. 반대쪽도 같은 모양으로 라인을 그린다.

37. 칼을 눕혀 꽃잎 안쪽을 파낸다.

38. 반대쪽도 파낸다.

39. 칼을 눕혀 꽃잎 사이사이를 파낸다.

40. 칼을 세워 톱니모양의 꽃잎을 그린다.

41. 반대쪽도 같은 모양으로 라인을 그린다.

42. 칼을 눕혀 꽃잎 안쪽을 파낸다.

43. 반대쪽도 파내어 홈을 만들어 준다.

44. 꽃잎 바깥쪽을 꽃잎모양으로 파낸다.

45. 반대쪽도 파낸다.

수박카빙 1급실기

수박카빙 1급 실기 – 1..... 158
수박카빙 1급 실기 – 2..... 162
수박카빙 1급 실기 – 3..... 166
수박카빙 1급 실기 – 4..... 170
수박카빙 1급 실기 – 5..... 174
수박카빙 1급 실기 – 6..... 178
수박카빙 1급 실기 – 7..... 182
수박카빙 1급 실기 – 8..... 188
수박카빙 1급 실기 – 9..... 192
수박카빙 1급 실기 – 10..... 200
수박카빙 1급 실기 – 11..... 206
수박카빙 1급 실기 – 12..... 210

1급 실기 - 1

01. 수박과 칼을 준비한다.

02. 사진과 같이 손을 위치하여 껍질을 깎는다.

03. 붉은부분이 보이지 않을정도로 껍질을 제거한다.

04. 2호 원형틀로 수박중앙에 표시한다.

05. 칼을 눕혀 원 바깥쪽을 깎아준다.

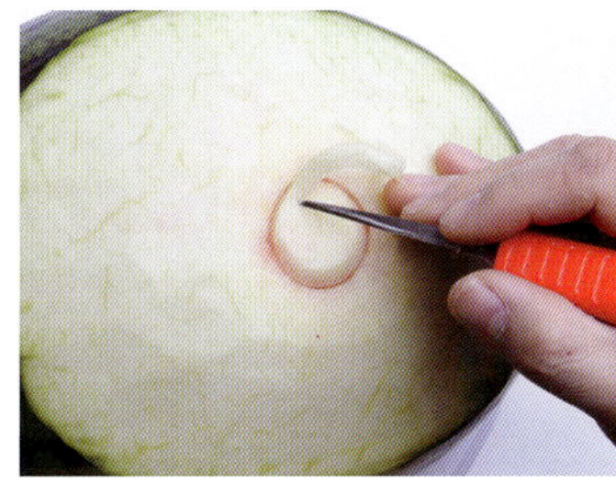

06. 칼을 눕혀 원 안쪽을 깎아준다.

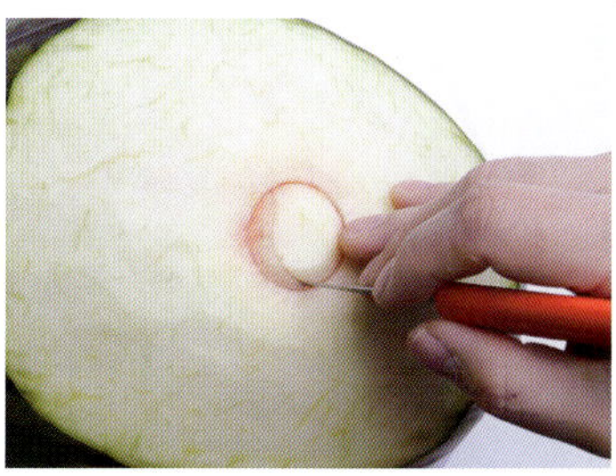

07. 칼을 세워 부드러운 곡선을 그린다.

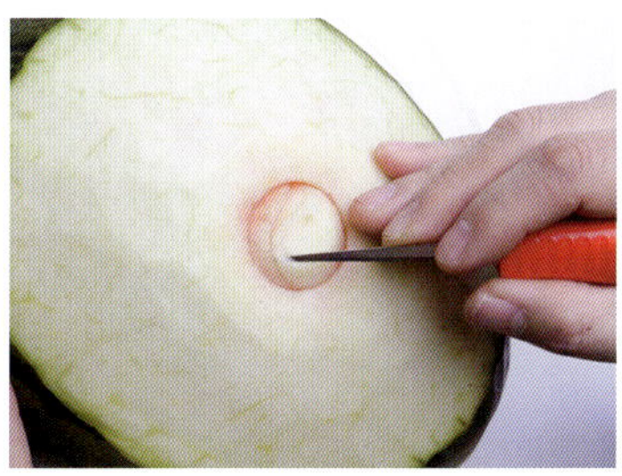

08. 칼을 눕혀 라인 안쪽을 파내준다.

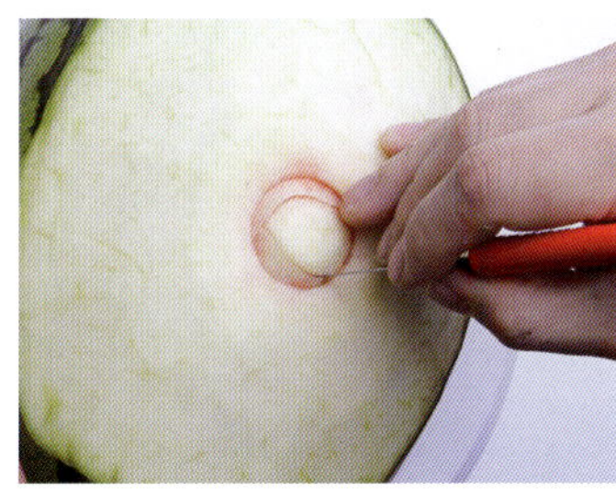

09. 칼을 세워 두번째 꽃잎을 그린다.

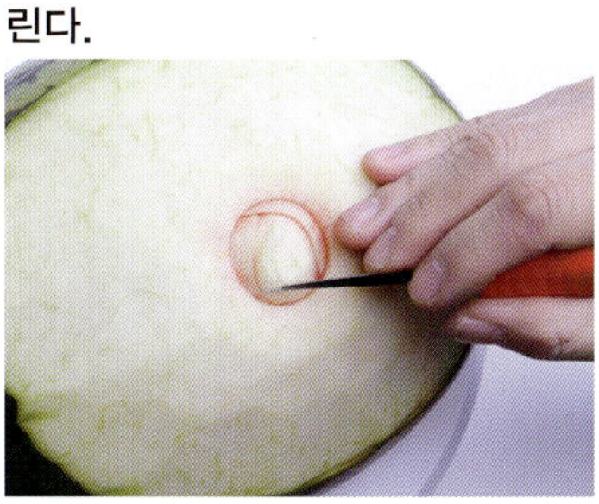

10. 칼을 눕혀 안쪽을 파낸다.

11. 세번째 곡선을 그린다.

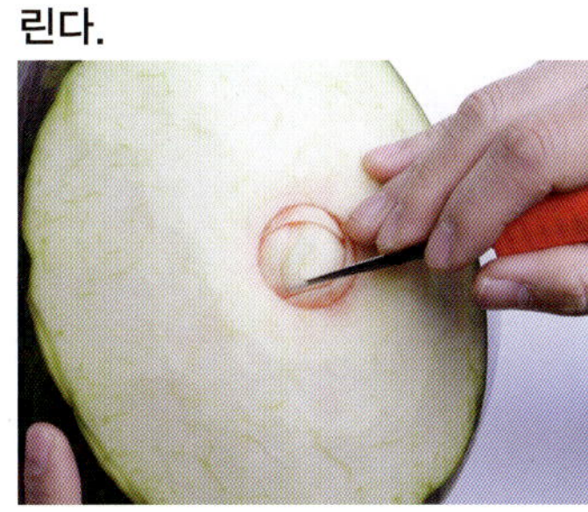

12. 안쪽을 파낸다.

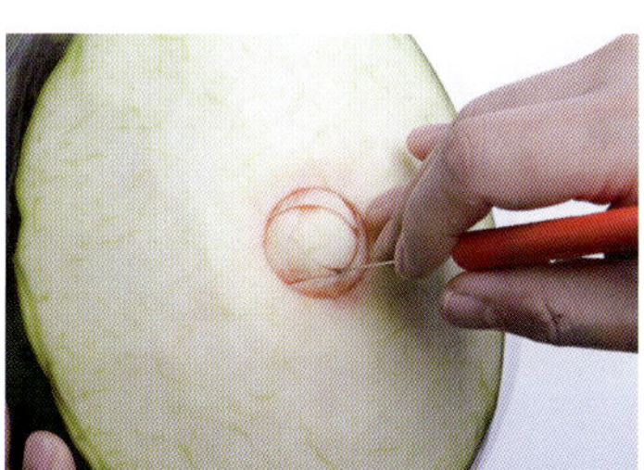

13. 꽃잎과 꽃잎사이에 라인을 그린다.

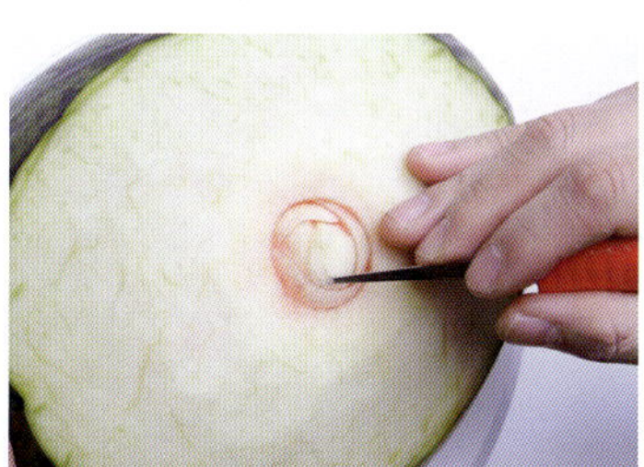

14. 칼을 눕혀 라인 안쪽을 파내준다.

15. 꽃잎과 꽃잎 사이에 곡선을 그린다.

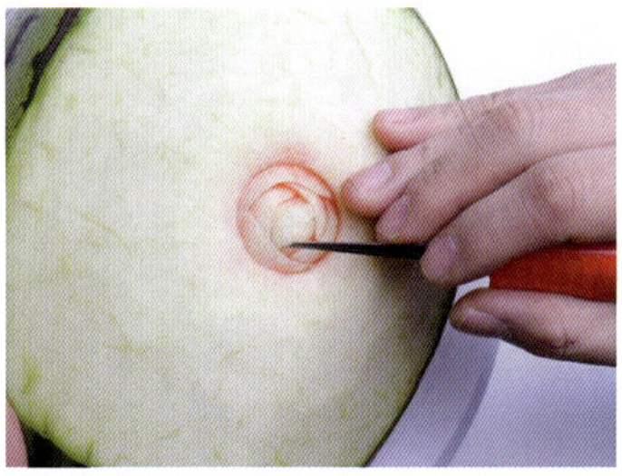

16. 칼을 눕혀 안쪽을 파내준다.

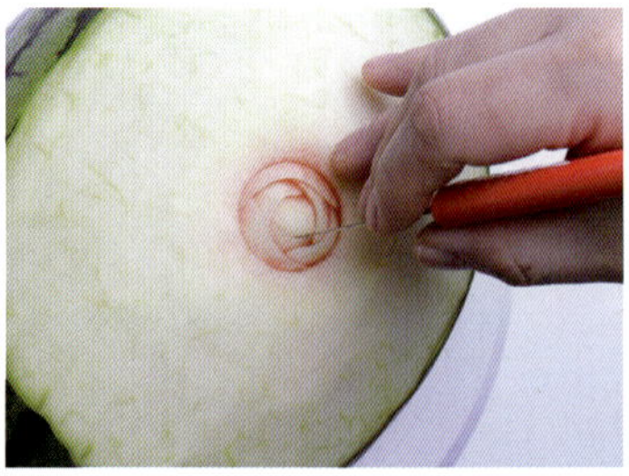

17. 곡선의 꽃잎을 칼을 세워서 그려준다.

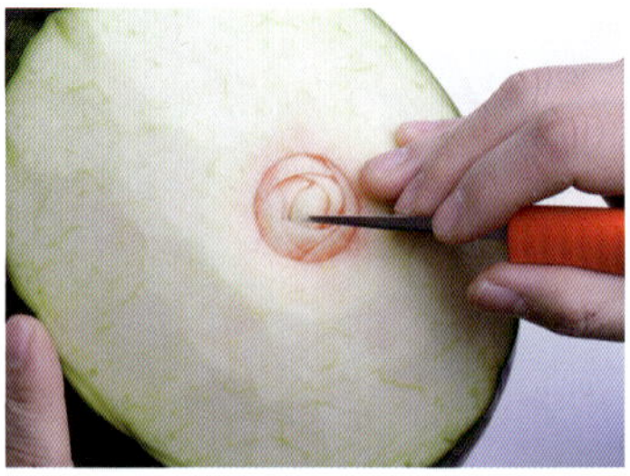

18. 반복하여 라인 안쪽을 파내준다.

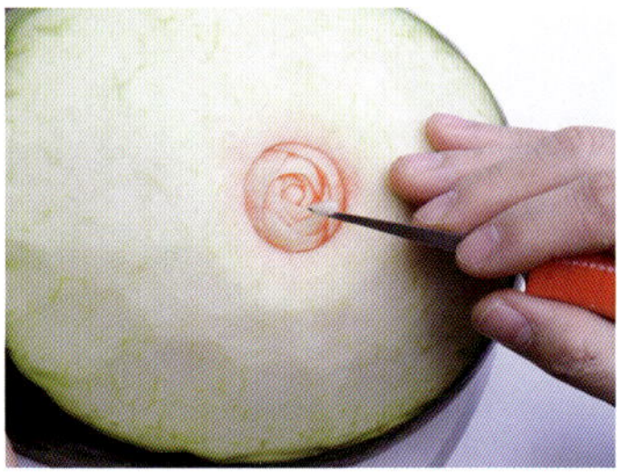

19. 계속 작업하여 센터봉오리를 완성한다.

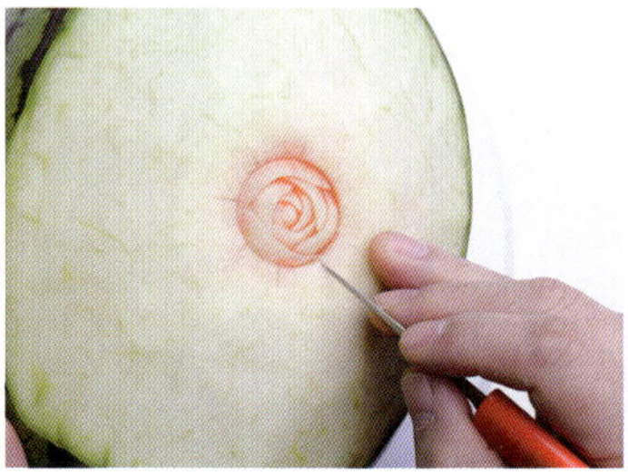

20. 8개 꽃잎을 그릴수 있도록 공간을 표시한다.

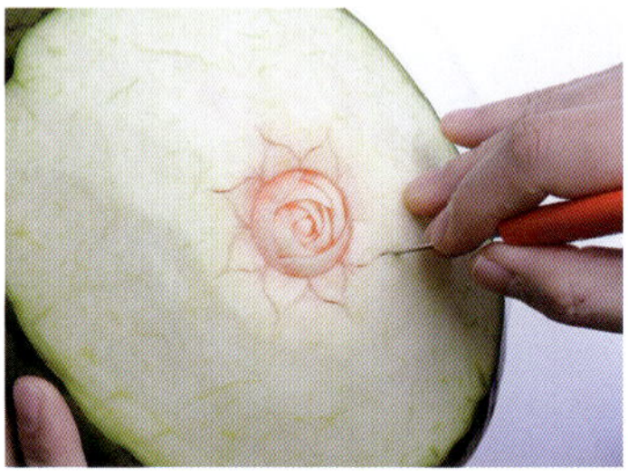

21. 8개의 꽃잎을 칼을 세워 그려준다.

22. 둥글게 꽃잎 안쪽을 파내고, 칼을 최대한 눕혀 꽃잎 바깥쪽을 제거한다.

23. 꽃잎의 9부 위치에서 새로운 꽃잎라인을 그린다.

24. 칼을 눕혀 꽃잎 안쪽을 둥글게 파내준다.

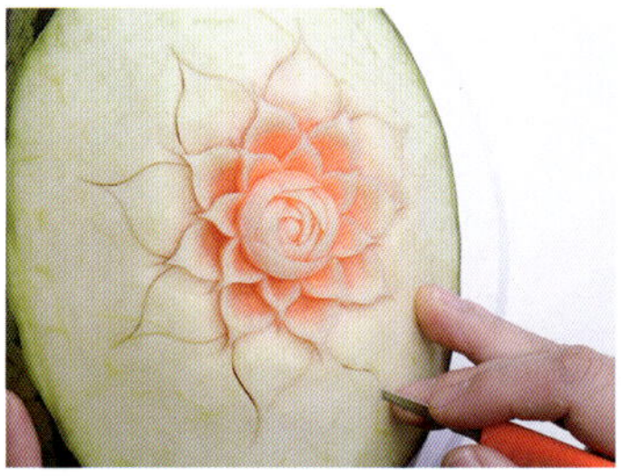

25. 꽃잎의 바깥쪽을 파낸 다음, 새로운 꽃잎을 그려준다.

26. 꽃잎 안쪽을 2회에 걸쳐 둥글게 파내준다.

27. 칼을 최대한 눕혀 꽃잎 바깥쪽을 깎아낸다.

28. 칼을 세워 꽃잎을 그려준다.

29. 꽃잎 안쪽을 3분의 1만큼 둥글게 파내준다.

30. 꽃잎 안쪽을 두번째 3분의 1만큼 둥글게 파내준다.

31. 마지막 부분을 3분의 1만큼 둥글게 파내어 완성한다.

32. 칼을 최대한 눕혀 꽃잎라인 바깥쪽을 파내준다.

33. 칼을 세워 꽃잎 라인을 그린다.

34. 꽃잎 주위를 V자 홈으로 파낸다.

35. 마지막 꽃잎의 모서리를 사진과 같이 제거한다.

36. 사진처럼 반대방향의 모서리도 제거한다.

37. 안쪽에서 바깥쪽으로 선을 넣어준다.

38. 칼을 눕혀 앞의 선이 드러나도록 잘라낸다.

39. 안쪽에서 우측으로 선을 넣어준다.

40. 칼을 눕혀 얇게 파내준다.

41. 곡선을 이용하여 안쪽에서 바깥쪽으로 선을 넣어준다.

42. 칼을 눕혀 안쪽을 얇게 파내준다.

43. 반대쪽에도 라인을 그려준다.

44. 칼을 눕혀 안쪽을 얇게 파낸다.

45. 완성한다.

1급 실기 - 2

01. 수박과 칼을 준비한다.

02. 손이 칼날 반대편에 오도록 두고 껍질을 벗긴다.

03. 사진처럼 껍질을 벗긴다.

04. 4호 원형틀을 사용해 중심을 표시한다.

05. 칼을 45도정도 눕혀 바깥쪽 모서리를 제거한다.

06. 칼을 45도정도로 눕혀 안쪽 모서리를 제거한다.

07. 칼을 똑바로 세워 첫번째 꽃잎 라인을 그린다.

08. 칼을 눕혀 꽃잎 안쪽을 파내 준다.

09. 두번째 꽃잎 곡선을 그린다.

10. 칼을 눕혀 라인 안쪽을 파낸다.

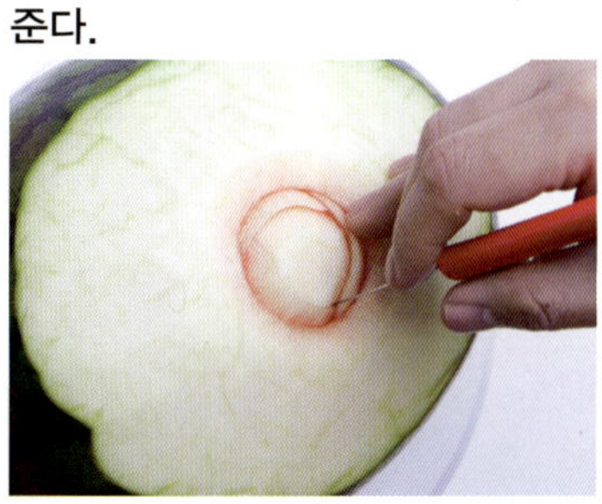

11. 칼을 세워 꽃잎 라인을 그린다.

12. 칼을 눕혀 라인 안쪽을 파낸다.

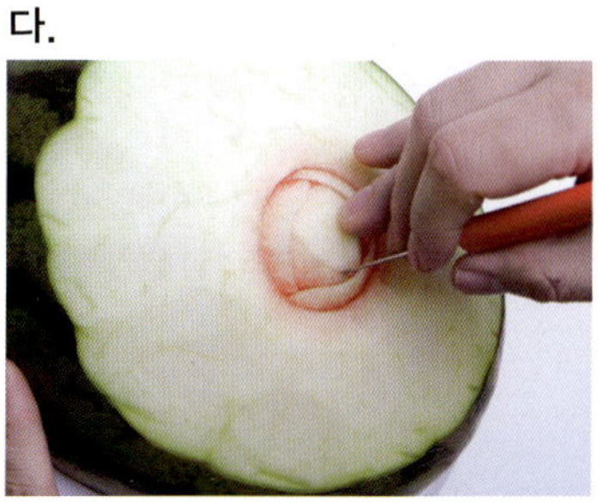

13. 칼을 세워 꽃잎과 꽃잎 사이에 라인을 그려준다.

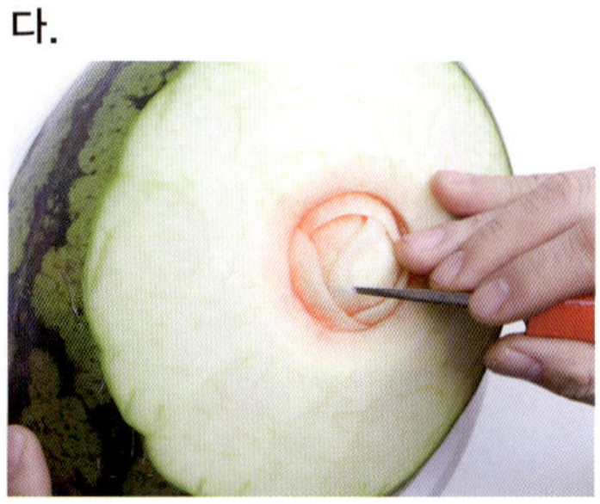

14. 라인 안쪽을 파내준다.

15. 꽃잎과 꽃잎 사이에 칼을 세워 라인을 넣어준다.

16. 칼을 눕혀 안쪽을 파낸다.

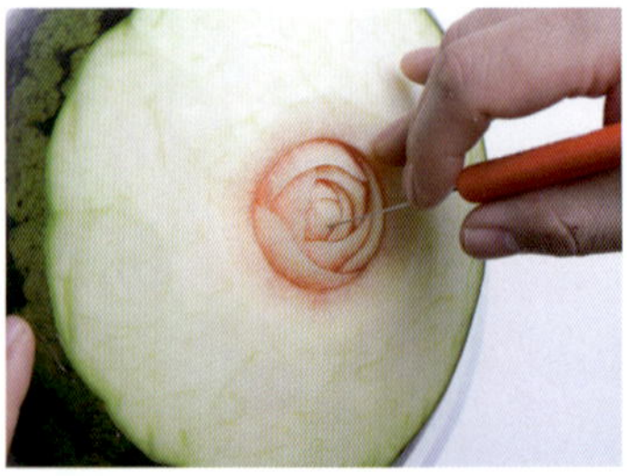

17. 반복하여 칼을 세워 꽃잎 사이에 라인을 넣어준다.

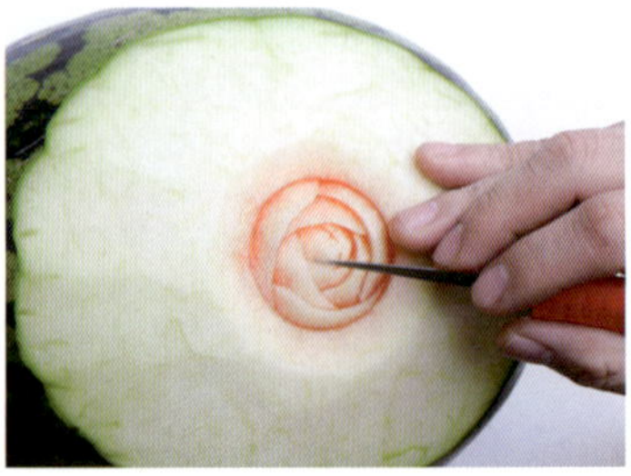

18. 반복하여 라인을 파내주어 센터봉오리를 완성한다.

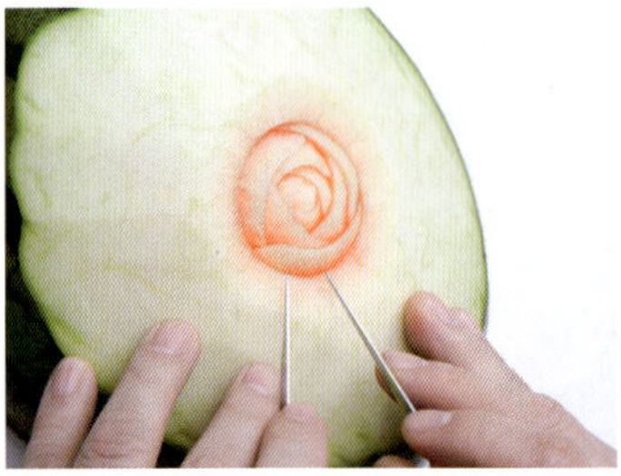

19. 같은 넓이가 되도록 칼 2개를 사용해 12등분한다.

20. 분할된 공간안에서 꽃잎 라인을 그려준다.

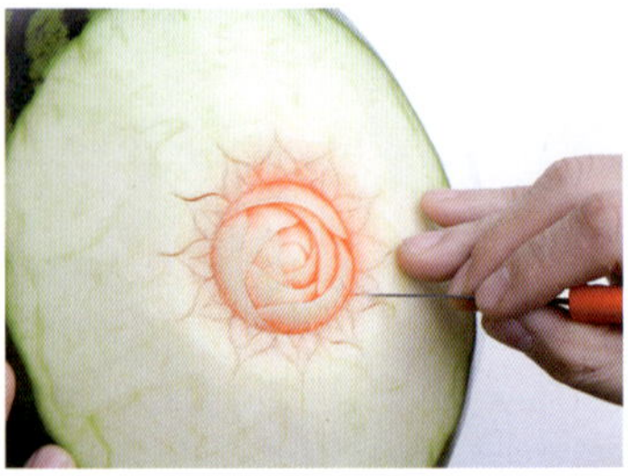

21. 꽃잎 안에 세모모양으로 칼을 넣어준다.

22. 꽃잎 전체를 둥글게 파내주는 느낌으로 칼을 넣어준다.

23. 세모라인 옆의 잘려진 조각을 제거한다.

24. 칼을 최대한 눕혀 꽃잎라인 바깥쪽을 파내준다.

25. 꽃잎의 9부정도에서 새로운 꽃잎라인을 그려준다.

26. 꽃잎 안쪽에 세모 모양으로 칼을 넣는다.

27. 꽃잎 전체를 둥글게 파내준다.

28. 잘려진 조각을 제거한다.

29. 칼을 최대한 눕혀 꽃잎 바깥쪽을 제거한다.

30. 꽃잎과 꽃잎 사이에 새로운 꽃잎 라인을 그려준다.

31. 꽃잎 안쪽에 세모모양을 넣어 준다.

32. 꽃잎 안쪽을 파내고 잘려진 조각을 제거한다.

33. 꽃잎 바깥쪽을 칼을 눕혀서 잘라준다.

34. 새로운 꽃잎라인을 새긴다.

35. 꽃잎 안쪽에는 세모모양을 그려준다.

36. 꽃잎 안쪽을 둥글게 파내고 잘린 조각을 제거한다.

37. 꽃잎 바깥쪽을 제거해준다.

38. 칼을 세워 세로운 꽃잎을 그려준다.

39. 꽃잎 안쪽에 세모라인을 넣어 준다.

40. 꽃잎 안쪽을 둥글게 파내준다.

41. 꽃잎 라인을 따라 꽃잎 바깥에서 칼을 눕혀 라인을 그려준다.

42. 반대방향으로도 꽃잎라인을 따라 곡선을 넣어준다.

43. 잘린 조각을 제거한다.

44. 완성한다.

1급 실기 - 3

01. 수박과 칼을 준비한다.

02. 수박의 붉은색이 보이지 않도록 껍질을 벗긴다.

03. 4호 원형틀을 이용해 중앙에 원을 표시한다.

04. 칼을 눕혀 원 바깥쪽의 모서리를 제거한다.

05. 원 안쪽의 모서리도 제거한다.

06. 원 안쪽에 칼을 세워 곡선라인을 그린다.

07. 칼을 눕혀 라인 안쪽을 파낸다.

08. 두번째 라인을 그리고 안쪽을 파낸다.

09. 세번째 라인이 꽃잎들과 이어지도록 그려준다.

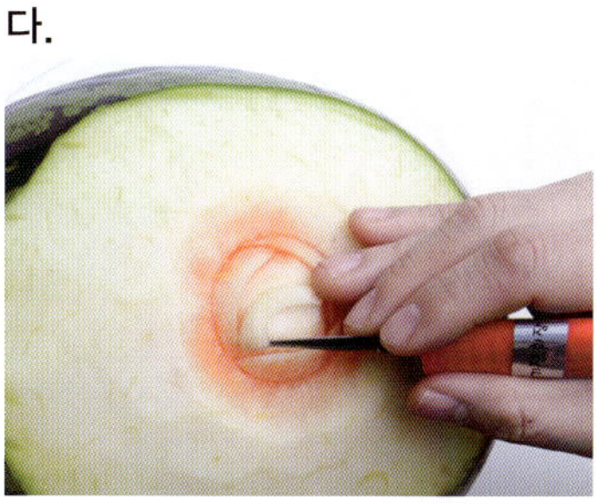
10. 칼을 눕혀 라인 안쪽을 파낸다.

11. 꽃잎과 꽃잎 사이에 새로운 꽃잎을 그린다.

12. 꽃잎 안쪽을 파낸다.

13. 꽃잎과 꽃잎사이에 꽃잎곡선을 그린다.

14. 칼을 눕혀 꽃잎 안쪽을 파낸다.

15. 칼을 똑바로 세워 꽃잎 곡선을 그린다.

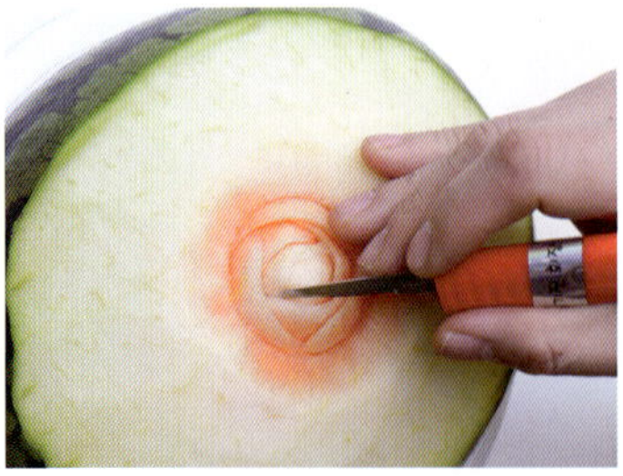
16. 칼을 눕혀서 안쪽을 파낸다.

17. 반복하여 라인을 그린다.

18. 반복하여 안쪽을 파낸다.

19. 센터봉오리를 완성한다.

20. 12개 꽃잎을 그릴 공간을 나누어준다.

21. 12개 꽃잎 라인을 그린다.

22. 꽃잎 안쪽을 곡선을 그리면서 파낸다.

23. 칼을 눕혀 꽃잎 바깥쪽을 파낸다.

24. 새로운 꽃잎라인을 그린다.

25. 곡선을 그리며 꽃잎 안쪽을 파낸다.

26. 칼을 최대한 눕혀 꽃잎 바깥쪽을 파낸다.

27. 칼을 세워 새로운 꽃잎라인을 그린다.

28. 꽃잎 안쪽을 파내고, 꽃잎 바깥쪽을 제거한다.

29. 새로운 꽃잎라인을 그린다.

30. 꽃잎 안쪽을 곡선을 그리며 파내준다.

31. 칼을 눕혀 꽃잎 바깥쪽을 파낸다.

32. 새로운 꽃잎라인을 그린다.

33. 꽃잎 안쪽을 칼을 눕혀 파낸다.

34. 꽃잎 바깥쪽에 꽃잎을 따라 곡선을 그린다.

35. 반대방향에서도 꽃잎을 따라 곡선을 그린다.

36. 잘린부분을 제거한다.

37. 완성한다.

1급 실기 - 4

01. 재료와 도구를 준비한다.

02. 1호 원형틀로 살짝 찍어 원을 표시한다.

03. 샤토나이프로 원을 따라 칼을 넣어준다.

04. 원 안쪽의 모서리를 제거한다.

05. 꽃잎라인을 그린다.

06. 칼을 눕혀 라인 안쪽을 파낸다.

07. 두번째 라인을 그리고 라인 안쪽을 파낸다.

08. 세번째 라인을 그린다.

09. 칼을 눕혀 안쪽을 파낸다.

10. 꽃잎과 꽃잎사이에 라인을 그린다.

11. 칼을 눕혀 안쪽을 제거한다.

12. 반복하여 센터봉오리를 완성한다.

13. 6개 구획을 나누어 표시한 후 둥글게 파낸다.

14. 6개의 꽃잎 라인을 그린다.

15. 꽃잎라인 사이를 둥글게 파낸다.

16. 꽃잎라인을 그린다.

17. 세 방향으로만 꽃잎사이를 둥글게 파낸다.

18. 꽃잎라인을 그린다.

19. 꽃잎 아랫쪽을 둥글게 파낸다.

20. 꽃잎라인을 그린다.

21. 둥글게 파낸다.

22. 반복하여 세방향으로 진행한다.

23. 수박의 단면까지 진행한다.

24. 수박 껍질을 제거한다.

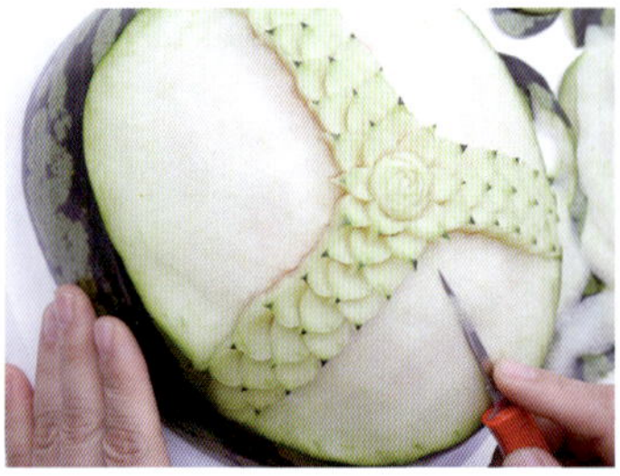

25. 잘린 단면을 매끄럽게 다듬어준다.

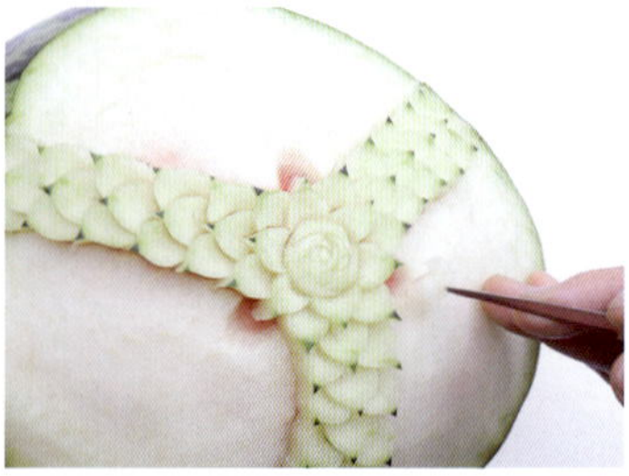

26. 수박을 둥글게 파내고, 파낸부분을 따라 꽃잎라인을 그린다.

27. 꽃잎과 꽃잎 사이를 파낸다.

28. 파낸 부분을 따라 꽃잎 라인을 그린다.

29. 동일한 방법으로 꽃잎 사이를 안쪽을 파낸다.

30. 꽃잎 라인을 그려주어 수박 단면의 끝까지 진행한다.

31. 칼을 눕혀 껍질을 제거한다.

32. 칼을 45도로 기울여 수박 외곽에 칼을 넣어준다.

33. 반대방향으로 칼을 45도 기울여 칼을 넣어준다.

34. 톱니모양으로 잘린 조각을 제거한다.

35. 완성한다.

1급 실기 - 5

1. 수박과 도구를 준비한다.

2. 가장 볼록한부분 껍질제거를 먼저 한다.

3. 껍질제거가 완료된 모습이다.

4. 원형커터 4호로 가운데를 찍는다.

5. 칼을 눕혀 원 바깥쪽을 제거한다.

6. 칼을 45도 눕혀 모서리 안쪽을 파낸다.

7. 칼을 세워 꽃잎라인을 그린다.

8. 칼을 눕혀 라인 안쪽을 제거한다.

9. 칼을 세워 꽃잎라인을 그린다.

10. 칼을 눕혀 라인 안쪽을 제거한다.

11. 칼을 세워 꽃잎라인을 그린다.

12. 칼을 눕혀 라인 안쪽을 파낸다.

13. 칼을 세워 라인을 그린다.

14. 칼을 눕혀 라인 안쪽을 파낸다.

15. 칼을 세워 라인을 그린다.

16 칼을 눕혀 라인 안쪽을 파낸다.

17. 칼을 세워 라인을 그린다.

18. 칼을 눕혀 라인 안쪽을 파낸다.

19. 봉오리를 완성하면 16 구획을 그어준다.

20. 칼을 세워 길쭉한 삼각형모양으로 꽃잎을 그린다.

21. 칼을 비스듬하게 넣고 꽃잎 안쪽을 파낸다.

22. 칼을 눕혀 꽃잎라인의 바깥쪽을 제거한다.

23. 칼을 세워 길쭉한 삼각형모양으로 꽃잎을 그린다.

24. 스텐조각도를 사용하여 둥근 모양을 내준다.

25. 칼을 눕혀 꽃잎 안쪽을 뾰족한 모양으로 파낸다.

26. 떨어진 조각은 제거한다.

27. 칼을 눕혀 꽃잎 바깥쪽을 제거한다.

28. 칼을 세워 둥근 꽃잎모양을 그려준다.

29. 칼을 세워 길쭉한 세모모양으로 꽃잎 라인을 그린다.

30. 칼을 눕혀 안쪽을 파낸다.

31. 떨어진 조각을 제거한다.

32. 칼을 눕혀 꽃잎 바깥쪽을 제거한다.

33. 칼을 세워 길쭉한 세모모양으로 꽃잎 라인을 그린다.

34. 스텐조각도를 사용하여 둥근 모양을 내준다.

35. 칼을 눕혀 안쪽을 파낸다.

36. 칼을 눕혀 안쪽을 파낸다.

37. 칼을 눕혀 꽃잎 바깥쪽을 둥글게 파낸다.

38. 떨어진 조각을 제거하고 마무리 한다.

39. 완성한다.

1급 실기 - 6

1. 수박과 도구를 준비한다.

2. 가장 볼록한 부분부터 껍질제거를 한다.

3. 껍질제거가 완료된 모습이다.

4. 정 가운데 부분을 원형커터 4호로 찍어준다.

5. 칼을 눕혀 원 바깥쪽을 제거한다.

6. 칼을 45도로 눕혀 원 안쪽 모서리를 제거한다.

7. 원 주변을 돌아가며 일정한 간격으로 12개 분할을 한다.

8. 칼을 세워 원 안쪽에 꽃잎을 그린다.

9. 칼을 눕혀 꽃잎 안쪽에 반만큼 칼을 넣어준다.

10. 칼을 45도 각도로 넣어 사진과 같이 홈을 파준다.

11. 반대쪽도 홈을 파내어 하트모양을 만들어준다.

12. 칼을 눕혀 꽃잎라인 사이사이를 파낸다.

13. 칼을 세워 꽃잎 사이사이에 사진과 같은 모양으로 그려준다.

14. 라인 안에 홈을 넣어준다.

15. 반대쪽도 홈을 파낸다.

16. 떨어진 조각은 제거한다.

17. 칼을 눕혀 꽃잎 사이사이를 파낸다.

18. 칼을 세워 새로운 라인을 그려준다.

19. 칼을 눕혀 꽃잎 사이사이를 파낸다.

20. 떨어진 조각은 제거한다.

21. 스텐조각도를 이용하여 가운데부분을 둥글게 파낸다.

22. 사진과 같다.

23. 풀카빙나이프로 스텐조각도가 닿지 않는 부분까지 파낸다.

24. 센터 봉오리를 완성한다.

25. 표시해뒀던 라인을 따라 수박의 끝까지 선을 긋는다.

26. 칼을 눕혀 센터 바깥쪽을 물결모양으로 파낸다.

27. 칼을 세워 파낸 모양을 따라 라인을 넣는다.

28. 칼을 눕혀 모라인 바깥쪽을 물결모양으로 파낸다.

29. 칼을 세워 파낸 모양을 따라 라인을 넣는다.

30. 칼을 눕혀 라인 바깥쪽을 물결모양으로 파낸다.

31. 칼을 세워 파낸 모양을 따라 라인을 넣는다.

32. 칼을 눕혀 라인 바깥쪽을 물결 모양으로 파낸다.

33. 칼을 세워 파낸 모양을 따라 라인을 넣는다.

34. 칼을 눕혀 수박 바깥쪽 껍질 부분을 물결모양으로 파낸다.

35. 물결모양을 따라 톱니라인을 넣는다.

36. 칼을 눕혀 라인을 따라 파낸다.

37. 떨어진 조각을 제거한다.

38. 완성한다.

1급 실기 - 7

1. 수박과 도구를 준비한다.

2. 먼저 가운데부분의 껍질을 제거한다.

3. 사진과 같이 껍질을 벗겨준다.

4. 원형커터 4호로 가운데 부분을 찍어준다.

5. 칼을 눕혀 원 바깥쪽을 제거한다.

6. 칼을 45도로 눕혀 안쪽라인을 제거한다.

7. 칼을 세워 가장 바깥쪽부터 꽃잎라인을 그려준다.

8. 칼을 눕혀 그려준 라인의 안쪽을 파낸다.

9. 칼을 세워 꽃잎라인을 그린다.

10. 칼을 눕혀 안쪽을 파낸다.

11. 칼을 세워 꽃잎라인을 그린다.

12. 칼을 눕혀 안쪽을 파낸다.

13. 칼을 세워 꽃잎라인을 그린다.

14. 칼을 눕혀 안쪽을 파낸다.

15. 칼을 세워 꽃잎라인을 그린다.

16. 칼을 눕혀 안쪽을 파낸다.

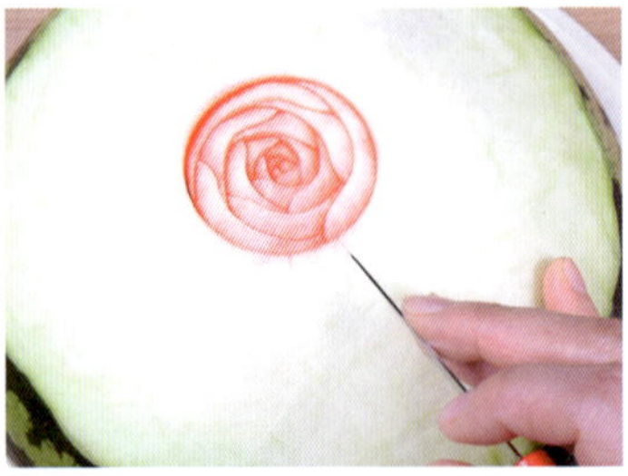
17. 일정한 간격으로 12분할을 해준다.

18. 칼을 세워 꽃잎을 그려준다.

19. 칼을 눕혀 꽃잎 바깥쪽을 제거한다.

20. 칼을 눕혀 꽃잎라인 양쪽 모서리를 제거한다.

21. 꽃잎 안에 오른쪽 꽃잎라인을 그려준다.

22. 칼을 눕혀 라인 바깥쪽을 제거한다.

23. 칼을 세워 왼쪽꽃잎라인을 그어준다.

24. 칼을 눕혀 23번에서 그어준 라인의 바깥쪽을 제거한다.

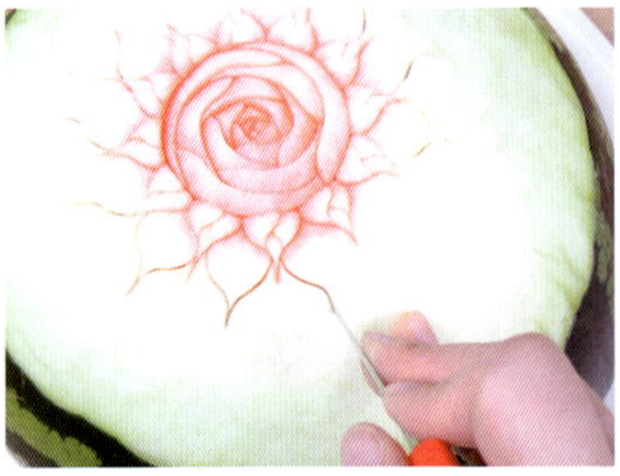
25. 칼을 세워 꽃잎을 그려준다.

26. 칼을 눕혀 꽃잎 바깥쪽을 제거한다.

27. 칼을 눕혀 꽃잎라인 양쪽 모서리를 제거한다.

28. 칼을 세워 오른쪽 꽃잎 라인을 그어준다.

29. 칼을 눕혀 라인의 바깥쪽을 제거한다.

30. 칼을 세워 왼쪽 꽃잎라인을 그어준다.

31. 칼을 눕혀 바깥쪽 라인을 제거한다.

32. 칼을 세워 꽃잎을 그려준다.

33. 칼을 눕혀 꽃잎의 바깥쪽을 제거한다.

34. 칼을 눕혀 꽃잎 양쪽 모서리를제거한다.

35. 칼을 세워 오른쪽 꽃잎 라인을 그어준다.

36. 칼을 눕혀 라인 바깥쪽을 제거한다.

37. 왼쪽 꽃잎라인을 그어준다.

38. 라인 바깥쪽을 제거한다.

39. 칼을 세워 오른쪽꽃잎 라인을 그어준다.

40. 칼을 눕혀 라인 바깥쪽을 제거한다.

41. 칼을 세워 꽃잎을 그려준다.

42. 칼을 눕혀 꽃잎 라인 바깥쪽을 제거한다.

43. 칼을 눕혀 꽃잎라인의 모서리를 제거한다.

44. 반대편 라인 모서리를 제거한다.

45. 칼을 세워 오른쪽 꽃잎라인을 그어준다.

46. 칼을 눕혀 라인 바깥쪽을 제거한다.

47. 칼을 세워 왼쪽꽃잎라인을 그어준다.

48. 칼을 눕혀 라인 바깥쪽을 제거한다.

49. 칼을 세워 오른쪽 꽃잎 라인을 그어준다.

50. 칼을 눕혀 라인 바깥쪽을 제거한다.

51. 톱니모양의 꽃잎라인을 넣어준다.

52. 반대방향에서도 톱니모양을 넣는다.

53. 칼을 눕혀 톱니라인 안쪽을 둥글게 파낸다.

54. 칼을 눕혀 V자 홈으로 파낸다.

55. 완성한다.

1급 실기 - 8

1. 수박과 도구를 준비한다.

2. 가장 중간의 껍질부터 제거한다.

3. 껍질제거를 모두 완료한 모습이다.

4. 원형커터 4호로 가운데부분을 찍는다.

5. 칼을 눕혀 원 바깥쪽을 제거한다.

6. 칼을 45도로 눕혀 모서리 안쪽을 제거한다.

7. 칼을 세워 꽃잎라인을 그린다.

8. 칼을 눕혀 라인 안쪽을 파낸다.

9. 다시 칼을 세워 꽃잎라인을 그린다.

10. 칼을 눕혀 라인 안쪽을 파낸다.

11. 칼을 세워 라인을 그린다.

12. 칼을 눕혀 라인 안쪽을 파낸다.

13. 칼을 세워 라인을 그린다.

14. 칼을 눕혀 라인 안쪽을 파낸다.

15. 칼을 세워 라인을 그린다.

16. 칼을 눕혀 라인 안쪽을 파낸다.

17. 칼을 세워 라인을 그린다.

18. 칼을 눕혀 라인 안쪽을 파낸다.

19. 봉오리가 완성되면 일정한 간격으로 12개 분할을 한다.

20. 칼을 세워 사진과 같은 모양으로 꽃잎을 그린다.

21. 칼을 눕혀 꽃잎 안쪽을 3분의1 만큼 둥근모양으로 파낸다.

22. 반대쪽도 같은 모양으로 파낸다.

23. 꽃잎의 가운데 부분은 약간 길게 파낸다.

24. 칼을 눕혀 꽃잎의 바깥쪽을 제거한다.

25. 칼을 세워 사진과 같은꽃잎라인을 그린다.

26. 반대편 꽃잎라인도 그린다.

27. 가운데에 연결되는 꽃잎라인을 그린다.

28. 반대편도 대칭이 되게 그린다.

29. 가운데에 연결되는 꽃잎라인을 그린다.

30. 작은 스텐조각도로 꽃잎의 3분의 1만큼 파낸다.

31. 반대쪽도 파낸다.

32. 가운데는 길게 파낸다.

33. 칼을 눕혀 꽃잎라인의 바깥쪽을 제거한다.

34. 같은 방법으로 꽃잎을 한층 더 그린 후 스텐조각도로 꽃잎 안쪽을 3분의 1만큼 파낸다.

35. 반대쪽도 파낸다.

36. 가운데는 길게 파낸다.

37. 칼을 눕혀 꽃잎라인 바깥쪽을 제거한다.

38. 칼을 세워 꽃잎라인을 그린다.

39. 반대쪽 라인도 그린다.

40. 서로 연결하는 라인을 그린다.

41. 반대쪽 라인도 그린다.

42. 가운데 꽃잎라인을 그린다.

43. 라인의 끝을 서로 연결한다.

44. 스텐조각도로 꽃잎 안쪽을 파낸다.

45. 칼을 눕혀 사이사이를 둥글게 파낸다.

46. 떨어진 조각은 제거한다.

47. 완성한다.

1급 실기 - 9

1. 수박과 도구를 준비한다.

2. 칼을 완전히 눕혀 가운데 껍질을 제거한다.

3. 껍질제거를 완료한 모습이다.

4. 원형커터3호를 사진과 같은 위치에 찍는다.

5. 칼을 눕혀 원 바깥쪽을 제거한다.

6. 칼을 45도로 눕혀 원 안쪽모서리를 제거한다.

7. 칼을 세워 꽃잎 라인을 그린다.

8. 칼을 눕혀 라인 안쪽을 파낸다.

9. 칼을 세워 꽃잎 라인을 그린다.

10. 칼을 눕혀 라인 안쪽을 파낸다.

11. 칼을 세워 꽃잎 라인을 그린다.

12. 칼을 눕펴 라인 안쪽을 파낸다.

13. 칼을 세워 꽃잎 라인을 그린다.

14. 칼을 눕혀 라인 안쪽을 파낸다.

15. 칼을 세워 꽃잎 라인을 그린다.

16. 칼을 눕혀 라인 안쪽을 파낸다.

17. 칼을 세워 꽃잎 라인을 그린다.

18. 반복작업을 하여 봉오리를 완성한다.

19. 일정한 간격으로 6개 분할을 해준다.

20. 칼을 세워 꽃잎라인을 그린다.

21. 칼을 세워 반대쪽 꽃잎을 그린다.

22. 칼을 눕혀 꽃잎의 양쪽 끝을 U자로 파낸다.

23. 칼을 눕혀 반대쪽에도 U자로 파낸다.

24. 한쪽씩 칼을 눕혀 꽃잎의 가운데에 일자로 홈을 파낸다.

25. 칼을 눕혀 반대쪽에도 파낸다.

26. 칼을 눕혀 꽃잎의 바깥쪽을 제거한다.

27. 칼을 세워 꽃잎사이에 새로운 꽃잎을 그린다.

28. 칼을 세워 반대쪽 꽃잎을 그린다.

29. 칼을 눕혀 꽃잎 안쪽을 둥글게 파낸다.

30. 한쪽씩 칼을 눕혀 꽃잎의 가운데에 일자로 홈을 파낸다.

31. 칼을 눕혀 반대쪽에도 파낸다.

32. 칼을 눕혀 꽃잎의 바깥쪽을 제거한다.

33. 칼을 세워 꽃잎사이에 새로운 꽃잎을 그린다.

34. 칼을 세워 반대쪽 꽃잎을 그린다.

35. 칼을 눕혀 꽃잎 안쪽을 둥글게 파낸다.

36. 한쪽씩 칼을 눕혀 꽃잎의 가운데에 일자로 홈을 파낸다.

37. 칼을 눕혀 꽃잎의 바깥쪽을 제거한다.

38. 원형커터 3호를 사진과 같은 위치에 3분에2만큼 찍는다.

39. 칼을 세워 라인을 따라 칼을 넣어준다.

40. 칼을 눕혀 원바깥쪽을 제거한다.

41. 칼을 눕혀 원 안쪽을 제거한다.

42. 칼을 세워 꽃잎 라인을 그린다.

43. 칼을 눕혀 라인 안쪽을 파낸다.

44. 반복하여 봉오리를 완성한다.

45. 일정한 간격으로 3개 분할을 한다.

46. 칼을 세워 꽃잎라인을 그린다.

47. 칼을 세워 반대쪽 꽃잎을 그린다.

48. 칼을 눕혀 꽃잎 안쪽을 둥글게 파낸다.

49. 4개의 둥근 홈을 파낸다.

50. 칼을 눕혀 꽃잎 바깥쪽을 제거한다.

51. 꽃잎사이에 칼을 세워 새로운 꽃잎을 그린다.

52. 스텐조각도를 눕혀 꽃잎 안쪽을 파낸다.

53. 같은 방법으로 4개의 둥근홈을 파낸다.

54. 칼을 눕혀 꽃잎의 바깥쪽을 제거한다.

55. 칼을 세워 새로운 꽃잎을 그린다.

56. 스텐조각도를 눕혀 꽃잎 안쪽을 파낸다.

57. 같은 방법으로 4개의 둥근홈을 파낸다.

58. 칼을 눕혀 꽃잎의 바깥쪽을 제거한다.

59. 새로운 꽃잎을 그린다.

60. 스텐조각도를 눕혀 꽃잎 안쪽을 파낸다.

61. 같은 방법으로 4개의 둥근홈을 파낸다.

62. 칼을 눕혀 꽃잎의 바깥쪽을 제거한다.

63. 원형커터 3호를 사진과 같은 위치에 3분의 2만큼 찍는다.

64. 칼을 세워 라인을 따라 칼을 넣는다.

65. 칼을 눕혀 원바깥쪽을 제거한다.

66. 같은방법으로 봉오리를 완성한다.

67.일정한 간격으로 5개 분할을 한다.

68. 칼을 세워 꽃잎을 그린다.

69. 칼을 눕혀 꽃잎 안쪽을 둥글게 파낸다.

70. 칼을 눕혀 꽃잎의 바깥쪽을 제거한다.

71. 칼을 세워 꽃잎을 그린다.

72. 칼을 눕혀 꽃잎 안쪽을 둥글게 파낸다.

73. 칼을 눕혀 꽃잎의 바깥쪽을 제거한다.

74. 칼을 세워 꽃잎을 그린다.

75. 칼을 눕혀 꽃잎의 안쪽을 둥글게 파낸다.

76. 칼을 눕혀 꽃잎의 바깥쪽을 제거한다.

77. 칼을 세워 꽃잎을 그린다.

78. 칼을 눕혀 꽃잎의 안쪽을 둥글게 파낸다.

79. 칼을 눕혀 꽃잎의 바깥쪽을 제거한다.

80. 칼을 세워 꽃잎을 그린다.

81. 칼을 눕혀 꽃잎의 안쪽을 둥글게 파낸다.

82. 칼을 눕혀 꽃잎의 바깥쪽을 제거한다.

83. 칼을 세워 꽃잎을 그린다.

84. 칼을 눕혀 꽃잎의 안쪽을 둥글게 파낸다.

85. 칼을 눕혀 꽃잎의 바깥쪽을 제거한다.

86. 칼을 눕혀 껍질부분을 지그재그 모양으로 파준다.

87. 완성한다.

1급 실기 - 10

1. 수박과 도구를 준비한다.

2. 원형커터 10호로 수박의 오른쪽 윗부분을 그린다.

3. 같은 원형커터로 수박의 왼쪽 아래부분을 그린다.

4. 스텐조각도를 세워 수박의 가운데 아주 작은 원을 그린다.

5. 원형커터1호로 4번의 원이 중앙에 오도록 찍는다.

6. 칼을 세워 작은 동그라미를 6등분 한다.

7. 칼을 세워 선을따라 꽃잎모양을 그린다.

8. 칼을세워 반대쪽에도 그린다.

9. 칼을 눕혀 가운데 원을 파낸다.

10. 칼을 눕혀 꽃잎 안쪽을 파낸다.

11. 칼을 눕혀 반대쪽도 파낸다.

12. 칼을 세워 반원으로 그려놓은 라인을 따라 칼을 넣어준다.

13. 칼을 세워 두줄로 넣어준다.

14. 칼을 눕혀 사진과 같이 파낸다.

15. 떨어진 조각을 제거한다.

16. 바깥쪽도 같은 방법으로 반복 작업을 한다.

17. 위쪽도 같은 방법으로 모양을 내준다.

18. 라인의 끝부분은 칼을 눕혀 꽃잎모양으로 파낸다.

19. 칼을 눕혀 안쪽을 파낸다.

20. 칼을 세워 모양을 따라 바깥쪽으로 선을 그린다.

21. 칼을 눕혀 곡선의 바깥쪽을 제거한다.

22. 칼을 눕혀 바깥쪽을 모두 제거한다.

23. 8자 모양이 되도록 한다.

24. 원형커터 3호로 반원을 찍는다.

25. 칼을 세워 찍혀진 반원모양을 따라 칼을 넣는다.

26. 반대쪽도 같은 작업을 반복한다.

27. 칼을 눕혀 모서리 안쪽을 파낸다.

28. 칼을 세워 꽃잎라인을 그린다.

29. 칼을 눕혀 라인 안쪽을 제거한다.

30. 칼을 세워 꽃잎라인을 그린다.

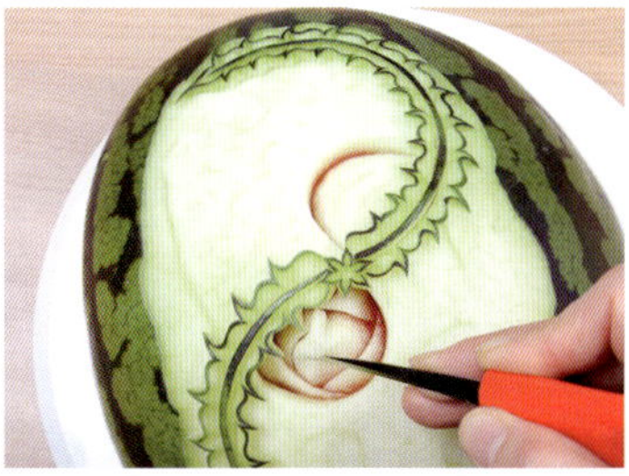
31. 칼을 눕혀 라인 안쪽을 제거한다.

32. 칼을 세워 꽃잎라인을 그린다.

33. 칼을 눕혀 라인 안쪽을 제거한다.

34. 칼을 세워 꽃잎라인을 그린다.

35. 칼을 눕혀 라인 안쪽을 파낸다.

36. 칼을 세워 꽃잎라인을 그린다.

37. 칼을 눕혀 라인 안쪽을 파낸다.

38. 칼을 세워 꽃잎라인을 그린다.

39. 칼을 눕혀 라인 안쪽을 파낸다.

40. 봉오리를 모두 완성하고 5등분 한다.

41. 칼을 눕혀 사진과 같은 모양으로 둥글게 파낸다.

42. 칼을 세워 꽃잎을 그린다.

43. 칼을 세워 반대쪽도 그린다.

44. 칼을 눕혀 꽃잎의 바깥쪽을 제거한다.

45. 칼을 세워 꽃잎을 그린다.

46. 반대쪽도 그린다.

47. 칼을 눕혀 바깥쪽을 제거한다.

48. 3번째 꽃잎도 같은 방법으로 작업한다.

49. 4번째 꽃잎도 같은 방법으로 작업한다.

50. 5번째도 같은 방법으로 작업한다.

51. 칼을 눕혀 꽃잎의 바깥쪽을 제거한다.

52. 칼을 세워 꽃잎을 그린다.

53. 칼을 눕혀 꽃잎의 안쪽을 둥글게 파낸다.

54. 칼을 눕혀V모양으로 파낸다.

55. 칼을 눕혀 반대쪽도 파낸다.

56. 껍질부분에 꽃잎라인을 그린다.

57. 반대쪽에도 사진과 같은 모양으로 그린다.

58. 칼을 눕혀서 꽃잎라인으로 파내준다.

59. 반대편도 칼을 눕혀서 꽃잎라인으로 파내준다.

60. 사진과 같다.

61. 칼을 45도 각도로 눕혀 꽃잎의 모서리를 제거한다.

62. 반대편 모서리 도 제거하고 껍질을 벗긴다.

63. 칼을 세워 오른쪽 꽃잎라인을 그린다.

64. 칼을 눕혀 파낸다.

65. 칼을 세워 왼쪽 꽃잎라인을 그린다.

66. 칼을 눕혀 파낸다.

67. 칼을 세워 오른쪽 꽃잎라인을 그린다.

68. 칼을 눕혀 파낸다.

69. 칼을 세워 왼쪽 꽃잎라인을 그린다.

70. 칼을 눕혀 파낸다.

71. 봉오리 옆쪽 껍질부분을 둥근 모양으로 파낸다.

72. 그 위에 칼을 세워 꽃잎을 그린다.

73. 칼을 눕혀 꽃잎라인으로 파낸다.

74. 떨어진 조각은 제거한다.

75. 완성한다.

1급 실기 - 11

1. 수박과 도구를 준비한다.

2. 정 중앙에 원형커터 3호로 찍는다.

3. 칼을 세워 라인을 따라 칼을 깊게 넣는다.

4. 칼을 눕혀 라인 안쪽을 파낸다.

5. 칼을 세워 꽃잎라인을 그린다.

6. 칼을 눕혀 라인 안쪽을 파낸다.

7. 칼을 세워 연결하듯 꽃잎라인을 그린다.

8. 칼을 눕혀 라인 안쪽을 파낸다.

9. 칼을 세워 꽃잎라인을 그린다.

10. 칼을 눕혀 라인 안쪽을 파낸다.

11. 칼을 세워 꽃잎라인을 그린다.

12. 칼을 눕혀 라인 안쪽을 파낸다.

13. 칼을 세워 꽃잎라인을 그린다.

14. 칼을 눕혀 라인 안쪽을 파낸다.

15. 칼을 세워 꽃잎라인을 그린다.

16. 칼을 눕혀 안쪽을 파내고 센터 봉오리를 완성한다.

17. 일정한 간격으로 12개 분할을 한다.

18. 칼을 눕혀 꽃잎모양으로 파낸다.

19. 반대쪽도 칼을 눕혀 파낸다.

20. 칼을 세워 라인을 그리다가 눕혀서 파낸다.

21. 반대쪽도 같은 모양으로 파낸다.

22. 꽃잎라인이 끊어지지 않도록 꽃잎모양을 파낸다.

23. 반대쪽도 같은 모양으로 파낸다.

24. 칼을 깊숙히 넣어 물결모양의 라인이 연결되도록 꽃잎모양을 파낸다.

25. 반대쪽도 같은 모양으로 파낸다.

26. 꽃잎모양을 파낸다.

27. 반대쪽도 같은 모양으로 파낸다.

28. 꽃잎모양을 파낸다.

29. 반대쪽도 같은모양으로 파낸다.

30. 꽃잎모양을 파낸다.

31. 반대쪽도 같은 모양으로 파낸다.

32. 꽃잎모양을 파낸다.

33. 반대쪽도 같은모양으로 파낸다.

34. 칼을 눕혀 꽃잎 라인을 따라 사진과 같이 파낸다.

35. 반대쪽도 같은 모양으로 파낸다.

36. 완성한다.

1급 실기 - 12

1. 수박과 도구를 준비한다.

2. 원형커터 9호를 가운데부분에 찍는다.

3. 칼을 세워 라인을 따라 칼을 깊게 넣는다.

4. 칼을 눕혀 원 바깥쪽을 제거한다.

5. 칼을 눕혀 원 안쪽 모서리를 제거한다.

6. 일정한 간격으로 16개 분할을 해준다.

7. 칼을 세워 꽃잎라인을 그린다.

8. 칼을 세워 반대쪽에도 그린다.

9. 칼을 눕혀 꽃잎 사이에 홈을 파준다.

10. 떨어진 조각은 제거한다.

11. 사진과 같은 모양으로 껍질을 제거한다.

12. 칼을 눕혀 가운데 부분의 껍질을 제거한다.

13. 사진과 같은 모양이 된다.

14. 칼을 세워 꽃잎을 그린다.

15. 칼을 세워 반대쪽에도 그린다.

16. 칼을 눕혀 꽃잎 안쪽에 홈을 낸다.

17. 반대편에도 홈을 내어 안쪽을 파낸다.

18. 칼을 눕혀 꽃잎의 바깥쪽을 제거한다.

19. 스텐조각도로 사진과 같은 위치에 둥글게 찍는다.

20. 칼을 눕혀 안쪽을 제거한다.

21. 스텐조각도로 둥글게 찍고 안쪽을 제거한다.

22. 스텐조각도로 둥글게 찍고 안쪽을 제거한다.

23. 스텐조각도로 바깥쪽을 둥글게 찍고 안쪽을 제거한다.

24. 칼을 눕혀 둥글게 파낸다.

25. 스텐조각도를 70도 정도로 세워 파낸부분의 바깥쪽을 찍는다.

26. 스텐조각도를 45도 이하로 눕혀 꽃잎과 꽃잎사이의 바깥쪽을 파낸다.

27. 스텐조각도를 70도 정도로 세워 파낸부분의 바깥쪽을 찍는다.

28. 칼을 눕혀 바깥쪽을 둥글게 파낸다.

29. 스탠조각도를 세워 파낸부분의 바깥쪽을 찍는다.

30. 칼을 눕혀 사진과 같은 모양으로 둥글게 파낸다.

31. 칼을 세워 사진과 같이 톱니모양으로 꽃잎을 그린다.

32. 칼을 세워 반대쪽에도 그린다.

33. 칼을 눕혀 꽃잎의 바깥쪽을 제거한다.

34. 칼을 눕혀 꽃잎의 오른쪽부터 홈을 판다.

35. 반대쪽에서 홈을 판다.

36. 칼을 눕혀 꽃잎을 둥글게 파낸다.

37. 스텐조각도를 비스듬히 세워 파낸부분의 바깥쪽을 찍는다.

38. 칼을 눕혀 꽃잎을 둥글게 파낸다.

39. 칼을 눕혀 둥글게 파낸다.

40. 스텐조각도를 비스듬히 세워 파낸부분의 바깥쪽을 찍는다.

41. 칼을 눕혀 둥글게 파낸다.

42. 스텐조각도를 비스듬히 세워 파낸부분의 바깥쪽을 찍는다.

43. 칼을 눕혀 둥글게 파낸다.

44. 스텐조각도 비스듬히 세워 파낸부분의 바깥쪽을 찍는다.

45. 칼을 눕혀 꽃잎의 바깥쪽을 제거한다.

46. 스텐조각도를 비스듬히 세워 파낸부분의 바깥쪽을 찍는다.

47. 칼을 눕혀 꽃잎의 바깥쪽을 제거한다.

48. 칼을 세워 톱니모양으로 꽃잎을 그린다.

49. 칼을 세워 반대쪽도 그린다.

50. 칼을 눕혀 꽃잎의 가운데에 홈을 판다.

51. 떨어진 조각을 제거한다.

52. 칼을 눕혀 꽃잎의 바깥쪽을 제거한다.

53. 칼을 눕혀 반대쪽도 제거한다.

54. 완성한다.

수박카빙 마스터 실기 – 1..... 218
수박카빙 마스터 실기 – 2..... 222
수박카빙 마스터 실기 – 3..... 226
수박카빙 마스터 실기 – 4..... 230
수박카빙 마스터 실기 – 5..... 234
수박카빙 마스터 실기 – 6..... 238
수박카빙 마스터 실기 – 7..... 242
수박카빙 마스터 실기 – 8..... 246
수박카빙 마스터 실기 – 9..... 250
수박카빙 마스터 실기 – 10..... 256
수박카빙 마스터 실기 – 11..... 262
수박카빙 마스터 실기 – 12..... 268

마스터 실기 - 1

01. 재료와 칼을 준비한다.

02. 칼날쪽으로 왼손이 오지 않도록 주의하며 수박껍질을 벗긴다.

03. 5호 원형틀을 이용해 중앙에 모양을 낸다.

04. 칼을 눕혀 원모양 바깥쪽의 모서리를 제거한다.

05. 칼을 눕혀 원모양 안쪽의 모서리를 제거한다.

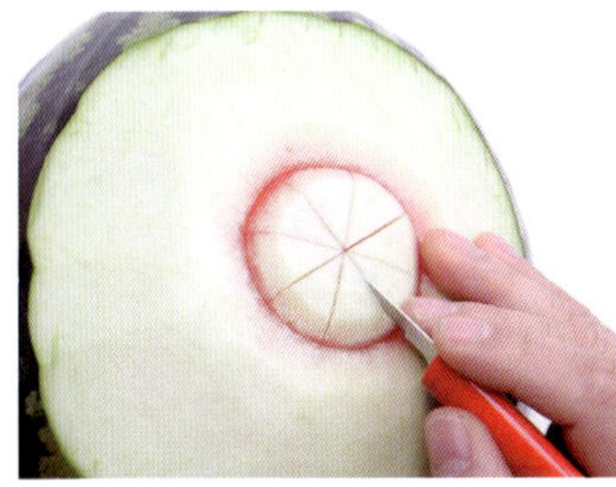

06. 원 안쪽을 8등분하여 칼을 넣어준다.

07. 칼을 눕혀 각 구획의 모서리를 제거해준다.

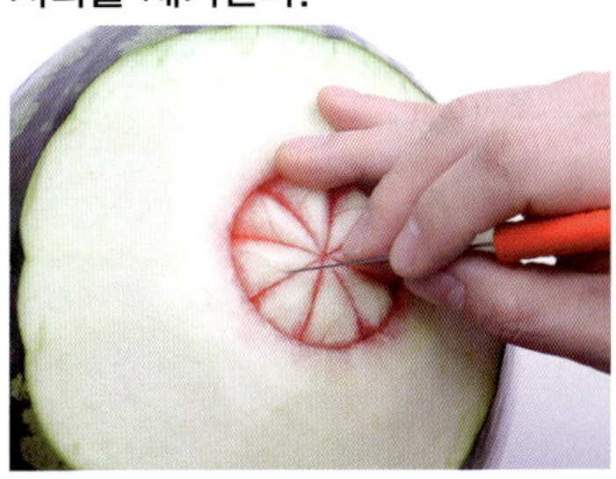

08. 꽃잎에 곡선을 그려준다.

09. 칼을 눕혀 라인 안쪽을 파낸다.

10. 꽃잎에 두번째 곡선을 그려준다.

11. 칼을 눕혀 안쪽을 파낸다.

12. 칼을 세워 세번째 꽃잎을 그린다.

13. 칼을 눕혀 라인 안쪽을 파낸다.

14. 8개 구획의 크기에 맞게 둥글게 파낸다.

15. 나뭇잎 꽃잎모양으로 라인을 그린다.

16. 꽃잎 라인 바깥을 칼을 눕혀 파내준다.

17. 2호 원형틀을 이용해 외곽에 원라인만 보이도록 표시한다.

18. 원형틀 모양을 따라 칼을 넣어서 라인을 그린다.

19. 표시된 원의 바깥쪽을 모서리 제거한다.

20. 원의 안쪽도 모서리제거 해준다.

21. 원안에 꽃잎라인을 그려준다.

22. 칼을 눕혀 라인 안쪽을 파낸다.

23. 꽃잎과 꽃잎 사이에 새로운 라인을 그려 센터봉오리와 같은 방법으로 진행한다.

24. 사이드봉오리를 완성한다.

25. 사이드 봉오리 크기를 3등분하여 바깥쪽을 굴곡지게 파낸다.

26. 파낸 조각을 제거하고, 파낸 모양을 따라 칼을 넣어 라인을 그려준다.

27. 두번째로 꽃의 안쪽을 내고, 라인을 그린다.

28. 세번째로 꽃잎 안쪽을 제거하고, 라인을 그려준다.

29. 봉오리 외곽을 제거한다.

30. 봉오리를 감싸고 있는 기본꽃잎을 그려준다.

31. 꽃잎 안쪽을 둥글게 파낸다.

32. 꽃잎 바깥쪽을 제거한다.

33. 꽃잎과 꽃잎사이에 새로운 꽃잎을 그린다.

34. 꽃잎 외곽을 두껍게 제거해준다.

35. 꽃잎의 모서리를 제거해준다.

36. 반대방향으로 모서리를 제거한다.

37. 꽃잎의 중앙에서 왼쪽으로 라인을 넣어준다.

38. 칼을 눕혀 안쪽을 파낸다.

39. 꽃잎의 중앙에서 오른쪽으로 라인을 넣어준다.

40. 칼을 눕혀 안쪽을 파낸다.

41. 같은 방법으로 끝까지 작업하여 완성한다.

42. 완성한다.

마스터 실기 - 2

01. 칼과 수박을 준비한다.

02. 수박의 껍질을 벗긴다.

03. 3호 원형틀을 이용해 중앙에 원을 표시한다.

04. 원모양 바깥쪽 모서리를 칼을 눕혀 제거한다.

05. 원 안쪽의 모서리를 제거한다.

06. 칼을 세워 첫번째 꽃잎 라인을 그린다.

07. 칼을 눕혀 라인 안쪽을 파낸다.

08. 첫번째 꽃잎의 9부위치에서 두번째 꽃잎 곡선을 그리고, 칼을 눕혀 파낸다.

09. 꽃잎이 이어지도록 세번째 꽃잎을 그리고, 칼을 눕혀 파낸다.

10. 꽃잎과 꽃잎 사이에 칼을 세워 라인을 그린다.

11. 칼을 눕혀 라인 안쪽을 파내준다.

12. 반복하여 센터봉오리를 완성한다.

13. 꽃잎 안쪽의 반만큼을 칼을 넣어준다.

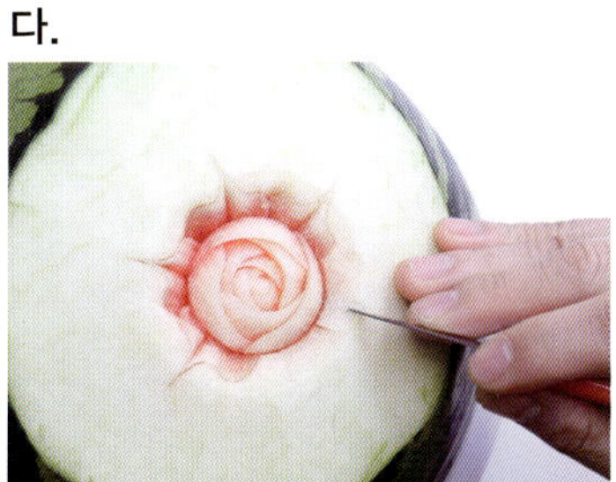

14. 반대쪽에서도 꽃잎 안쪽을 파낸다.

15. 조각을 제거하고, 파인 부분을 따라 칼을 세워 라인을 그린다.

16. 칼을 최대한 눕혀서 꽃잎라인 바깥쪽을 제거한다.

17. 2호 원형틀을 이용하여 살짝만 찍어서 형태를 표시한다.

18. 원형틀의 모양을 따라 샤토나이프로 라인을 선명하게 그려준다.

19. 칼을 눕혀 원 안쪽의 모서리를 제거한다.

20. 센터봉오리와 같은 방법으로 작업한다.

21. 꽃잎의 안쪽을 사진과 같은 모양으로 파낸다.

22. 파낸 모양을 따라서 칼을 세워 라인을 그린다.

23. 칼을 눕혀 꽃잎 바깥쪽을 제거한다.

24. 동일한 방법으로 사이드의 꽃들도 조각한다.

25. 사진과 같은 모양의 곡선을 수박 전체에 그려준다.

26. 곡선의 바깥쪽을 두껍게 파내준다.

27. 줄기 부분의 모서리를 제거한다.

28. 중앙에서 왼쪽으로 칼을 세워 라인을 그려준다.

29. 칼을 눕혀 라인 안쪽을 제거한다.

30. 반대쪽도 같은 방법으로 진행하여 2개층을 만들어준다.

31. 중앙에 곡선을 그려준다.

32. 곡선의 반대편도 라인을 그리고, 칼을 눕혀 파내준다.

33. 칼을 눕혀 파내고, 잘린 조각을 제거한다.

34. 풀카빙나이프를 이용하여 빈 공간을 둥글게 파낸다.

35. 작은 풀카빙나이프를 이용해 빈공간을 파낸다.

36. 완성한다.

마스터 실기 - 3

1. 수박과 도구를 준비한다.

02. 하트모양을 그려준다.

03. 하트 안쪽에 붉은 부분이 나오지 않도록 껍질을 깎아준다.

04. 칼을 눕혀 외곽선 부분을 잘라준다.

05. 잘려진 조각을 제거한다.

06. 잘려진 면을 다듬어준다.

07. 1호, 2호 원형틀을 이용해 원모양을 표시해둔다.

08. 표시된 원의 안쪽을 칼을 눕혀 파내준다.

09. 잘려진 조각을 제거한다.

10. 모서리부분을 제거한 사진이다.

11. 각 원에 센터봉오리를 만들어준다.

12. 선을 하나 넣고, 칼을 눕혀 파내준다.

13. 두번째 선을 칼을 세워 그려준다.

14. 칼을 눕혀 파내준다.

15. 세번째 선을 넣어준다.

16. 칼을 눕혀 파내준다.

17. 꽃잎과 꽃잎 사이에 선을 그려준다.

18. 칼을 눕혀 안쪽을 파내준다.

19. 같은 방법으로 진행한다.

20. 센터봉오리를 완성한다.

21. 안쪽의 봉오리꽃이 완성된 사진이다.

22. 하트를 주위에 새로운 하트선을 하나 더 그려준다.

23. 하트 외곽에 줄기모양을 그린다.

24. 하트외곽선과 줄기 사이를 파내준다.

25. 잘려진 조각을 제거한다.

26. 완성한다.

마스터 일기 - 4

1. 칼과 수박을 준비한다.

2. 원형틀 12호를 사용해 연필로 수박껍질에 원을 표시한다.

3. 표시된 원을 따라 칼을 넣어준다.

4. 칼을 눕혀 원 바깥쪽의 모서리를 제거한다.

5. 칼을 눕혀 원 안쪽의 모서리를 제거한다.

6. 원 주변을 8등분하여 표시한다.

7. 원 안쪽에 사진과 같은 곡선으로 껍질을 파내고, 반대쪽에서도 대칭이 되도록 껍질을 제거한다.

8. 사진처럼 완성한다.

9. 안쪽에 끝이 톱니모양인 잎을 그려준다.

10. 3호 원형틀을 이용해 원을 찍어준다.

11. 칼을 눕혀 원 안쪽의 모서리를 제거한다.

12. 센터원과 꽃잎 사이에 원을 그리며 칼을 눕혀서 넣어준다.

13. 잘려진 조각을 제거한다.

14. 사진과 같다.

15. 각 원마다 센터봉오리를 작업한다.

16. 센터와 사이드 모두 봉오리를 완성한다.

17. 사진과 같다.

18. 큰원 바깥쪽에도 사진과 같은 물결모양으로 껍질을 제거한다.

19. 수박 라인을 따라 톱니모양으로 칼을 넣어준다.

20. 칼을 눕혀 꽃잎 바깥쪽을 파낸다.

21. 꽃잎 바깥쪽에 라인을 그려준다.

22. 라인 주변을 따라 껍질을 파낸다.

23. 수박껍질의 모서리를 제거한다.

24. 중앙에서 왼쪽으로 라인을 그린다.

25. 칼을 눕혀 라인 안쪽을 파낸다.

26. 중앙에서 오른쪽으로 라인을 그린다.

27. 칼을 눕혀 라인 안쪽을 파낸다.

28. 같은 방법으로 사이드봉오리를 완성한다.

29. 봉오리 바깥쪽 수박껍질에 톱니모양으로 칼을 넣는다.

30. 톱니라인 바깥쪽으로 수박 껍질을 제거한다.

31. 얇게 라인을 그려준다.

32. 라인을 그리다가 칼이 고정된 상태에서 한바퀴 돌리며 원을 그린다.

33. 잘린 수박껍질을 제거한다.

34. 원에서 이어지는 라인을 얇게 그려준다.

35. 작은 원을 그리며 껍질을 제거한다.

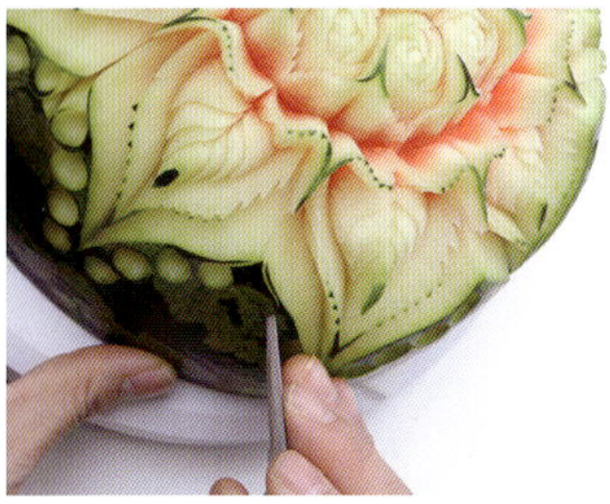

36. 반대쪽에도 같은 방법으로 원을 그리고, 껍질을 제거한다.

37. 꽃잎 아랫쪽에서 두 경계가 만나도록 꽃잎 라인을 그린다.

38. 둥근꽃잎 바깥쪽 수박껍질을 제거해준다.

39. 완성한다.

마스터 실기 - 5

01. 칼과 수박을 준비한다.

02. 12호 원형틀을 이용해 수박중앙에 연필로 밑그림을 그린다.

03. 원을 따라서 칼을 넣어준다.

04. 칼을 45도로 눕혀 원 바깥쪽 모서리를 제거한다.

05. 원 바깥쪽은 톱니모양으로 잘라준다.

06. 톱니 사이에 뾰족한 꽃잎을 그려준다.

07. 원 안쪽도 톱니모양으로 잘라준다.

08. 톱니사이를 원 안쪽으로 뾰족한 라인을 그려준다.

09. 칼을 눕혀 원 안쪽을 파낸다.

10. 사진과 같다.

11. 뾰족한 꽃잎 안쪽으로 새로운 뾰족한 꽃잎라인을 그린다.

12. 칼을 눕혀 꽃잎안쪽을 파낸다.

13. 사진과 같이 제거한다.

14. 센터에 있는 수박껍질을 깎아낸다.

15. 꽃잎과 이어지는 모양으로 원 중앙까지 수박의 흰색부분을 파내준다.

16. 뾰족한 꽃잎의 꽃잎 사이를 둥글게 파낸다.

17. 풀카빙나이프를 이용해 꽃잎 사이를 동그랗게 파낸다.

18. 동그랗게 파낸 부분 아랫쪽으로 칼을 넣어 준다.

19. 꽃잎 바깥쪽을 톱니모양으로 정리한다.

20. 톱니모양을 따라 일정한 간격으로 칼을 넣어준다.

21. 사진처럼 톱니 아랫쪽을 둥글게 파낸다.

22. 완성한다.

마스터 실기 - 6

1. 수박과 도구를 준비한다.

2. 11호 원형틀을 따라 연필로 껍질에 표시한다.

3. 연필로 표시된 선을 따라 샤토 나이프로 칼집을 넣는다.

4. 칼을 눕혀서 원 바깥쪽 수박껍질을 제거한다.

5. 칼을 45도로 눕혀 원 안쪽의 수박껍질을 제거한다.

6. 칼을 눕혀 물결모양으로 라인을 그려준다.

7. 사진처럼 라인을 완성한다.

8. 원 안쪽으로 기본꽃잎라인을 그려준다.

9. 칼을 눕혀 꽃잎사이 껍질을 제거해준다.

10. 중앙의 수박껍질을 모두 제거한다.

11. 꽃잎의 모서리를 제거한다.

12. 칼을 세워 라인을 그려준다.

13. 칼을 눕혀 라인 안쪽을 파내준다.

14. 칼을 세워 라인을 그려준다.

15. 칼을 눕혀 라인 안쪽을 파낸다.

16. 꽃잎과 꽃잎 사이에 곡선모양으로 칼을 넣어준다.

17. 반대쪽에서도 곡선으로 칼을 넣어준다.

18. 꽃잎 사이를 파낸다.

19. 파낸 부분 주위에 새로운 꽃잎 라인을 그려준다.

20. 꽃잎 주변을 칼을 눕혀 파낸다.

21. 같은 방법으로 수박 중앙까지 작업한다.

22. 반복하여 센터를 완성한다.

23. 수박의 바깥쪽 부분에 넓은 꽃잎모양으로 곡선을 넣어준다.

24. 반대쪽에서도 곡선을 넣어준다.

25. 잘린 수박조각을 제거한다.

26. 같은 방법으로 곡선을 그려준다.

27. 반대쪽에서도 곡선을 그려준다.

28. 잘린 수박조각을 제거한다.

29. 곡선라인을 따라 칼을 넣어주고, 끝부분을 둥글게 마무리한다.

30. 곡선의 둥근 끝부분 껍질을 제거한다.

31. 둥근 부분을 감싸면서 하트모양으로 라인을 그려준다.

32. 라인 주변을 파내어 껍질을 제거한다.

33. 하트라인 바깥쪽에 새로운 라인을 그려준다.

34. 곡선 주변을 다시 파내어 수박 조각을 제거한다.

35. 곡선사이에 새로운 꽃잎 라인을 그리고, 주변을 파낸다.

36. 꽃봉오리의 모서리를 제거한다.

37. 칼을 세워 라인을 그리고, 칼을 눕혀 안쪽을 파내어 봉오리를 완성한다.

38. 완성한다.

마스터 실기 - 7

1. 수박과 도구를 준비한다.

02. 11호 원형틀을 따라 연필로 껍질에 원을 그린다.

03. 표시된 원을 따라 샤토나이프를 넣어준다.

04. 원 바깥쪽 모서리를 칼을 눕혀서 제거한다.

05. 12등분으로 구획을 표시한다.

06. 표시된 구획을 따라 원 안쪽으로 둥글게 껍질을 파낸다.

07. 반대방향으로도 진행하여 잘려진 껍질을 제거한다.

08. 분할된 구획 중앙부터 물방울 무늬로 껍질을 파낸다.

09. 반대방향에서도 진행하여 하트 모양이 되도록 껍질을 제거한다.

10. 하트외곽에 사진처럼 모양을 넣어준다.

11. 안쪽을 칼을 완전히 눕혀 껍질을 제거한다.

12. 수박 안쪽에 톱니모양의 꽃잎을 그려준다.

13. 칼을 눕혀 수박 안쪽을 파내준다.

14. 같은 방법으로 진행하여 수박 센터를 완성한다.

15. 수박 바깥쪽에 칼을 넣어서 껍질을 제거한다.

16. 수박 센터 작업과 동일하게 라인을 따라 물방울 모양으로 껍질을 제거한다.

17. 반대 방향으로도 진행하여 하트를 완성한다.

18. 하트 외곽에 사진의 모양처럼 칼을 넣어준다.

19. 모양을 따라 칼을 넣어준다.

20. 반대방향으로도 칼을 넣어 껍질을 제거한다.

21. 라인을 따라 조심스럽게 물방울 모양으로 껍질을 제거한다.

22. 반대방향으로도 진행하여 하트를 완성한다.

23. 다시 하트 외곽으로 칼을 넣어준다.

24. 톱니모양으로 칼을 넣어준다.

25. 반대방향으로도 톱니모양으로 칼을 넣어 껍질을 제거한다.

26. 센터에 다이아몬드 모양으로 껍질을 제거한다.

27. 수박외곽에도 다이아몬드로 껍질을 파내어 제거한다.

28. 수박 껍질을 다이아몬드모양으로 파낸다.

29. 완성한다.

마스터 실기 - 8

1. 칼과 수박을 준비한다.

2. 수박받침대를 사용해 껍질에 원을 표시해준다.

3. 2호 원형틀로 수박의 사이드에 원을 표시한다.

4. 사진과 같다.

5. 스텐조각도를 사선으로 넣어 파내준다.

6. 샤토나이프를 눕혀서 파내준다.

7. 삼각 스텐조각도로 홈을 넣는다.

8. 테두리를 따라 칼을 세워 선을 넣는다.

9. 칼을 눕혀 사이사이를 파낸다.

10. 껍질을 제거한다.

11. 사진과 같다.

12. 칼을 눕혀 라인 아래쪽을 파낸다.

13. 양쪽에서 칼을 눕혀 꽃잎라인으로 홈을 파낸다.

14. 꽃잎라인을 따라 톱니를 넣어준다.

15. 칼을 눕혀 라인 바깥쪽을 꽃잎라인으로 파낸다.

16. 사진과 같이 표시한다.

17. 사진과 같이 칼을 눕혀 파낸다.

18. 반대쪽에서도 칼을 눕혀 파낸다.

19. 사각형 꼭짓점의 네 방향으로 홈을 파낸다.

20. 빈틈이 없게 사이사이에 홈을 파낸다.

21. 사진과 같다.

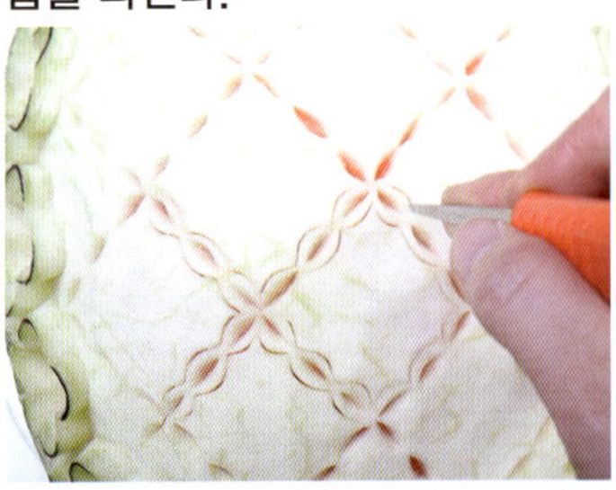

22. 칼을 세워 사슬 모양으로 라인을 넣는다.

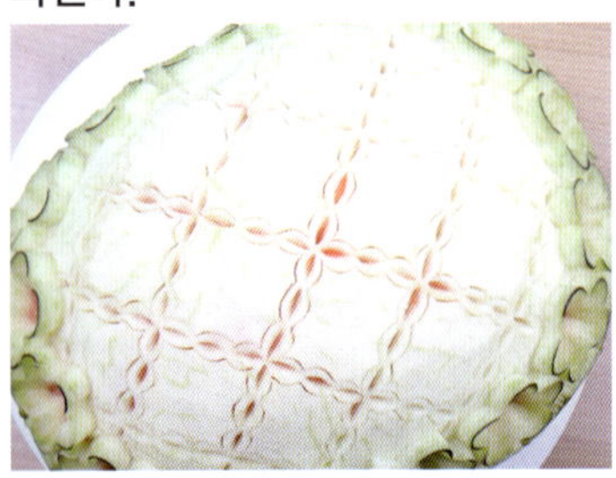

23. 사진과 같다.

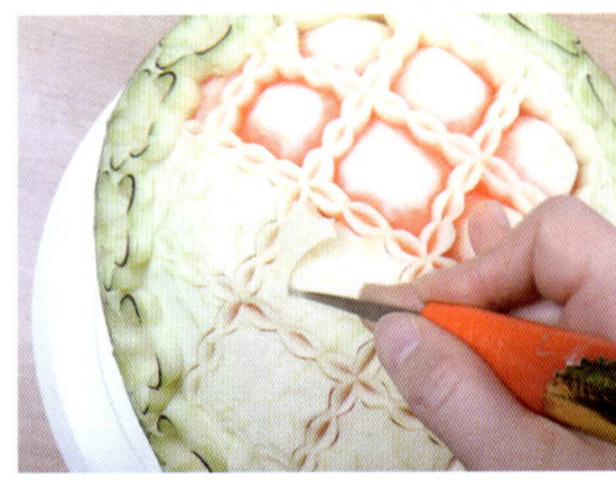

24. 칼을 눕혀 안쪽을 파낸다.

25. 부드러운 굴곡 라인을 그린다.

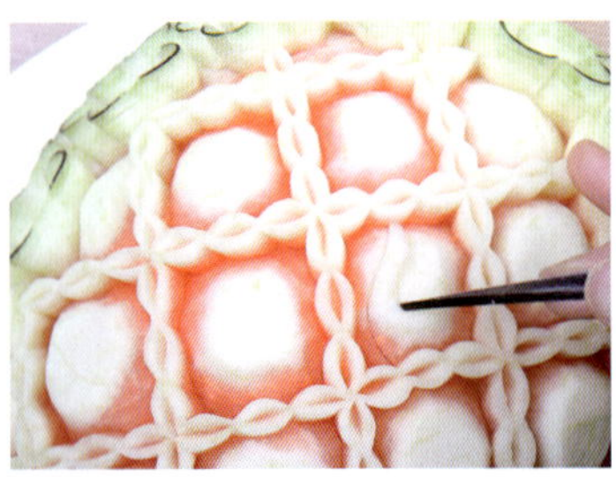

26. 칼을 눕혀 라인 안쪽을 파낸다.

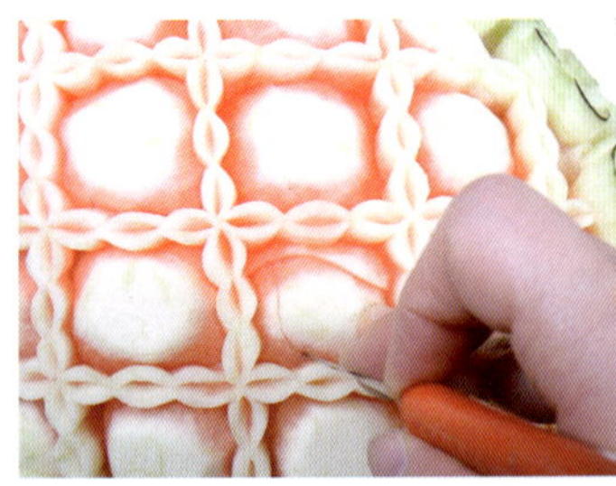

27. 두번째 굴곡 라인을 그린다.

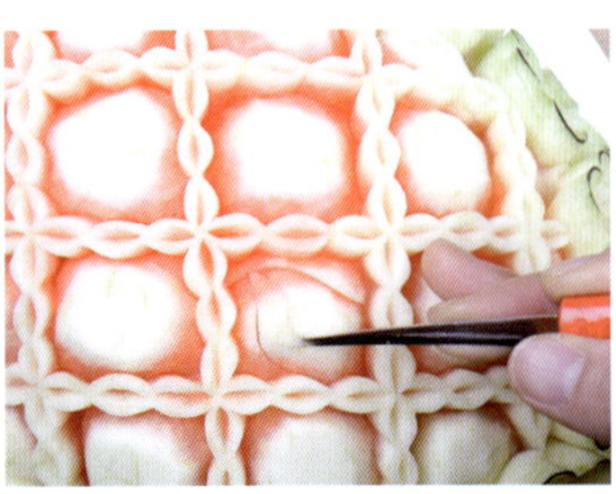

28. 칼을 눕혀 라인 안쪽을 파낸다.

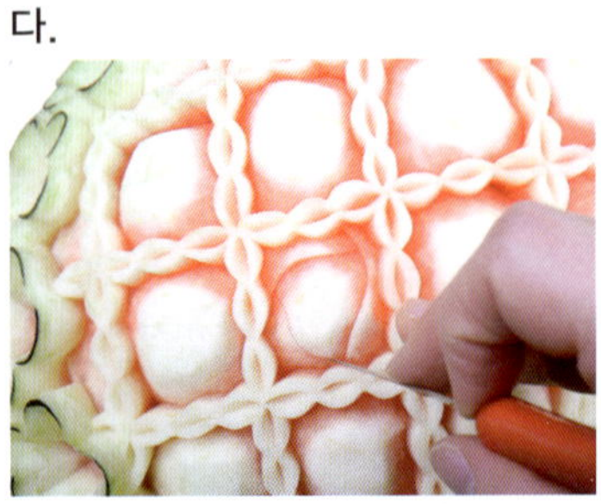

29. 세번째 라인을 그린다.

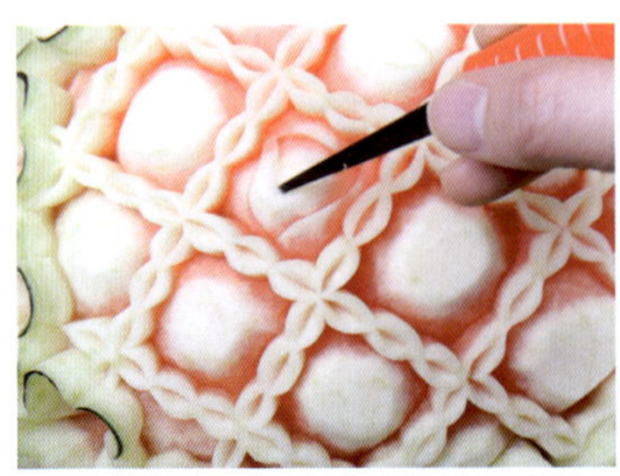

30. 칼을 눕혀 라인 안쪽을 파낸다.

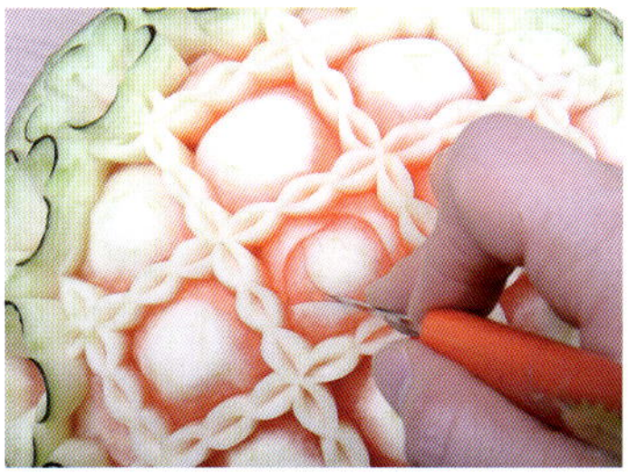

31. 라인 사이사이에 굴곡라인을 그린다.

32. 반복하여 센터봉오리를 완성한다.

33. 완성한다.

마스터 실기 - 9

1. 수박과 도구를 준비한다.

2. 원형커터2호로 가운데를 찍는다.

3. 일정한 간격으로 8개 분할을 해준다.

4. 칼을 45도로 세워 원 안쪽을 둥근모양으로 파낸다.

5. 일정한 간격으로 8개 분할을 해준다.

6. 선을 따라 일자로 홈을 판다.

7. 칼을 눕혀 사진과 같이 파내준다.

8. 칼을 세워 라인을 그리다가 눕혀서 파내준다.

9. 반대쪽에도 동일하게 작업한다.

10. 칼을 눕혀 사진과 같은 위치에 다이아몬드 모양을 내준다.

11. 꽃잎 사이에 뾰족한 도구로 마름모 모양의 표시를 한다.

12. 칼을 비스듬하게 넣어 표시해 둔 모양을 따라 안쪽을 파낸다.

13. 칼을 세워 꽃잎의 꼬리쪽에도 마름모 모양으로 파낸다.

14. 떨어진 조각은 제거한다.

15. 칼을 세워 라인이 이어지도록 선을 넣어준다.

16. 꽃잎 사이에 마름모 모양까지 이어지게 선을 그린다.

17. 칼을 눕혀 꽃잎 사이를 둥글게 파낸다.

18. 파낸 부분위에 톱니 모양으로 꽃잎을 그린다.

19. 칼을 눕혀 꽃잎 바깥쪽을 제거한다.

20. 칼을 세워 사진과 같이 곡선을 그린다.

21. 칼을 세워 반대쪽에도 그린다.

22. 칼을 세워 안쪽선을 따라 잇는다.

23. 칼을 눕혀 꽃잎 사이를 둥글게 파낸다.

24. 칼을 세워 그 위에 톱니모양의 꽃잎을 그린다.

25. 칼을 눕혀 꽃잎 바깥쪽을 둥글게 제거한다.

26. 칼을 세워 그 위에 톱니모양의 꽃잎을 그린다.

27. 칼을 눕혀 꽃잎 바깥쪽을 사진과 같은 모양으로 제거한다.

28. 칼을 눕혀 곡선의 바깥쪽을 따라 선을 긋는다.

29. 꽃잎의 꼬리부분도 연결해준다.

30. 칼을 눕혀 라인의 바깥쪽을 제거한다.

31. 꽃잎 사이에 원형커터5호를 반틈만 사용하여 8개의 반원을 찍는다.

32. 표시한 라인을 따라 칼을 세워 라인을 넣어준다.

33. 칼을 눕혀 모서리 안쪽을 제거한다.

34. 칼을 세워 꽃잎 라인을 그린다.

35. 칼을 눕혀 라인 안쪽을 파낸다.

36. 칼을 세워 꽃잎 라인을 그린다.

37. 칼을 눕혀 라인 안쪽을 파낸다.

38. 칼을 세워 꽃잎 라인을 그린다.

39. 칼을 눕혀 라인 안쪽을 파낸다.

40. 칼을 세워 꽃잎 라인을 그린다.

41. 칼을 눕혀 라인 안쪽을 파낸다.

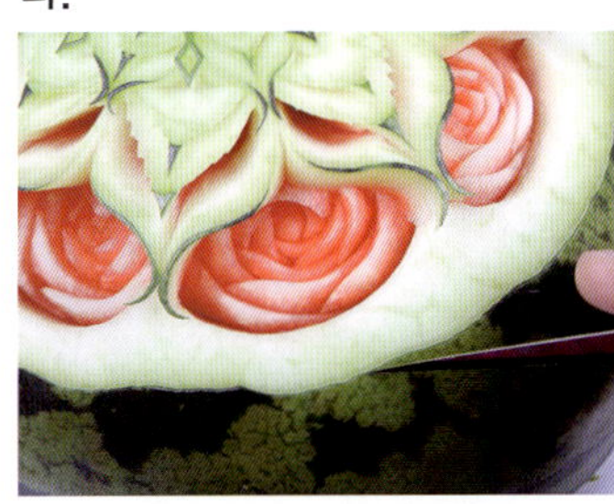

42. 8개의 봉오리를 완성한다.

43. 칼을 눕혀 굴곡지게 파내준다.

44. 파낸 라인을 따라 칼을 세워 꽃잎을 그린다.

45. 칼을 눕혀 꽃잎이 겹쳐지게 굴곡라인을 파내준다.

46. 칼을 세워 파낸 모양을 따라 꽃잎을 그린다.

47.칼을 눕혀 꽃잎 바깥쪽을 파내준다.

48. 칼을 세워 그 위에 꽃잎을 그린다.

49. 꽃잎 안쪽에 홈을 파내준다.

50. 떨어진 조각은 제거한다.

51. 칼을 눕혀 꽃잎 사이를 둥글게 파낸다.

52. 칼을 세워 그 위에 꽃잎을 그린다.

53. 칼을 눕혀 꽃잎 안쪽에 일자 모양으로 홈을 판다.

54. 칼을 눕혀 꽃잎의 바깥쪽을 둥글게 파내 마무리한다.

55. 완성한다

마스터 실기 - 10

1. 수박과 도구를 준비한다.

2. 원형커터11호를 수박 가운데에 찍는다.

3. 칼을 세워 라인을 따라 선을 깊게 넣는다.

4. 칼을 눕혀 라인 바깥쪽을 제거한다.

5. 일정한 간격으로 6개 분할을 해준다.

6. 원 안에 6개 꽃잎라인을 그린다.

7. 꽃잎과 꽃잎 사이에 홈을 파내준다.

8. 홈의 양쪽에 둥근모양을 파낸다.

9. 떨어진 조각은 제거한다.

10. 칼을 세워 꽃잎 라인을 따라 선을 넣어준다.

11. 칼을 세워 둥근모양의 테두리를 넣어준다.

12.칼을 눕혀 테두리 바깥쪽을 파낸다.

13. 칼을 세워 파여진 부분의 바깥쪽을 따라 곡선을 그린다.

14. 칼을 45도로 눕혀 사진과 같은 모양으로 곡선의 바깥쪽을 제거한다.

15. 뾰족한 도구를 사용하여 꽃잎의 중간을 표시한다.

16. 칼을 세워 사진과 같은 위치에 둥글게 파낸다.

17. 칼을 세워 파여진 부분의 바깥쪽을 따라 곡선을 그린다.

18. 칼을 눕혀 동그랗게 파낸다.

19. 반대편도 마찬가지로 파낸다.

20. 칼을 세워 그 위에 둥글게 선을 그린다.

21. 칼을 세워 반대쪽에도 선을 그린다.

22. 칼을 비스듬히 넣어 안쪽을 파낸다.

23. 사진과 같은 모양으로 선을 그린다.

24. 칼을 눕혀 시작부분에 속을 파낸다.

25. 끝부분도 속을 파낸다.

26. 칼을 눕혀 꽃잎라인 사이사이를 파낸다.

27. 센터봉오리의 껍질을 모두 제거한다.

28. 원형커터2호를 가운데 찍는다.

29. 자국만 내 준다.

30. 칼을 눕혀 작은 원 안쪽의 모서리를 제거한다.

31. 칼을 눕혀 가운데 원의 모서리를 제거한다.

32. 칼을 세워 꽃잎 라인을 그린다.

33. 칼을 눕혀 라인 안쪽을 파낸다.

34. 칼을 세워 꽃잎 라인을 그린다.

35. 칼을 눕혀 라인 안쪽을 파낸다.

36. 칼을 세워 꽃잎 라인을 그린다.

37. 칼을 눕혀 라인 안쪽을 파낸다.

38. 칼을 세워 가운데 봉오리 꽃잎 라인을 그린다.

39. 칼을 눕혀 라인 안쪽을 파낸다.

40. 칼을 세워 꽃잎 라인을 그린다.

41. 칼을 눕혀 봉오리 안쪽을 파낸다.

42. 칼을 세워 꽃잎 라인을 그린다.

43. 칼을 눕혀 봉오리 안쪽을 파낸다.

44. 봉오리를 완성한다.

45. 칼을 눕혀 사이사이 홈을 파고 물결모양으로 바깥부분을 제거한다.

46. 사진과 같은 모양이 되게한다.

47. 그 위에 톱니모양으로 칼을 넣는다.

48. 껍질위로 자연스럽게 연결시킨다.

49. 칼을 눕혀 둥글게 파낸다.

50. 바깥쪽을 따라 선을 그린다.

51. 칼을 눕혀 사진과 같은 모양으로 아래쪽을 제거한다.

52. 칼을 세워 제거한 부분을 따라 그린다.

53. 그 아래 칼을 넣어 아래쪽을 둥글게 제거한다.

54. 칼을 세워 제거한 부분을 따라 그린다.

55. 그 아래 칼을 눕혀 둥근모양으로 파낸다.

56. 5개의 반원모양이 된다.

57. 칼을 눕혀 파내어진 바깥쪽을 따라 그린다.

58. 칼을 눕혀 아래쪽을 둥글게 제거한다.

59. 칼을 눕혀 사진과 같은 모양으로 수박조각을 제거한다.

60. 칼을 세워 라운드 라인을 넣는다.

61. 칼을 눕혀 원 안쪽 모서리를 제거한다.

62. 칼을 세워 꽃잎 라인을 그린다.

63. 칼을 눕혀 라인 안쪽을 제거한다.

64. 칼을 세워 꽃잎 라인을 그린다.

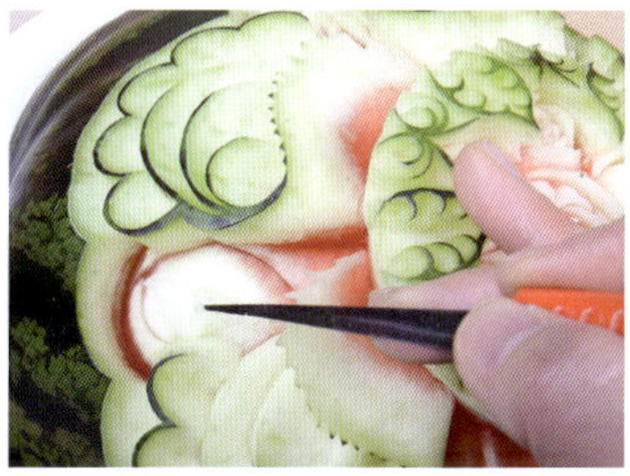

65. 칼을 눕혀 라인 안쪽을 파낸다.

66. 칼을 세워 꽃잎 라인을 그린다.

67. 칼을 눕혀 라인 안쪽을 파낸다.

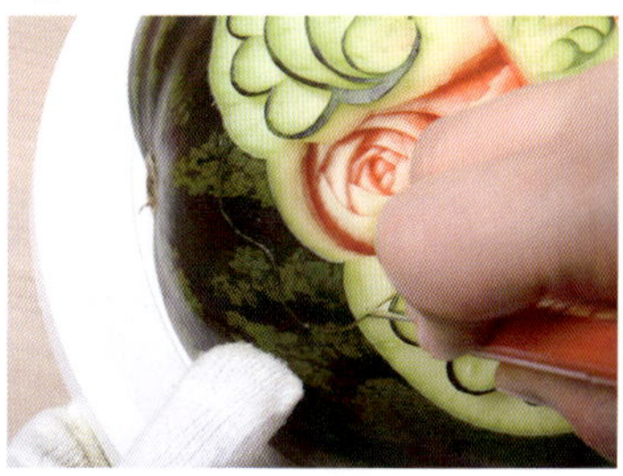

68. 칼을 세워 사진과 같은 모양으로 라인을 그린다.

69. 칼을 눕혀 라인의 바깥쪽을 제거한다.

70. 칼을 눕혀 양쪽 모서리를 확실히 제거한다.

71. 칼을 살짝 눕혀 뒤집어진 꽃잎을 만들어준다.

72. 반대편도 마찬가지로 한다.

73. 칼을 눕혀 꽃잎라인으로 파낸다.

74. 칼을 세워 반대쪽도 제거한다.

75. 완성한다.

마스터 실기 - 11

1. 수박과 도구를 준비한다.

2. 원형커터12호로 수박의 가운데를 찍어준다.

3.칼을 세워 라인을 따라 선을 넣는다.

4. 칼을 눕혀 수박의 원 안쪽을 제거한다.

5. 칼을 눕혀 안쪽 껍질을 다 제거한다.

6. 사진과 같은 모양이 된다.

7. 일정한 간격으로 6분할 한다.

8. 칼을 눕혀서 홈을 파낸다.

9. 반대쪽에도 칼을 넣어 사진과 같은 모양이 되게 한다.

10. 뾰족한 도구로 수박 껍질에 하트를 그린다.

11. 칼을 세워 하트 옆에 같은 방식으로 홈을 판다.

12. 반대쪽에도 홈을 판다.

13. 칼을 세워 미리 그려둔 하트를 따라 선을 넣는다.

14. 칼을 눕혀 하트 안쪽을 파낸다.

15. 반대쪽도 칼을눕혀 파낸다.

16. 떨어진 조각을 제거한다.

17. 칼을 눕혀 하트 사이를 둥글게 파낸다.

18. 칼을 눕혀 원 안쪽 모서리를 제거한다.

19. 사진과 같이 표면을 매끄럽게 만든다.

20. 원형커터1호와 2호를 번갈아 사용하여 센터 안에 꽉 차게 찍어준다.

21. 칼을 눕혀 원 모서리를 모두 제거한다.

22. 사진과 같은 모양이 된다.

23. 칼을 세워 꽃잎 라인을 그린다.

24. 칼을 눕혀 라인의 모서리 안쪽을 제거한다.

25. 칼을 세워 꽃잎 라인을 그린다.

26. 칼을 눕혀 라인의 모서리 안쪽을 제거한다.

27. 같은 작업을 반복하여 꽃봉오리를 모두 완성한다.

28. 칼을 세워 하트 사이의 둥근 곡선에 톱니 모양으로 칼을 넣어준다.

29. 하트가 연결되는 6개의 곡선을 모두 톱니모양으로 만든다.

30. 칼을 눕혀 곡선의 바깥쪽을 둥글게 제거한다.

31. 칼을 세워 하트 사이의 둥근 곡선에 톱니 모양으로 칼을 넣어준다.

32. 곡선이 중간에 끊기지 않도록 주의하여 끝까지 칼을 넣는다.

33. 곡선의 바깥쪽을 둥글게 제거한다.

34. 칼을 세워 하트 사이의 둥근 곡선에 톱니 모양으로 칼을 넣어준다.

35. 곡선이 중간에 끊기지 않도록 주의하여 끝까지 칼을 넣는다.

36. 칼을 눕혀 하트 밑에 홈을 파낸다.

37. 칼을 세워 하트라인을 그려주고, 하트의 끝부분을 꼬리모양으로 그린다.

38. 칼을 세워 반대쪽도 같은 방법으로 그린다.

39. 칼을 세워 하트안쪽에 사진과 같은 모양을 그려준다.

40. 반대쪽도 같은 모양으로 그려준다.

41. 칼을 눕혀 라인과 이어지게 파내준다.

42. 반대쪽에도 파내준다.

43. 칼을 세워 하트 바깥쪽을 라인 따라 파내준다.

44. 칼을 눕혀 반대쪽에도 사진과 같은 모양으로 파낸다.

45. 칼을 눕혀 곡선의 바깥쪽을 둥근모양으로 제거한다.

46. 칼을 세워 그 위에 꽃잎을 한 쪽씩 그린다.

47. 반대쪽에도 그린다.

48. 칼을 눕혀 꽃잎의 가운데 일자로 홈을 판다.

49. 떨어진 조각을 제거한다.

50. 칼을 눕혀 꽃잎이 겹치게 파내준다.

51. 칼을 세워 꽃잎을 그린다.

52. 칼을 눕혀 꽃잎 바깥쪽을 제거한다.

53. 칼을 눕혀 둥근 모양으로 제거한다.

54. 칼을 세워 그 위에 꽃잎을 그린다.

55. 칼을 눕혀 가운데 홈을 판다.

56. 칼을 눕혀 꽃잎의 바깥쪽을 파내준다.

57. 사진과 같은 모양으로 껍질을 제거한다.

58. 완성한다.

마스터 실기 - 12

1. 칼과 수박을 준비한다.

2. 2호 원형틀을 이용해 중앙에 원을 표시한다.

3. 원을 따라서 칼을 넣어준다.

4. 칼을 눕혀 원 안쪽 모서리를 제거한다.

5. 칼을 세워 부드러운 곡선을 그린다.

6. 칼을 눕혀 라인 안쪽을 파낸다.

7.칼을 세워 두번째 라인을 그리고 파낸다.

8. 세번째 라인을 그린다.

9. 세번째 라인 안쪽을 파낸다.

10. 라인 사이에 곡선을 그린다.

11. 칼을 눕혀서 라인 안쪽을 파내준다.

12. 반복하여 센터봉오리를 완성한다.

13. 칼을 눕혀 바깥쪽을 굴곡지게 판다.

14. 파낸 모양을 따라 칼을 세워 라인을 그린다.

15. 꽃잎이 겹치게 파내준다.

16. 파낸 굴곡을 따라 칼을 세워 라인을 그린다.

17.반복하여 완성하고 4등분하여 꽃잎라인을 표시한다.

18. 칼을 눕혀 꽃잎의 반반씩 양쪽에서 칼을 넣어준다.

19. 떨어진 조각을 제거한다.

20. 꽃잎 4개 모두 같은방식으로 작업한다.

21. 꽃잎의 꼬리에 하트 모양 표시를 한다.

22. 칼을 세워 사진과 같이 선을 넣는다.

23. 사진과 같이 선을 넣는다.

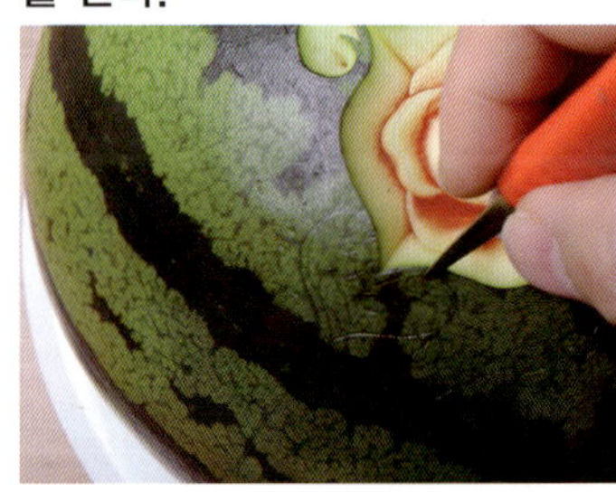

24. 칼을 눕혀 테두리를 따라 파내준다.

25. 하트 절반까지 파내준다.

26. 남은 절반도 똑같이 작업하고 떨어지는 조각을 제거한다.

27. 테두리를 따라 칼을 세워 선을 넣어준다.

28. 사진과 같이 드로잉 한다.

29. 칼을 눕혀 양쪽에서 파내준다.

30. 떨어진 조각을 제거한다.

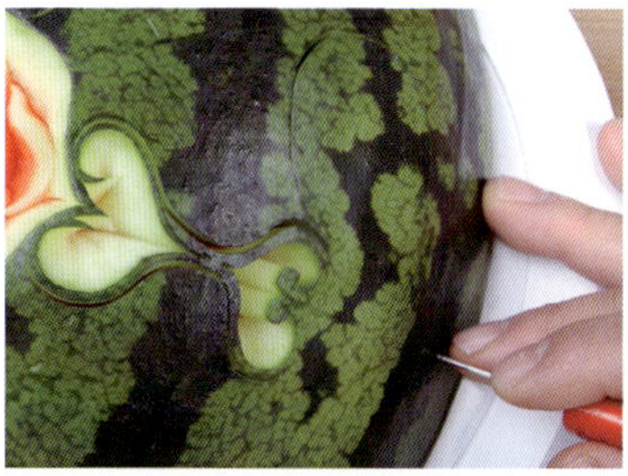
31. 사진과 같이 선을 넣는다.

32. 사진과 같이 칼을 세워 선을 넣는다.

33. 라인 안쪽을 파내준다.

34. 센터봉오리를 완성한다.

35. 테두리를 따라 라인을 넣는다.

36. 사진과 같이 드로잉한다.

37. 드로잉 라인을 따라 선을 넣는다.

38. 칼을 눕혀서 바깥쪽을 파낸다.

39. 떨어지는 조각을 제거한다.

40. 톱니라인으로 칼을 넣어준다.

41. 라인 바깥쪽을 칼을 눕혀 파낸다.

42. 톱니라인으로 칼을 한번 더 넣어준다.

43. 칼을 눕혀 라인 바깥쪽을 파낸다.

44. 칼을 눕혀 사이에 홈을 넣어준다.

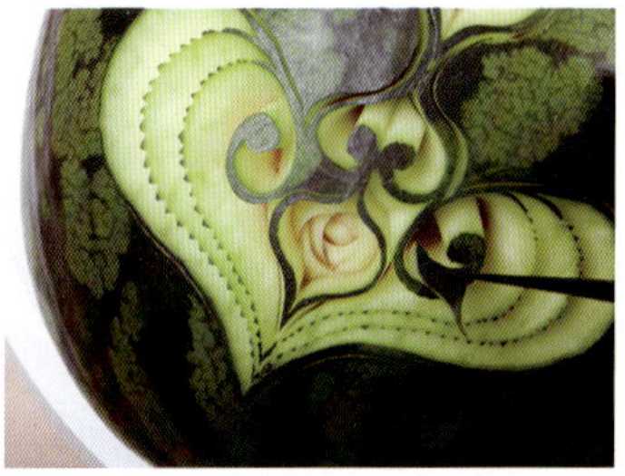
45. 떨어지는 조각을 제거한다.

46. 사진과 같다.

47. 사진과 같이 칼을세워 라인을 깊게 넣는다.

48. 칼을 눕혀 수박껍질을 제거한다.

49. 사진과 같다.

50. 2호 원형틀로 원을 표시한다.

51. 칼을 45도로 눕혀 안쪽 모서리를 제거한다.

52.칼을 45도로 눕혀 바깥쪽 모서리를 제거하고 떨어지는 조각을 제거한다.

53. 칼을 눕혀 굴곡진 라인을 파내준다.

54. 라인을 따라 칼을 세워 꽃잎을 그린다.

55. 꽃잎이 겹치게 파낸다.

56. 반복하여 완성한다.

57. 칼을 눕혀서 꽃잎 바깥쪽을 굴곡라인으로 파낸다.

58. 떨어진 조각을 제거한다.

59. 칼을 세워서 꽃잎을 그린다.

60. 반복하여 완성한다.

61. 칼을 세워 부드러운 곡선을 그린다.

62. 칼을 눕혀 라인 바깥쪽을 파낸다.

63.칼을 세워 두번째 라인을 그린다.

64. 칼을 눕혀 라인 바깥쪽을 파낸다.

65. 반복하여 완성한다.

66. 사진과 같다.

67. 칼을 세워 빈 공간에 원을 그린다.

68. 칼을 눕혀 원 바깥을 굴곡지게 파낸다.

69. 칼을 세워 라인을 그린다.

70. 반복한다.

71. 칼을 눕혀 꽃잎 아래를 파낸다.

72. 칼을 눕혀 홈을 넣어준다.

73. 떨어진 조각을 제거하고 꽃잎 라인을 그린다.

74. 완성한다.

수박카빙 마스터 부록

수박카빙 마스터 부록 – 1..... 276
수박카빙 마스터 부록 – 2..... 280
수박카빙 마스터 부록 – 3..... 284

부록 - 1

01. 수박과 칼을 준비한다.

02. 수박 아랫쪽에 연필로 12개 구획으로 나누어 표시해준다.

03. 표시된 선과 선 사이에 꽃잎을 그려준다.

04. 꽃잎 아랫쪽을 칼을 눕혀 파내준다.

05. 꽃잎과 꽃잎 사이에 새로운 꽃잎을 그린다.

06. 꽃잎 안쪽의 3분의 1만큼 둥글게 파낸다.

07. 3분의 1만큼 칼을 넣어 둥글게 파낸다.

08. 잘린 조각을 제거한다.

09. 남은 3분의 1부분도 둥글게 파내고, 조각을 제거한다.

10. 칼을 눕혀 꽃잎 바깥쪽을 파낸다.

11. 꽃잎과 꽃잎사이에 새로운 꽃잎을 그린다.

12. 꽃잎 안쪽을 3번 나누어 둥글게 파낸다.

13. 두번째 안쪽을 파낸다.

14. 잘린조각을 제거한다.

15. 칼을 눕혀 꽃잎 아랫쪽을 파낸다.

16. 꽃잎과 꽃잎사이에 새로운 꽃잎을 그린다.

17. 꽃잎 안쪽에 곡선을 그려준다.

18. 꽃잎 안쪽을 둥글게 파낸다.

19. 잘려진 조각을 제거한다.

20. 껍질을 제거한다.

21. 꽃잎 사이에 라인을 그리고, 각도를 이용해 바깥부분을 잘라낸다.

22. 각도를 이용해 반대쪽도 잘라준다.

23. 각도를 이용해 가운데 부분을 제거한다.

24. 잘려진 면의 모서리를 제거한다.

25. 껍질을 제거한다.

26. 같은 방법으로 수박의 끝까지 진행한다.

27. 수박껍질을 완전히 제거한다.

28. 잘려진 면에 사진처럼 라인을 넣어준다.

29. 칼을 눕혀 라인 안쪽을 파낸다.

30. 완성한다.

31. 나비모양과 수박껍질을 준비한다.

32. 수박껍질에 나비를 붙이고 투명한 테이프로 고정한다.

33. 그림의 라인을 따라서 칼을 넣어준다.

34. 종이를 제거한다.

35. 표시된 라인을 따라서 잘라준다.

36. 칼을 눕혀 껍질을 제거한다.

37. 나비를 완성한다.

38. 완성한다.

부록 - 2

01. 재료를 준비한다.

02. 새길 문구를 프린터 하여 수박에 테이프로 붙여준다.

03. 문구를 새길때에는 안쪽의 부분부터 파낸다.

04. 이후 안쪽의 글씨를 파내면 종이 부분이 떨어지게된다.

05. 문구를 넣을때는 꼭 샤토나이프를 똑바로 세워야 한다.

06. 안쪽에서 점차적으로 밖으로 그려 나온다.

07. 사이드 쪽의 문구도 자음의 안쪽 공간이 있는 부분부터 파낸다.

08. 다음으로 글씨를 모두 파낸다.

09. 안쪽 종이 부분을 파낸다.

10. 다음 라인으로 칼을 넣어준다.

11. 조심해서 안쪽의 껍질을 벗긴다.

12. 중앙의 KCDA와 테두리를 제외한 부분을 잘라내야한다.

13. 사진과 같이 작업된다.

14. 칼을 눕혀 밖의 원이 드러나도록 잘라낸다.

15. 칼을 최대한 눕혀서 사이드 부분만 먼저 칼을 넣어준다.

16.뜯을 수 있는 부분 먼저 뜯어낸다.

17. 안쪽 부분도 조심스럽게 제거한다.

18. 문구를 완성한다.

19. 문구 주위로 톱니 모양을 넣어준다.

20. 톱니 모양 아래 부분에 칼을 넣어준다.

21. 아래쪽과 위쪽에 공간을 만든다.

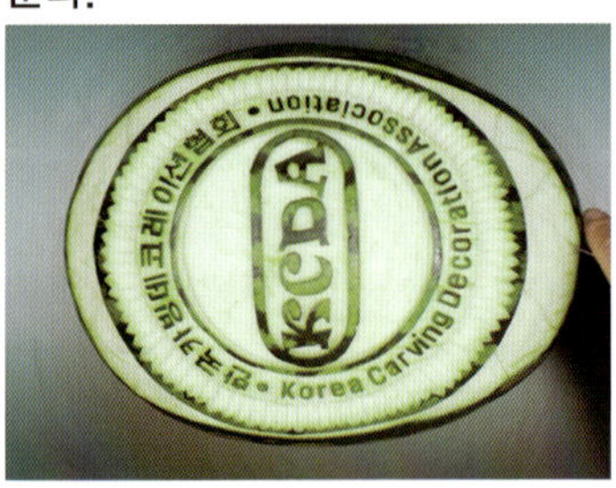

22. 아래쪽과 위쪽에 꽃잎 모양을 그려준다.

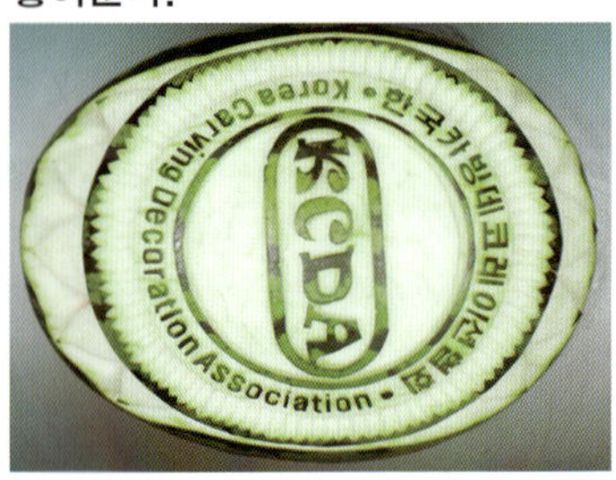

23. 아래쪽을 파내준다.

24. 모서리 제거한다.

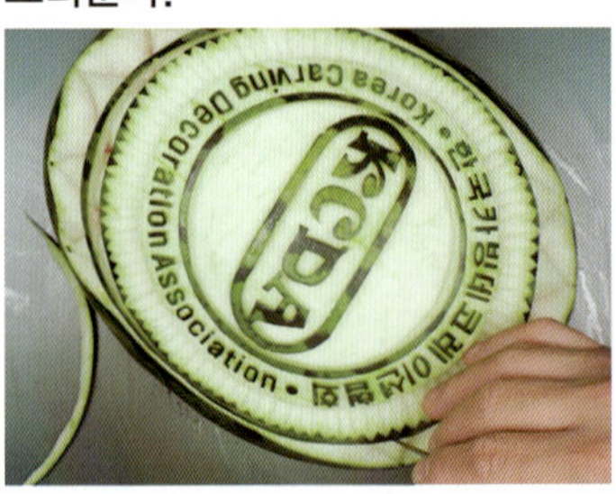

25. 톱니 부분을 남겨두고 잘라낸다.

26. 사이드 봉오리를 그려준다.

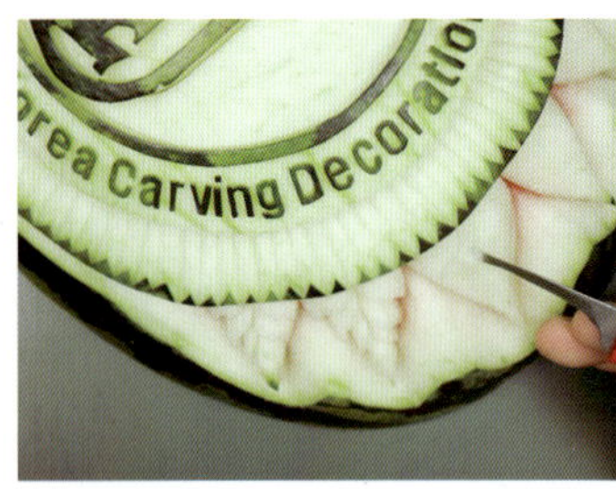

27. 곡선으로 중앙에서 양쪽으로 그어준다.

28. 곡선을 넣는다.

29. 중앙에서 칼을 똑바로 세워 선을 넣어준다.

30. 선이 드러나도록 칼을 눕혀 파내준다.

31. 같은 방법으로 칼을 넣어준다.

32. 완성한다.

부록 - 3

01. 재료와 도구를 준비한다.

02. 이미지를 출력하여 테이프로 붙여준다.

03. 라인을 따라 선을 넣어준다.

04. 칼을 모두 넣으면 사진과 같이 된다.

05. 문양이 드러나도록 주위를 껍질을 제거한다.

06. 반대편의 이미지 주위도 껍질을 잘라낸다.

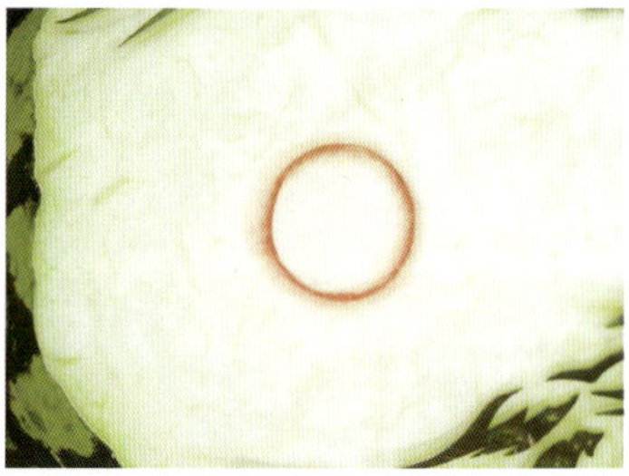

07. 이미지 사이에 껍질을 벗긴후 원을 그린다.

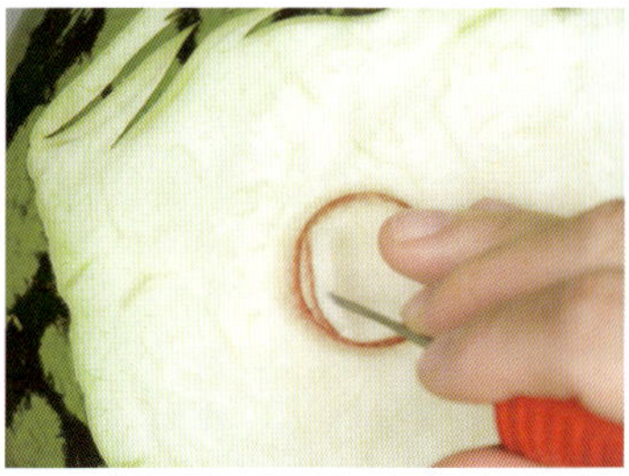

08. 칼을 비스듬히 넣어 안쪽 부분을 파내준다.

09. 각진 부분은 제거한다.

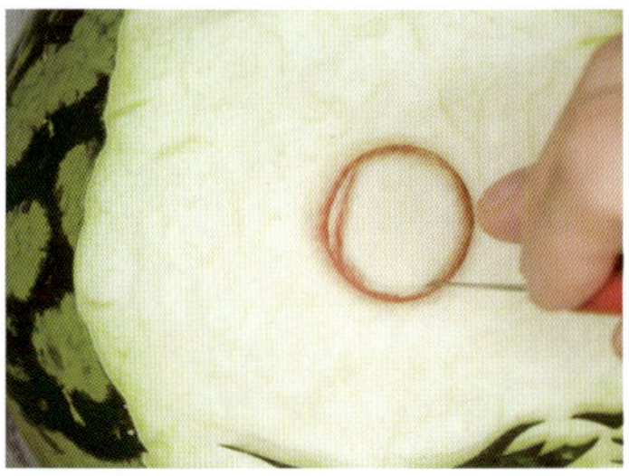

10. 첫번째 꽃잎과 연결되도록 꽃잎을 그려준다.

11. 칼을 눕혀서 안쪽 부분을 파낸다.

12. 새로운 꽃잎을 그려준다.

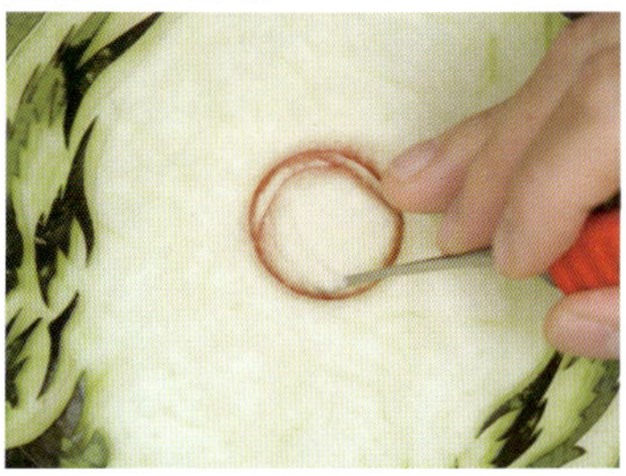

13. 칼을 눕혀 안쪽 부분을 파내준다

14. 새로운 꽃잎을 그려준다.

15. 꽃잎이 드러나도록 칼을 눕혀 파낸다.

16. 꽃잎 사이에 새로운 꽃잎을 그려준다.

17. 칼을 눕혀 안쪽부분을 파내준다.

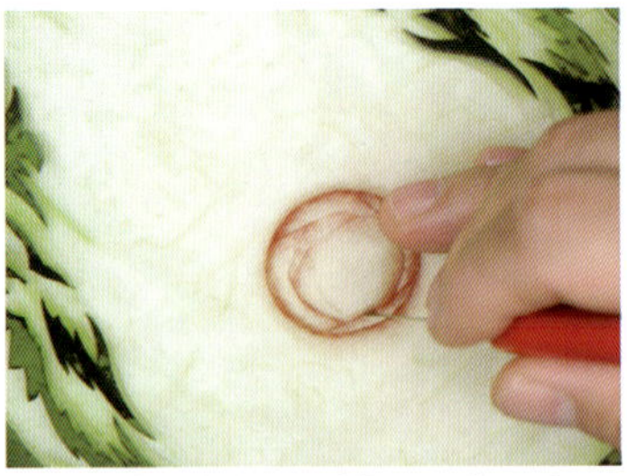
18. 칼을 세워 꽃잎을 그려준다.

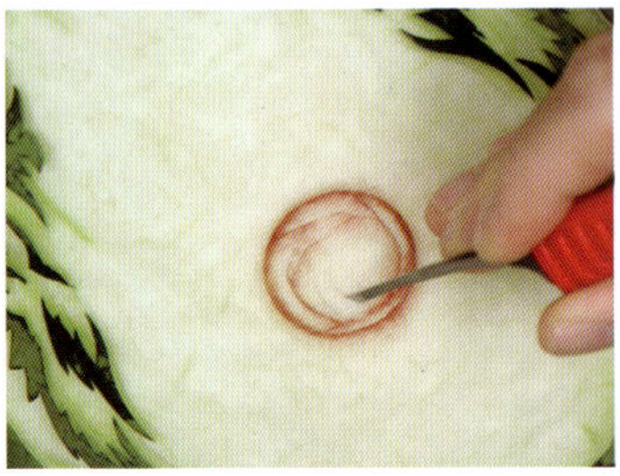
19. 칼을 눕혀 안쪽을 파내준다.

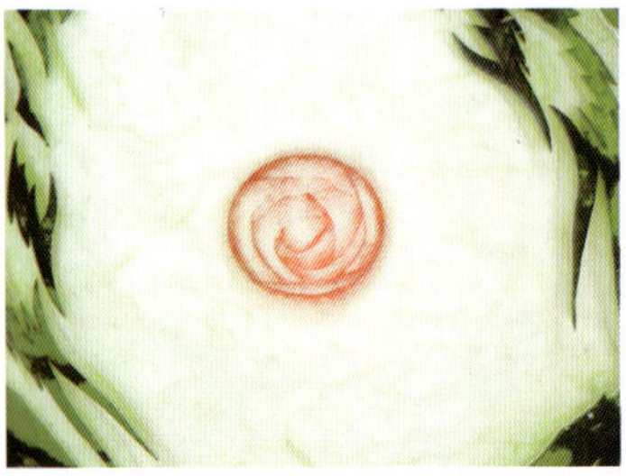
20. 같은 방법으로 봉오리를 완성한다.

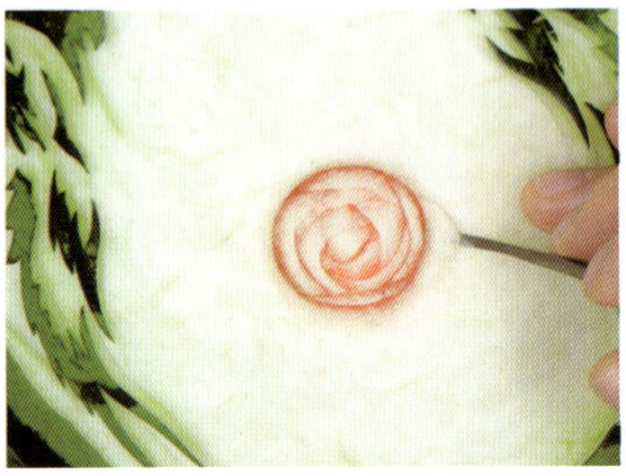
21. 꽃잎이 들어갈 부분을 파내준다.

22. 모서리를 제거한다.

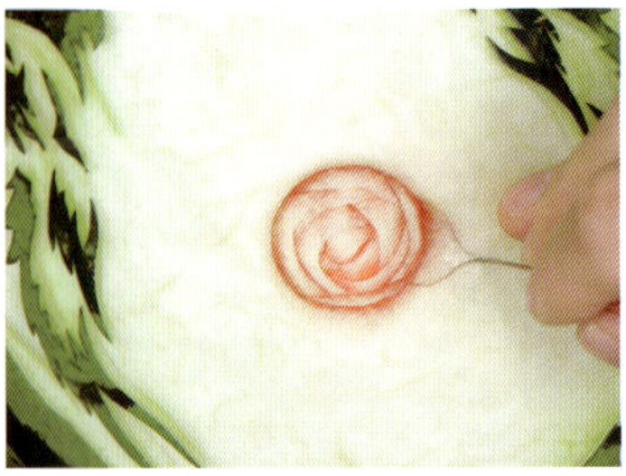
23. 꽃잎을 그려준다.

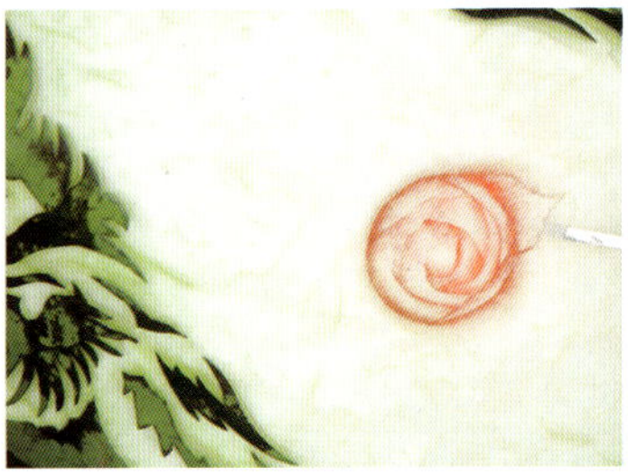
24. 칼을 눕혀 꽃잎 주위를 파내준다.

25. 꽃잎에 연결되도록 다음 꽃잎 들어갈 부분을 파내준다.

26. 모서리를 제거한다.

27. 꽃잎을 그려준다.

28. 반복적으로 연결하여 꽃잎을 그려준다.

29. 두번째 층 부터는 꽃잎 사이에 꽃잎을 넣어준다.

30. 아래로 봉오리를 그려준다.

31. 칼로 주위를 파내준다.

32. 모서리를 제거한다.

33. 안쪽 부터 선을 그어준다.

34. 반대쪽으로 선을 그어준다.

35. 곡선으로 안쪽에서 바깥쪽으로 선을 넣어준다.

36. 선이 서로 교차되도록 그어준다.

37. 같은 방법으로 반복하면 다음과 같다.

38. 반대편에서 꽃잎을 그려준다.

39. 초록 부분을 기준으로 선을 그어준다.

40. 안쪽에서 파내준다.

41. 완성.

발행 2020년 5월 29일

지은이 **고윤희 손정희 김영희 김서은 황미선 오예린**
발행 **한국카빙데코레이션 협회**
홈페이지 **www.foodcarving.co.kr**
이메일 **987307@daum.net**
주문전화 **053-763-9707　010-7501-9707**
출판등록 **2012년 08월13일 제2012-000047호**

펴낸곳 **한국카빙데코레이션협회**
편집 **한국카빙데코레이션협회**
교정 • 교열 **한국카빙데코레이션협회**
주소 **대구광역시 동구 효목동 168-2번지 2층**
디자인 • 인쇄 **코스모스북 • 한결그래픽스**

ISBN **979-11-89071-06-6**

값 34,000원